記紀の考古学

森 浩一

角川新書

目次

第1章　イワレ彦とその妻たち

記紀《きき》は『古事記』と『日本書紀』の両方をいうときの慣用的な省略、教科書的にいえば『古事記』は和銅《わどう》五年（七一二）、『日本書紀』は養老《ようろう》四年（七二〇）にできた歴史書である。ぼく流にとらえると、古墳時代が終わって、都が平城京《へいじょうきょう》に遷《うつ》った奈良時代の比較的早い時期にまとまった書物である。

＊

太平洋《たいへいよう》戦争が終わったのは一九四五年（昭和二十）八月、ぼくは中学生だった。だが、厳密にいえば中学生ではなかった。担任の先生が引率するかたちで、勤労動員として工場に配置されていたが、敗戦とともにわかったのは、早く兵役を適用するため、その年の三月に繰りあげて四年卒業になっていた。

ぼくは十代で考古学という学問の魅力に知らず知らずのあいだに引きこまれ、余暇をみつけては、当時南河内《かわち》（大阪府南部）にあった家から歩いてゆける範囲の遺跡を訪れては、ノートにメモをとった。

四四年になると、子供心にも、戦況が良くないこと、いいかえればやがて戦いが終わり、戦争のない時代がくるだろうということにうすうす気づいていた。いずれ本書でもふれることになる和泉黄金塚《いずみこがねづか》古墳や黒姫山《くろひめやま》古墳での戦争の傷跡を発見するのは、敗戦の直前、そのころになると、自分なりに手探りの研究活動が始まっていた。始まっていたというより、始めざるをえなかった。戦争の激化するなか、遺跡の荒廃に対処する人はいなかったのである。

一九九八年秋、敗戦という日本にとって経験したことのない状況下で、ぼくがどのようにして考古学に目覚めていったのかを本にまとめるにさいして、『僕は考古学に鍛えられた』（筑摩書房、一九九八年）という書名にしたのは、長年の実感を題名にしたのであった。この本は、のち改題して『わが青春の考古学』（新潮文庫）になった。

＊

この歳《とし》になって自分を振りかえってみると、ぼくは学問的には早熟だった。それと考古学だけが好きだったかというと、そうではなく、いろんな学問に憧《あこが》れをいだいていた。今も机の上においてある文庫本の『日本書紀』は、それぞれの奥付によると、上巻は昭和十三年（一九三八）、中巻（これがぼろぼろになっている）は昭和十八年、下巻は昭和十六年の刊行である。おそらく勤労動員のころ、今日流にいうと中学三年か高校一年のときに購入して読みだしたのだろう。『古事記』は大学生になってから求めている。

文庫本の『日本書紀』を読むといっても、十代後半のぼくにはわからないところだらけだった。そこで、まず土地勘のある河内と和泉《いずみ》（ともに大阪府）に関係すると思う記事をノートに転写しだした。このことが、同じ土地において、一方は文字で記録される史料となり、他方は古墳や窯跡《かまあと》など考古学的な遺跡になるという当たり前のことに気づきだし、その両方から歴史を考えるトレーニングになった。

これも、『僕は考古学に鍛えられた』のなかで、詳しく発足までの経緯を述べたが、大学生のときに『古代学研究』という雑誌を刊行することになる。そのとき「古代学」という新しい造語をかかげ、青春のエネルギーをぶっつけたのは、一つの学問領域として目指したのではなく、古代史を研究するさいの理想として標榜《ひょうぼう》したのである。つまり、考古学の資料と方法を経糸《たていと》、文献史料を緯糸《よこいと》として、歴史を織りだそうとしたのである。ぼくが『日本書紀』を一部であったにせよ、その内容を知らずに十代を過ごしたとしたら、古代学という言葉は思いつかなかっただろう。

＊

一九六五年に、『古墳の発掘』（中公新書）を出版した。この本のなかで、宮内庁が指定している天皇陵のうち、古墳時代に相当するもの、いわゆる天皇陵古墳について、考古学からの検討をくわえ、その信憑性《しんぴょう》を明らかにした。これは、長年のあいだに考えていたことを述べたにすぎなかったが、考えてみると、天皇陵古墳の問題を正面から取りあげたのは、戦後では初めてであった。

『古墳の発掘』では、天皇陵古墳のことを論じたとはいえ、ぼく自身まだ消化できていないことが多く、今日まで追加したり修正したりし、関心はつづいている。何よりも、天皇陵古墳の研究者が増えたのは喜ばしい。

この問題も、本書では頻繁に扱うことになるので、ここでは実例は省くけれども、天皇陵のより妥当性のある治定《じじょう》（指定）のために努力するのは、宮内庁所属の学者がしたらよいこと（というより当然の職務）であって、考古学者の側は、一つにはさまざまの研究の基礎になる年代論を、より間違いの少ないものにするためには、記紀や『延喜式《えんぎしき》』にあらわれる特定の天皇陵をどの古墳に対比させるのがよいかの検討が必要になる。さらには、各地の豪族も、ときには天皇陵を凌駕《りょうが》するほどの古墳を造営しているのか、そこまではいえないのかなどを追求することによって、日本の古代史像をより強固にすることができる。その点でも、あやふやな陵墓指定のままでは学問以前の状況に低迷するのである。

すでに気づかれた方もいるだろうが、考古学といっても、旧石器時代や縄文時代研究には、資料や方法に記紀が直接からんでくることはない。弥生時代研究にさいしても、倭人条《わじんじょう》（俗にいう「倭人伝」）を含む『三国志』の『魏書』東夷《とうい》伝などは直接史料になるが、記紀は関係しないとみる人が多い。これにたいして、古墳時代研究では、古墳の被葬者論は重要な分野で、とくに天皇（大王というほうがよい。それにも別に述べるように問題はある）の陵（この用語も終末期古墳以前にあったかどうかの問題はある）を考古学者が考える前提には、記紀の陵墓記事があるから研究が始まるのである。

考古学者のなかには、学問としての純粋性に憧れるあまり、記紀を参考にすることを忌避する人もいるけれども、少なくともぼくが子供のころから目標としているのは、古代史の究明であり、そのための経糸として考古学を位置づけているのである。学としての純粋さを強調しすぎると、記紀などの文献史料を遮断してしまうという結果をも生じる。

思いだしてみると、昭和三十年代には「ぼくは記紀なんか読まない」と発言するほうが、

「ぼくは記紀を読んでいる」というよりも格好がよかった、あるいは思想的により進歩性をあらわせたという錯覚というか防御姿勢があったようだ。そのころのぼくは、読んでいることをわざわざ言いはしなかった。でも、知的好奇心をそそる個所がいっぱいだったから、黙って読み続けた。

＊

記紀のなかでも、冒頭の神話の個所となると、忌避の傾向はさらにきつかった。神話にふれるだけでも、非科学的というレッテルを貼る風潮すらあった。「科学」という言葉が軽々しく用いられていたのだ。考古学者のなかにも、神話のなかの断片的な習俗記述に限って研究に取りいれようとする人はいたけれども、記紀神話が全体としてどういう流れ（体系）で語られているのか、神話の舞台としてどこの土地が反映しているのかについては、言及を避けてきた。それは考古学だけでなく、文献史学においても、神話学として扱うことはしても、歴史のなかでどのように位置づけるのか、あるいは位置づけられないのかの検討が、積極的におこなわれた記憶はない。

十数年ぐらい前（執筆当時の九九年頃から）、ある文献学者と雑談中に、「神話のなかに少しでも弥生時代の物とか事件が反映しているだろうか」と問いかけた。するとその学者は、即座にそれはないと答えた。

その問答があってしばらく後の一九八四年に、島根県斐川《ひかわ》町の神庭《かんば》荒神谷《こうじんだに》遺跡で三百五十八本の銅剣がまず発掘され、翌年には六個の銅鐸《どうたく》と銅矛《どうほこ》十六本、九六年にはその隣の加茂《かも》町の加茂岩倉《いわくら》遺跡で三十九個の銅鐸が発掘されるなど、出雲《いずも》の重要性が想像以上のものであることが、誰の目にも明らかとなり、記紀神話のなかでの出雲のきわだった扱われ方と無関係でないとするほうが、自然の考え方になりだした。

九一年の秋、ぼくは「日本神話の考古学」を『月刊Ａｓａｈｉ』のために執筆を始め、一年間連載し、連載の終わった九三年に同名の『日本神話の考古学』（朝日新聞社）として出版した。特定の事柄を深く追求するよりも、記紀神話の展開にしたがって、考古学からの問題点を披露した。もちろん、論じのこしたことや、その後に考えついたことはあるが、絵画でいえば第一段階の素描であり、彩色や輪郭の調節は今後の仕事である。

本書では、『日本神話の考古学』の続篇として記紀を扱うことになった。楽しいことだ。これも一応は記紀の扱う年代順に話題を見つけるが、多少は年代が先になったり、後になったりはする。そんなに細かくではなくとも、記紀の物語を多少読んでいる読者を想定して書くことにする。

＊

『日本神話の考古学』は四部構成にした。「国生みとイザナミの死」「三種の神器」「出雲と日向《ひゅうが》」「神武《じんむ》東征」の順である。最後の「神武東征」は、さらに内容を四つに分けた。すなわち、「船団による移動」「高地性遺跡と戦乱の時代」「河内の〝湾岸戦争〟から熊野《くまの》への迂回」、最後が「ウダでの山地戦から大和《やまと》平定へ」である。今回は、したがって「ウダでの山地戦から大和平定へ」のあとに続くものとして読んでほしい。なお神武天皇の神武は漢風諡《し》号《ごう》、以下、イワレ彦《ひこ》で記述を進める。

イワレ彦がまだ日向にいたころ、吾田邑《あたのまち》（邑はちょっとした集落、ムラではなく意味のうえからマチとする）の吾平津媛《あひらつひめ》（『古事記』では、阿多《あた》の小椅君《おばしのきみ》の妹、阿比良比売《あひらひめ》）を妻にして、手研耳命《たぎしみみのみこと》を生んでいる。

日向というとつい今日の宮崎県を連想するが、奈良時代より以前は、鹿児島県をも含んでいた。『日本神話の考古学』（第8章　海幸・山幸と隼人《はやと》地域）で説明したように、吾田邑は薩《さつ》摩《ま》半島にあったことが想定される地名である。それは、薩摩半島を吾《あ》田《た》半島とよぶことがあったり、「阿多」の二字をヘラ書きにした平安時代の土器が、薩摩半島のほぼ中央の金峰《きんぽう》町の小《こ》中原《なかばる》遺跡で出土していることなどが、傍証となる。吾田は阿多とも書くことがあり、隼人集団の名族として阿多隼人のいたことはよく知られている。

記紀の物語の展開のうえでは、イワレ彦が日向にいたとき、隼人系の女を妻にして子をもうけていたことになっているが、そうなると、大和入り以前の神武の名をイワレ彦とするのは、理屈のうえで引っかかる。イワレは磐余、奈良盆地の東南部の限定された小範囲、今日の桜井《さくらい》市域の南西部なのである。

『日本書紀』（以下『紀』と省略、『古事記』は『記』と省略）によると、磐余の元の地名は片《かた》居《い》あるいは片立《かたたち》、物語のうえでは、もともと拠点的な集落があって、そこを接収して地名を改めている。ということは新しい支配者が拠点集落の地名を変え、その地名を自分の名にもつけたという想定のようだ。『紀』では、敵の大軍が集まった、つまり「屯聚《いは》み居《い》」た大軍への勝利を記念してつけたとしている。

そうなると、大和入り以前の神武の名が問題となる。それについて、『記』ではとくに言及していないが、『紀』の一書では、年少のときの名は狭野尊《さののみこと》とし、別に彦火火出見尊《ひこほほでみのみこと》の名も記載している。彦火火出見は、いうまでもなく神武の祖父（山幸彦《やまさちひこ》、火遠理命《ほおりのみこと》）の名でもある。何という名の人がイワレ彦になったのか、ぼくの専門領域ではないけれども、関心がもたれる。

＊

イワレ彦には、前にも述べたように、日向時代にアヒラツ媛という妻がおり、タギシミミ命をもうけていた。イワレ彦が武装した大船団で東へ向かうときに、タギシミミ命は行動を共にしたが、妻は実家にとめおかれたようである。

イワレ彦が大和の平定を終わり、畝傍《うねび》山《やま》東南の橿原《かしはら》の地に帝宅（『記』では白檮原宮《かしはらのみや》）をつくりはじめると、正妃（『記』では大后、『紀』ではのち皇后）をたてようとした。物語の流れでいうと、大和の豪族から選んでもおかしくないのに、ここで大阪府の北東部の三島《みしま》が登場する。しかも、出雲もからんで登場する。以下、そのことにこだわりたい（なお「神」とか「命」など省いても意味の変わらないときは、以下省く）。

『紀』では、事代主《ことしろぬし》が三嶋溝橛耳《みしまのみぞくいみみ》の娘の玉櫛媛《たまくしひめ》と結婚して生まれた媛蹈鞴《ひめたたら》五十《い》鈴媛《すずひめ》がイワレ彦の正妃、つまり皇后となっている。

この話は『記』のほうが詳しい。まずその女を推挙したのは大久米《おおくめ》になっている。イワレ彦には道臣《みちのおみ》（大伴連《おおとものむらじ》の祖）と大久米（久米直《くめのあたい》らの祖）、珍彦《うずひこ》（倭直《やまとのあたい》らの始祖）らの有力なブレーンがいて、道臣がナンバーワン、大久米はナンバーツーといったところであろう。

大久米の推挙の言葉を聞こう。

「乙女がいます。それも神の御子なんです。どうして神の御子かというと、三島溝咋《みぞくい》の娘は勢夜陀多良《せやだたら》ヒメというのですが、容姿は麗美《うるわ》しく、だから美和《みわ》（三輪）の大物主《おおものぬし》が気に入ってしまい、（こともあろうに）その美人が（川で）大便をしているとき、丹塗《にぬ》り矢に化けて大便をしている溝へ流れ下ってきて、その美人の富登《ほと》（陰部）に突きささったのです。美人は驚いて、その矢を持ち帰って部屋のなかに置いておくと、その矢が麗しい壮夫《おとこ》となり、結婚して生まれたのが、ホトタタライススキ（富登多多良伊須須岐）比売《ひめ》なんです。もう一つの名はヒメタタライスケヨリ（比売多多良伊須気余理）比売なんです。だから神の御子なんです」

説明はよくできているが、最初にだしたヒメの名の「勢夜」が後のほうではとんでいる。勢夜はとりあえずは不詳。

＊

『日本神話の考古学』を書いたとき、大きな疑問をいだいたまま終わった部分がある。それは高天原《たかまがはら》にいたときの神武らの遠い先祖たちが、異常なまでに関心を示したのが出雲の地であり、執拗《しつよう》な交渉を重ね、ついに出雲が屈して大国主《おおくにぬし》（大己貴《おおあなむち》）とその子の事代主のときに国譲りを余儀なくされている。だが奇妙なことに、イワレ彦の武装船団がめざしたのは大和であって出雲ではない。これはどうしてだろうか。そればかりか、イワレ彦より後の大和の支配者で、出雲に遷都をしようとした者はいない。記紀が神話以降の展開で、うまく説明できていないのはこの点が目につくが、実際はそうではなく、記紀のなかにはそれなりの説明がなされているのではないか。もしそうだとしたら、イワレ彦の正妃選定の話に、それを解く鍵《かぎ》が見いだせそうなのである。

記紀による人（神）名の表記には違いはあるものの、正妃（以下タタライススキ姫と略す）の父は、出雲系の大物主（『記』）または事代主（『紀』）なのである。先に結論をいえば、大和入りをしたイワレ彦は正妃、つまり皇后に出雲系の神を父とする女を選定したことによって、物語のうえで出雲勢力との結合（あるいは出雲勢力への結合）を実現させているのである。『紀』は一つの異伝（神代紀の第八段第六の一書）として、事代主が八尋《やひろ》の熊鰐《わに》に化けて三嶋の溝樴《みぞくい》姫、別の名は玉櫛姫に通って生ませたのが、タタライススキ姫だとしている。後で述べるように、大和と出雲とは重複した関係、親密な関係にあるが、それをも考慮してイワレ彦の皇后を図示してみよう。

ぼくは自分の親戚《しんせき》の血縁関係を人に説明するのも得意ではないが、それでもわかるのは、イワレ彦の妻の父は出雲と大和に深いかかわりのある神だということであり、もう一つはどうして三島の地がここにあらわれているのか、さらにタタラという金属精錬にちなんだ用語が姫の名についているのかなどを検討せねばならない。まず大物主や事代主のことから説明しよう。

＊

出雲といえば島根県の東半分、出雲世界という場合はもう少しひろげて、石見《いわみ》、隠岐《おき》、伯《ほう》耆《き》、因幡《いなば》をも包括することがある。そのような違いはあるものの、出雲系の神は出雲を舞台にして、少なくとも活動の主要な場にして物語られているとみられがちであり、これは大局としては間違いではない。だが先ほど述べたように、大物主は美和（三輪）の神になってい

大物主（出雲）
事代主（大和）
＝
玉櫛姫（三島）
｜
タタライススキ姫（三島）
＝
イワレ彦（南九州・大和）
｜
ヌナカワミミ［綏靖］（大和）

たり、この先で検討する『紀』の箸墓《はしはか》の物語でもヤマトトトヒモモソ姫の夫は御諸山《みもろやま》（三輪山）の神として大物主が語られている。

ぼくは出雲神話での大物主（大国主、大己貴、葦原醜男《あしはらのしこお》など異なる名をもつともいわれる）と美和伝説での大物主は別の神かという疑いをずっと前にもったこともあるが、出雲は狭義の出雲国（あるいはその国の出雲郡や出雲郷）に限定することがむずかしいほど、移動性あるいは拡散性に富んだ地名とみてよい。もちろん地名の背後には出雲人がいたわけである。このことを、考古学的な遺跡や遺物のうえからも読みとることができるようになった。

そこで、まず九七年春に「出雲の外の出雲」を朝日新聞（三月十四日付夕刊）に書き、その年の秋に『アサヒグラフ』別冊『銅鐸の谷――加茂岩倉遺跡と出雲』（一九九七年十一月十日号）に「出雲へのまなざし」を書いた（いずれも『考古学へのまなざし』大巧社、一九九八年、に所収）。

ぼくの考えの一端をいえば、桜井市の纏向《まきむく》遺跡の低地部やその隣接地が、平安時代後期から史料に散見する出雲庄であるばかりか、文献史学の岸俊男《きしとしお》氏が八五年に指摘（「『倭人伝』以後の倭と倭人」〈日本の古代　1『倭人の登場』中央公論社〉）されたごとく、この地と出雲との関係は出雲臣の祖の淤宇宿禰《おうのすくね》を倭《やまと》の屯田《みた》の管理者に任命したとする仁徳《にんとく》紀の記事にまでさかのぼるとみてよいし、また纏向遺跡で高い割合で出土する山陰（出雲を含む）系の土器の存在もそのことの傍証とできそうである。

このように考えると、美和（三輪）の大物主を出雲系でないと論証することのほうがはるかにむずかしい。大和のなかの出雲については、箸墓に関係して、さらには出雲の野見宿禰《のみのすくね》の捔力《すまい》（相撲）に関係して先の章でも述べることになるので、このくらいで終わるが、イワレ彦勢力が大和へ入る前に出雲系が根強い勢力としてあったのではないか。ただし、そのことを考古学的な編年（年代の変遷）のどのあたりに想定することが可能かどうかは、さらに先でふれることにする。

＊

丹塗り矢が女陰を突いて生まれたのが、タタライススキ媛だとする伝承を検討しよう。ぼくはこういう話は記紀のなかで語られているだけと若いころは思っていたが、それに関連すると推定される遺物がある。

福岡市の西南部にある早良《さわら》平野では、東よりに室見《むろみ》川、西よりに十郎《じゅうろう》川がそれぞれ北流して博多《はかた》湾に注いでいるが、十郎川の左岸に拾六町《じゅうろくちょう》ツイジ遺跡がある。

この遺跡のV層からは二百五十点の木製品が出土していて、その一つが先の尖《とが》った細長い串《くし》（ヘラ）状の木製品である。長さ約八五センチの木製品の先端に女陰が彫られていて、矢の先につけたヤジリ（鏃）の鋒《きつさき》が、まさに陰部を突こうとしたようすを彫っている。奈良時代末から平安初期の遺物と推定されている。

古代遺跡の多い福岡市域でも、早良平野は一つのまとまった地域とすることができ、その当否はともかくとして、弥生時代中期ごろに〝早良国〟の存在が想定されることもある。

この木製品の出土によって、丹塗り矢伝説に関係あると推定される習俗が、実際にあったとみてよかろう。男根の象徴といわれる矢と女性の陰部が結合すると、どうしてタタライススキ媛の誕生になるのだろうか。

＊

早良平野とその周辺は、古代製鉄の確認される土地である。ぼくも十数年前、その地区の野方《のがた》古墳群の発掘を見学したが、古墳の盛り土の下に製鉄遺跡があるのを見て、この地では六世紀に製鉄をしていると判断したことがある。製鉄遺跡は土器をのこすことが少なく、相対的な年代のわかる場合が多くないのである。

早良平野の東方の粕《かす》（糟）屋《や》郡には元、多々羅《たたら》村があったし、糟屋《かすや》川の別名が多々羅川だった。多々羅浜を漢字一字で鞴浜と書くこともある。

ぼくはホトタタライススキ媛とは、記紀を合成すると、女陰（ホト）と蹈鞴（タタラ）、それに大便中を襲われたときの狼狽（イススキ）を名前のキーワードとみてよいと考える。なお蹈鞴は、厳密にいえば踏みフイゴ、動物の皮を袋状にしたフイゴより大型の箱フイゴ、ただし、蹈鞴でタタラとよぶこともある。問題の媛の名から、狼狽《ろうばい》をあらわすイススキを除いて具体的なものだけにすると、ホトタタラ媛、その媛の生まれた土地は三島であり、父は三嶋の溝橛（咋）耳である。

三島は淀川《よどがわ》の右岸、八世紀の初めごろよりのちには摂津《せっつ》国だが、それ以前は河内国だったといわれる。その三島は三島上郡（島上郡）と三島下郡（島下郡）に編成される。これもずっと後でとりあげる新王朝の始祖といわれる継体《けいたい》天皇の三島藍野《あいの》陵は、その陵名が示すよう

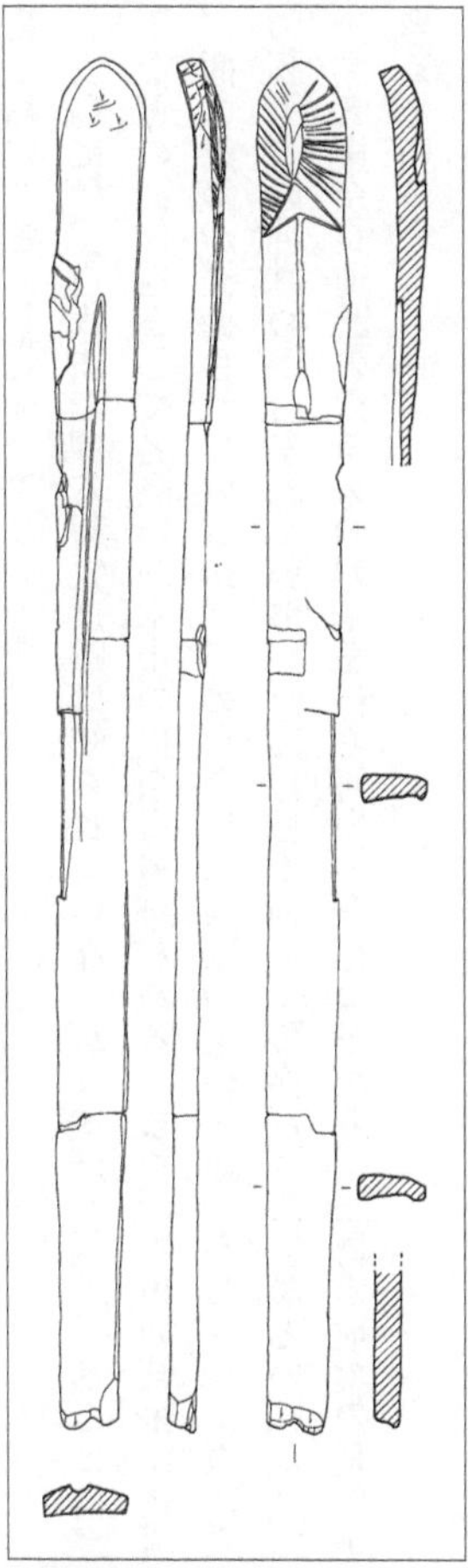

女陰を突こうとする矢を表現したヘラ状木製品
（『拾六町ツイジ遺跡』福岡市教育委員会、1983年より、福岡市埋蔵文化センター所蔵）

に三島にある（『延喜式』では島上郡）。

三島には、古代まで遡《さかのぼ》る製鉄遺跡は知られていないが、銅鐸や銅戈《どうか》、さらにはガラスの勾《まが》玉《たま》などの製作地として名高い茨木《いばらき》市の東奈良《ひがしなら》遺跡がある。また茨木市の紫金山《しきんざん》古墳では、十二面の銅鏡が発掘されているが、そのうちには勾玉の文様を縁《ふち》にあしらった直径三六センチの超大型の神獣鏡《しんじゅうきょう》が含まれていて、たんに日本列島で製作された倭鏡《わきょう》というだけでなく、勾玉文と東奈良遺跡のガラスの勾玉を作る鋳型の存在などから、三島の地での製作かとぼくは考えている。

古代国家にかぎらず、鉄が重要なことはもちろんだが、問題の媛の名のタタラは踏鞴であって、金属の精錬もしくは金属器の製作に関係した言葉としてとらえられる。さらに三島の地に即していえば、銅鐸、銅戈、銅鏡などの製作にかかわったのだろうという見方も捨てがたい。

先ほど、福岡の糟屋にタタラの地名があると述べた。その糟屋で文武《もんむ》天皇二年（六九八）と推定される戊戌《ぼじゅつ》年に「糟屋評造春米連広國鋳鐘」の銘のある銅鐘が京都市の妙心寺《みょうしんじ》に伝えられていることは名高い。これは糟屋の評（郡）の造《みやつこ》だったツキメのムラジヒロクニが鋳造した鐘であり、タタラの地名をのこす土地で銅鐘の製作がおこなわれていたとみてよかろう。

女陰を突こうとする矢を刻んだ串状の木製品の出土した拾六町ツイジ遺跡の所在地を、律令時代の地名でいえば筑前《ちくぜん》国早良郡額田《ぬかた》郷であった。

弥生時代に青銅器生産を盛んにおこなっていた奈良県田《た》原本《わらもと》町の唐古《からこ》・鍵《かぎ》遺跡とその周辺は、八世紀の文書（知識優婆塞《うばそく》等貢進文など）によると、鏡作《かがみつくり》を名のる人たちの集中する鏡作郷や黒田《くろだ》郷であるが、黒田郷の北に接するのが額田郷であり、額田氏も青銅器生産に関与した可能性がある。

＊

イワレ彦がどうして、ホトタタラ媛を皇后にしたのか。それにはさらに近畿《きんき》での出雲勢力の問題や三島の特異性をさぐらねばならないが、この章では以上の指摘にとどめておく。

イワレ彦の死後、日向時代にアヒラツ媛とのあいだにもうけたタギシミミは、イワレ彦とホトタタラ媛とのあいだに生まれたヌナカワミミ（綏靖《すいぜい》）と対立し、殺されている。記紀のうえでも、やがて日向を含む南　九州《きゅうしゅう》は「伏せず礼なき人ら」の住む土地へと変化する。

明治維新にさいして倒幕の中心となった薩摩と、その十年後の西南戦争での薩摩では立場ががらりと変わる。ぼくは伝承と史実との違いは別にして、イワレ彦伝承と百年あまり前の薩摩とを重ねあわせてみてしまいそうだ。

第2章　タケハニヤス彦とミマキイリ彦の戦い

戦前の小学校や中学校の歴史教育では、神武《じんむ》、綏靖《すいぜい》、安寧《あんねい》、懿徳《いとく》……と天皇の順番を暗唱させていた。ぼくは丸暗記が苦手で、十八代目の反正《はんぜい》ぐらいまでしか、よう覚えなかった。

どうして反正天皇まで覚えたかというと、堺市《さかい》に百舌鳥《もず》三陵といわれる前方後円墳があって、仁徳《にんとく》・履中《りちゅう》・反正の陵とされていたので、古墳の被葬者の名から親しんだのである。本書でいずれ触れるであろう天皇陵古墳についての疑問、ていねいにいえば宮内庁の指定どおりの被葬者でよいかどうかの疑問は、そのころはまだ深くは感じていなかった。

一九四五年八月に日本は米英などとの戦いに敗れ、歴史教育も大きく変化した。変化したとはいっても、天皇重視の考え方が一新されたわけではない。古代史の学界では、神武から九代目の開化《かいか》までを架空として切りすて、十代目の御間城入彦《みまきいりひこ》（漢風諡号《しごう》の崇神《すじん》）からあとを、実在またはその可能性ありとする風潮が強まった。ぼくの二十歳ぐらいのころの話である。

綏靖から開化までの記紀の記述についても考えたかったが、まだ書くだけの消化ができていないこともあって、今日でも事実上の始祖王、あるいは建国者として扱われることの多い御間城入彦を四章に分けて検討しよう。『記』では御真木入日子印恵命《みまきいりひこいにえのみこと》、以下ミマキイリ彦と書く。

＊

ミマキイリ彦の物語は、奈良盆地南東の三輪山《みわ》を仰ぎ見る磯城《しき》の地域（のちの城上《しきのかみ》・式上《しきじょう》と城下《しきのしも》・式下《しきげ》）を中心に展開する。『紀』では、ミマキイリ彦の都は磯城にあって瑞籬宮《みずかきのみや》、『記』には師木水垣宮《しきのみずかきのみや》とある。水垣を水をたたえた囲郭と解釈すると、弥生時代の大集落にともなう環濠ではないかという見方も生まれるが、三輪山の山麓《さんろく》ではまだ該当しそうな環濠《かんごう》集落の遺跡は見つかっていない。

この例にかぎらず、居住地遺跡と記紀などの史料との対応は、古墳にくらべると全般に進んでいない。これも本書で取りあげるヲホド王（継体大王《けいたい》）にしても、葬られた藍野陵《あいの》については、特定の古墳（今城塚《いましろづか》）に候補地がしぼられているのにたいして、居住地としての樟《くず》葉宮《はのみや》、筒城宮《つつきのみや》、弟国宮《おとくにのみや》などは、まだ考古学的な遺跡としての候補が浮かんでいない。古墳時代後期の実在に疑問のない大王についても、このようなアンバランスがあるのだから、ミマキイリ彦の居住地について遺跡の候補がしぼり切れないのは、残念なことだが現状ではやむをえない。

磯城の地域には、三世紀後半にはじまり四世紀代に造営された前方後円墳や前方後方墳が、南北に帯状を呈して点在している。もちろん個々の古墳と墓の主（被葬者）の名との対比はなお問題があるにしても、古墳の規模からみて王墓とよぶにふさわしいものが六基あって、この時期に日本列島で抜きん出た王権がこの地域にあったことは事実とみてよかろう。

古墳研究と記紀の伝承の両方から想定されるこの王権にたいして、三輪王権、イリ王権、初瀬《はつせ》王権あるいは水野祐《みずのゆう》氏の提唱する古王朝など、名称は異なるけれども、それぞれの内容には大きな違いはないとみている。以下、聖なる実在の山に象徴させ三輪王権の名称を使うことにする。

＊

三輪王権について念のため述べておくと、いわゆる邪馬台国問題とどうからむかは議論が多岐にわたり、繁雑になるので、ここでは論じないでおく。研究者によっては、ヤマト王権（大和《やまと》朝廷ともいう。ただし、大和の表記は八世紀以前にはない）の初期の段階に邪馬台国を包括する試みもみられるが、同じ文献学とはいえ、記紀からの追求と、中国史料（この場合は『三国志』「魏書」）からの追求との結果を、考古学資料による傍証がないかぎり、結合できたかどうかの証明はできない。

もう一つは、二十年ほど前には、「日本の統一は何世紀か」という問いかけが、高校の日本史の教科書や大学の入試によく出ていて、「四世紀」と答えるのがよいとする風潮があった。風潮というより、古墳研究や古代史の体系づくりのうえで、間違いのない前提とされていた節さえある。

そのころ、四世紀が答えに出た背景には、ミマキイリ彦を『紀』ではハックニシラス（御肇国）天皇（『記』では初国知らし御真木天皇）としており、そのことからミマキイリ彦を実質的な建国者であるとする理解があったことと、ちょうど三世紀末から四世紀初めに、前方後円墳が奈良県以外の地でも造営されはじめたとみてよい状況があって、その原因を中央（ヤマト）の地方（各地）にたいする政治支配の構造と支配力の拡大とに求められるという解釈もそれを助長した。

だが、考えてみると、初国知らすの国について、この個所の記紀ではどの範囲を指しているのかの検討が不十分のままに、日本列島の主要部分だと安易に解釈されたり、各地の有力者（王）が前方後円墳を造営しだす意味が、果たして政治的な原因なのか、それとも死後の世界観ともからんだ信仰（中国の神仙思想の一部を強調したもの）の急速なひろがりにも関係するのかなど、論じのこされたまま、四世紀統一説が独り歩きをはじめた。

先ほど、考古学からみて磯城の地域に日本列島で抜きん出た王権があったと書いたけれども、その王権が支配した範囲と支配の中身については十分の検討がいる。徐々に問題を深めていこう。

＊

考古学者がよく使う言葉に畿内がある。古代史でも邪馬台国畿内説などが平気で使われる。考古学者がよく使う地域用語だといっても、「畿内の旧石器時代」とか「畿内の縄文時代」とかはまず使わない。『魏志』倭人条がからみだす時代、別の言葉でいえば邪馬台国がちらつきはじめると、「畿内の弥生文化」とか「畿内の銅鐸」がひんぱんに用いられ、〝日本列島の主要範囲が統一〟されたととらえがちな四世紀以降になると、「畿内の古墳文化」や「畿内の前方後円墳」、さらに「畿内勢力」とかが書物の記述に氾濫する。高校生や大学生は、多くの書物から畿内が目から入ってくるし、専門家の講演やシンポジウムを聞いても、格好のよい言葉として畿内が印象づけられ、大学生が卒業論文を作成するころには、自分も畿内の言葉をまきちらす一人になる。

不用意すぎるのだ。辞典類で畿内をひくと、律令国家が定めた行政範囲とあり、五畿内という場合は、山背《やましろ》（山城）、大倭《やまと》（倭、大養徳、大和）、河内《かわち》、和泉《いずみ》、摂津《せっつ》である。後世に表現の追加されたおそれは別にして、六四六年の甲子《こうし》の詔に「畿内」と「畿内国」はたしかに出ているが、門脇禎二《かどわきていじ》氏との対談で畿内の概念を論じたさい、中国流の畿内という呼び方を旧ヤマト王権の直接の支配領域にかぶせたものと門脇氏は説明し、律令体制下での畿内と峻別《しゅんべつ》された（『古代史を解く「鍵」』学生社、一九九五年）。

日本列島の大地域名をいうとき、ぼくも妥協の産物としてやむなく近畿地方は使っている。これなら、旧石器文化や縄文文化の研究者も使っていて、畿内ほど統一国家の都を意識させない。それはともかく、仮に古墳研究者の多くが、畿内という地域名をかなり安易に使うほど、のちに五畿内といわれる範囲は、たとえば四世紀ごろに一枚岩の地域だったのだろうか。

そこで、南山背を舞台にして展開する武埴安彦（以下タケハニヤス彦と表記）とミマキイリ彦との戦いをみよう。

*

『紀』は、『記』よりも強く、ミマキイリ彦を最初の国の統治者とし、それにふさわしい事績を集中したようすがあちこちにうかがえる。小さなことでいえば、船の建造である。それも、たんに船を建造したというのではなく、「船は天下の要用なり。今、海の辺の民、船無きによりてはなはだ歩運に苦しむ。それ諸国に令して、船舶を造らしめよ」の言葉をうけて、三月《みつき》のちには「始めて船舶を造る」と表現がおおげさである。

船は、少なくとも縄文時代には盛んに造られていて、弥生時代後期や古墳時代には、帆船の存在を示す土器や埴輪《はにわ》の絵画もある。だから「始めて船舶を造る」とするこの文章は、多分に最初の建国者にふさわしいイメージで造作されたとみられる。

同様のことは農耕にもうかがえる。「農は天下の大いなる本なり。民の恃《たの》みて生くる所なり。今、河内の狭山《さやま》の埴田《はにた》水少し。是をもって、その国の百姓、農の事に怠る。それ多《さわ》に池溝を開きて、民の業を寛《ひろ》めよ」(『紀』)。この詔をうけて、依網《よさみ》池、苅坂《かりさか》池、反折《さかおり》池が作られたとしている。

これもいずれ先で扱うが、古代最大の池として知られる狭山池は、発掘の結果、七世紀前半の造営であることが確実となり、『紀』の編述にさいして大規模な池溝開発をミマキイリ彦の時代にふさわしい、あるいはその時代にまずなされているべきだと想念された形跡が明らかになった。

このような記紀の編者たちが造作したと思える記事にたいして、タケハニヤス彦の物語は土地に即した具体性がある。まず『紀』の記述によって説明しよう。

ミマキイリ彦は、国内の疫病や百姓の離反などを、出雲系の司祭者である大田田根子《おおたたねこ》を登用して三輪の大物主《おおものぬし》を祭らせることによって、一応の安定期をむかえることになった。大田田根子については、「出雲へのまなざし」で私見を述べたので、今回は省く（『考古学へのまなざし』に所収）。

＊

安定期をむかえたミマキイリ彦がおこなおうとした政策が、武力での制圧をめざすいわゆる四道《しどう》将軍の派遣である。大彦《おおびこ》（『記』では大毘古）を北陸《ほくりく》、武渟川別《たけぬなかわわけ》を東海《とうかい》、吉備津彦《きびつひこ》を西《さい》道《どう》、丹波道主《たにはのみちぬし》を丹波《たんば》に遣わそうとした。なお『記』では、オオ彦は高志《こし》道、タケヌナカワ別は東方十二道に遣わされたとあるだけである。『紀』のいわゆる四道将軍の問題は、別に扱うことにするが、ミマキイリ彦最大の政策として『紀』では位置づけていることと、四人のなかの立役者がオオ彦であることが先になって意味をもちだす。

印綬《いんじゅ》をもらい将軍に任じられたオオ彦は、ヤマトから北へ向かって出発しようとした。

小さなことだが、将軍が印綬をもらったとする記事に注意しておきたい。『魏志』倭人条で魏の皇帝から倭王卑弥呼《ひみこ》が「金印紫綬」をあたえられ、帯方郡《たいほう》から派遣された梯儁《ていしゅん》が倭国までとどけたのが、詔書と印綬であった。これにたいして、景行紀《けいこう》で東国を討つために派遣された日本 武 尊《やまとたけるのみこと》にあたえられるのは斧鉞《ふえつ》であり、継体・磐井《いわい》戦争にさいして、継体が物部《もののべ》麁鹿火《あらかひ》を大将軍に任じるときにあたえたのも斧鉞であった。俗に四道将軍というものの、斧鉞があたえられたとされていない点は注目してよい。

オオ彦は、和珥《わに》坂にさしかかった。京都府と奈良県との境によこたわる京阪奈《けいはんな》丘陵、その丘陵を横切る道の坂がワニ坂だろう。この丘陵は、現在では開発されて住宅街になっているが、一九六五年ごろには雑木林のしげる広大な丘陵で、学生たちと遺跡の分布調査をしたことがある。頂《いただき》がなく、〝低平〟という印象をうけたけれども、『紀』にはオオ彦がさしかかったのは山背の平坂《ひらさか》だとしている。何でもない地名だが、土地の特徴が出ている。

この平坂を『記』では幣羅《へら》坂といっている。

ワニ坂に一人の少女がいた。『紀』では童女とも表現し、『記』では「腰裳《こしも》をきた少女」としている。その少女が、歌うように言葉をつぶやいている。

ミマキイリ彦よ　自分の命を殺そうと　時をうかがっているのを知らずに　姫遊びしている。

オオ彦は童女にたずねた。「どういう意味だ」。すると「意味はない。歌っているだけ」と答え、もう一度その歌をうたうと姿が消えた。

この少女の言葉の意味を解いたのが、ヤマトトトヒモモソ姫（倭迹迹日百襲姫）である。この女性については、次章で箸墓《はしはか》との関係で取りあげるので、ここでは簡単にする。とはいえ、ヤマトの危機を救う重要なときに、未然《ゆくさき》のことを識る予言者、さらに情報収集者として登場する。

これも小さなことだが、オオ彦がワニ坂での奇怪な体験を報告したのは、天皇にたいしてである。それを姫が解読したということは、政治の場に姫が列席していたという状況で描かれている。姫は天皇に次のようにいった。

「これは、タケハニヤス彦の謀反の前兆です。自分は噂を耳にしています。タケハニヤス彦の妻、吾田《あた》媛《ひめ》は、ひそかにヤマト（倭）の香山《かぐやま》に来て、その土を取り、領巾《ひれ》（一種のネッカチーフ）につつんで、香山の土は倭国《やまとのくに》の物実《ものしろ》であると、呪いをかけてから帰りました。早く対策をたてなければ、後れをとります」

香山は、大和三山の一つの香久山《かぐやま》、ヤマトの要的な聖なる山とみられていて、その土に呪いをかけることで、ヤマト領有の意思を明らかにしたのであろう。

＊

先にも述べたように、律令体制下では山背（平安《へいあん》遷都以後は山城）は畿内に含まれ、畿内という一つの地域のような印象をあたえる。だが、ミマキイリ彦の国土経営のまえに立ちはだかったのがタケハニヤス彦であり、その拠点を土地に即していえば、山背、さらに細かくいえば南山背だった。

タケハニヤス彦は、『記』では建波邇安王と表記され、孝元《こうげん》天皇と河内の青玉《あおたま》の娘、ハニヤス媛とのあいだに生まれたとされている（記紀）。つまり、オオ彦とは異母兄弟であり、ヤマトトトヒモモソ姫は伯母《おば》にあたる。もちろん記紀の系譜上の関係である。

山背は、今日の地形でみると、周囲に山のある一大盆地のようであるが、半世紀ほど前まではそのほぼ中央に巨椋《おぐら》湖あるいは巨椋入江とか池とよばれる、自然にできた水域があって、この湖によって北山背と南山背に大別することができる。これから述べるように、タケハニヤス彦の話は主として南山背を舞台として展開しており、今日の京都市域はその物語には反映していない。『紀』では、戦で先手をとったのはタケハニヤス彦側である。注目されるのは、夫は山背のワニ坂方面から攻め入ろうとしたのにたいして、妻の吾田媛は大坂《おおさか》から攻め入り帝京《みやこ》を襲おうとした。

何が注目されるかといえば、その戦にさいして女性の吾田媛が積極的に参加していることで、そのことが重要な意味をもつとともに、『記』には吾田媛があらわれていないことと対照的である。さらに女性に関していえば、『記』ではワニ坂での少女の呪言を解いたのが天皇自身となっていて、ヤマトトトヒモモソ姫があらわれない。したがって『記』には、その姫の造墓記事、つまり箸墓の物語もない。ミマキイリ彦関係についていえば、『紀』のほうが女性の存在と役割を描いている。

＊

吾田媛は、香山の土に呪いをかけただけでなく、自ら一軍をひきいて大坂から攻めこもうとした。ぼくはずっとこういう物語を、長いあいだ物語のうえのできごととして接していた。

だが同志社大学が南山城（現代の表記）の京田辺《きょうたなべ》市に校地を入手し、まず校地内の遺跡分布や遺跡の範囲を確認するための調査をしたりして、次第に南山城をひんぱんに訪れだした。さらに田辺キャンパスで授業がはじまるとともに、総合科目として「南山城の古代」を開講し、その関係もあって南山城の各地を歩きだした。

ある日、田辺キャンパスの南にある普賢寺《ふげんじ》川を西に歩いた。キャンパスの隣には、古代に大伽藍《だいがらん》のあった息長山普賢寺《おきながさん》がある。さらに進むと男山《おとこやま》丘陵にさしかかり、やがて峠に出る。すると、河内の枚方《ひらかた》に通じる東西の道に直交する山道があって、分岐点に「龍田《たつた》」の方向を示す石柱が立っていた。その道は、小型の車なら通れるぐらいの道だが、丘陵を南にとると奈良県の平群《へぐり》谷に出、さらに南下すると龍田であり、大和川を渡るとそこが大坂である。平群谷の道のほかにも、生駒《いこま》山地の高所を縦断する山道で大坂に至ることもできる。ぼくはこの道の存在を知ったとき、タケハニヤス彦の物語を読むさいに、少なくとも古代人の土地勘に注意をはらうようになった。

南山背の古代に、吾田媛のほかにもよく知られた女性がいた。ミマキイリ彦の子、イクメイリ彦（活目入彦・垂仁《すいにん》）の妃の一人が、大筒木垂根《おおつつきのたりね》王の娘、カグヤ姫（迦具夜比売）である。この話は、『記』にだけ出ているが、おそらく京田辺市あたりの豪族の娘にカグヤ姫という名の女性がいたのだろう。カグヤ姫は『竹取物語』の主人公、だがその名は『竹取物語』よりも前に『記』に出ている。そればかりか、『竹取物語』も、南山背を土壌として成立したとぼくは考えている。

南山背には、古代隼人《はやと》の近畿地方における二大居住地の一つがあった。京田辺市の北半分は、町村合併以前は大住《おおすみ》村であり、この地の八世紀の住民を対象にした「隼人計帳」が正倉《しょうそう》院《いん》文書としてのこっていることは、あまりにも有名である。

隼人は、南九州が本来の勢力範囲だが、移住性にとんでいること、竹を道具に多用すること、月の信仰をもつこと、さらに阿多（吾田）隼人と大住（大隅）隼人の二つの有力集団があることなどが知られている。そればかりか、軍事力にすぐれ、女性が戦士の先頭をきることがあるなど、女性の活躍も目立つ。

隼人は、霧島《きりしま》山や開聞《かいもん》岳など姿の美しい山を信仰のよりどころにするように、南山城では綴喜《つづき》（筒木）の京田辺市にある甘南備山《かんなびやま》（標高二二一メートル）を聖なる山としたようである。おそらく隼人集団がもちこんだ信仰や民話が、土地のかぐわしい女性の名を主人公として『竹取物語』にまとまるのであろう。

南山背での隼人の移住がいつまでさかのぼるかについては、文献史学の研究者は概して新しく、七世紀を考える人もいるが、その地域の古墳、とくに横穴墓《おうけつぼ》や顔に入れ墨のある埴輪などからみて、ぼくは六世紀代、ことによると五世紀にまでさかのぼるとみている。だから吾田媛を隼人系の女性だとするのは、四世紀代での関係ではなく、南山背ならば女性が戦士として活躍してもおかしくはないとする考えが、タケハニヤス彦の物語に入りこんだのであろう（『紀』）。仮にミマキイリ彦を四世紀前半と想定するとして、この時期には南山背で隼人との関係をたどれる資料は今のところ見いだせない。

＊

仮の想定だが、古墳時代を前期・中期・後期と三区分するとして、その各々にタケハニヤス彦とミマキイリ彦の戦い、神功《じんぐう》皇后と麛坂《かごさか》王・忍熊《おしくま》王の戦い、継体と磐井の戦争をあてるとすると、前の二つの戦では南山背が戦場となっており、継体も南山背と強いかかわりがあった。なお、七世紀の壬申《じんしん》の乱は、考古学的にいえば前方後円墳の造営のなくなった古墳時代終末期である。わざわざそういうことを述べたのは、記紀での戦の描写によるかぎり、ミマキイリ彦とタケハニヤス彦の戦は、局地的紛争以上の大戦争であったからである。

記紀での歴史叙述において、南山背とヤマトとは決して一枚岩としての地域ではなく、タケハニヤス彦勢力を制圧したあとに四道将軍の派遣が実現しているのである。もちろん、物語の展開のうえでのことではある。

『紀』によると、吾田媛の軍勢を大坂でむかえ撃ってこれを破ったのは、イサセリ（五十狭芹）彦、別の名が吉備津彦《きびつひこ》である。タケハニヤス彦の本隊へ対したのは、オオ彦と和珥臣《わにのおみ》の遠祖彦国葺《ひこくにぶく》である。ワニ氏は、一九五九年に岸俊男《きしとしお》氏がその重要性を指摘され（「古代豪族」世界考古学大系3『日本Ⅲ』平凡社）、ぼくも古墳研究のうえで大きな示唆をうけたが、いま必要なことをいえば、奈良県北部の奈良市や天理市《てんり》（その北部）にも同族が多いのと、北山背や近江《おうみ》にも有力な同族がいた。だが、タケハニヤス彦との戦争にさいしてのワニ氏は、物語にあらわれるワニ坂の地名などからみて、ヤマト北部のワニ氏だったようである。『新撰《しんせん》姓氏録《しょうじろく》』は、彦国葺の子孫として吉田連《きちだのむらじ》をあげている。百済《くだら》、任那《みまな》との関係が深く、医術にすぐれ、平城京の田村里《たむらのさと》に住んでいたという。

イクメイリ彦（垂仁）の時代、武渟川別や彦国葺ら五人の大夫にたいして、さらに勤勉にはげむようにと詔を出していて、ミマキイリ彦の次の治世にも彦国葺が政治の中枢に名をつらねたことになっている。

＊

タケハニヤス彦との戦いでは、南山背の各地が出ているのと、その戦にちなんでそれぞれの地名がついたという説明が、記紀ともにある。少し例をあげると、今日の木津《きづ》川を泉河《いずみ》といったのは、戦いを挑んだので挑むが泉になったと説明したり、敗退した戦士が恐怖のあまり屎《くそ》を褌《はかま》にもらしたのでクソバカマ、それから樟葉《くずは》になったというなどである。

戦闘は、今日流にいうと奈良と京都の境の丘陵（那羅山《ならやま》）にはじまり、木津川ぞいに羽振苑《はふりその》（京都府精華《せいか》町祝園《ほうその》）、伽和羅《かわら》（八幡《やわた》市清水井《しみずい》にあった甲作《かわらづくり》）、最後が北河内の樟葉である。

この戦にさいして、『紀』によると、彦国葺が相手側にいるのをみつけてタケハニヤス彦が「どうしておまえが攻めてくるのか」と問うところがある。後の話だが、継体の命をうけて九州におもむいた近江毛野臣《おうみのけなのおみ》にたいして、磐井が「昔は吾が伴《とも》、肩すり肘《ひじ》すりつつ、共《おな》じ器で一緒に食べたではないか」というところに通じるものがある。ワニ氏勢力とタケハニヤス彦勢力が隣りあっていたとして、それなりの地縁のきずながあったのであろう。

もう一つ感じるのは、この戦いが木津川から淀川にいたる水系が主戦場で、記事には出ていないが、船軍《ふないくさ》もあっただろうということである。とくに樟葉は、淀川を対岸にわたる久須《くす》波《は》の渡《わたり》（『記』）があっただけでなく、淀川ぞいの船だまりがあったと推定され、六世紀に北陸から南下してきた継体勢力の最初の拠点（樟葉宮）があった。さらに中世には、天竺《てんじく》人の聖《ひじり》が妻にしたのが楠葉《くすは》の女で、二人のあいだに生まれた子が、日明《にちみん》貿易で活躍する楠葉西忍《さいにん》である。後世の例だが、樟葉の土地柄を知るうえで参考になる。

タケハニヤス彦は敗れた。殺された戦士の数が多く、川に死《し》骸《がい》の浮くさまがまるで鵜《う》のようだったので、その川を鵜川とよんだという（『記』）。木津川の支流、ことによると宇治《うじ》川かもしれない。

このようにして南山背の反ヤマト勢力を屈服させたあと、四道将軍の派遣になるのだが、以上のように事件の経過をたどると、樟葉はタケハニヤス彦戦争の最後の勝利の地ということになる。六世紀になって水野祐氏流の表現（ぼくもそう考えるが）での新王朝の始祖とし

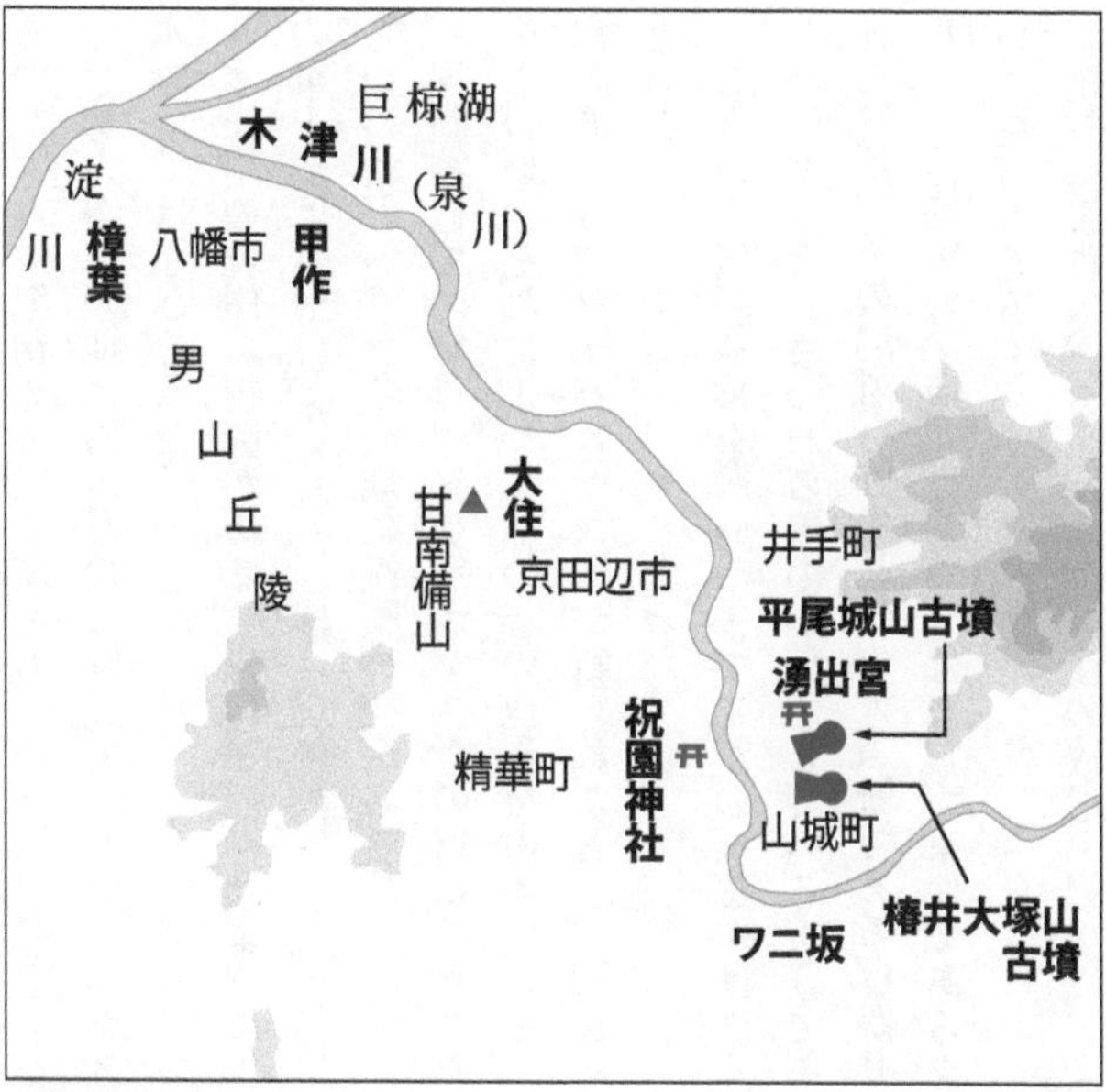

南山城の関係地名

てのヲホド王（継体）が、最初の都にするのが樟葉であることは、その土地が水陸交通の要地であったことにくわえ、先にあった王権にとって記念すべき土地という伝承にもよることを当然考えてよい。

＊

平安時代初期にはできたとみられる『旧事本紀《くじほんぎ》』によると、孝元天皇の条に、孝元の子の一人として武埴安彦が出ていて、「岡屋臣《おかやのおみ》らの祖」と注記されている。岡屋は宇治市にある地名で、古代には岡屋津とよばれる水陸交通の拠点があり、高志《こし》（越）への発着地であった。六世紀初めの二子塚《ふたごづか》古墳（長さ一〇五メートルの前方後円墳）があるなど、古代の有力な勢力がこの地にあったのは確実で、タケハニヤス彦の勢力が及んでいたかもしれないが、本拠地ではなさそうだ。

木津川の左岸に祝園《ほうその》がある。先ほど述べたように主戦場として出ており、タケハニヤス彦の軍士がここではふら《ヽヽ》れた（屠《ほふ》る、体を切ってばらばらにされる）ので、波布理曾能《はふりその》（『記』）といったという。その地に祝園神社がある。

祝園神社では毎年、タケハニヤス彦の首にみたてた竹製品を作って、それを村々の代表が引き合い、それによってその年の豊作を占っている。地元では、木津川対岸の山城町の涌出《わきで》の宮《みや》のあたりでタケハニヤス彦が斬られたとき、胴がその地にのこり、首が祝園へ飛んできたという。

こういう伝説や神事がいつまでさかのぼるかはぼくにはわからないが、木津川中流域にタケハニヤス彦にまつわるものが集中しているようである。涌出宮（式内社、和伎坐天乃夫支売《わきにいますあめのふきめ》神社）は、その場所も弥生時代の大遺跡であるばかりか、奇祭として名高い居籠《いごも》り神事があり、この神事も、地元にとっては悲しい事件であるタケハニヤス彦の鎮魂にからんだものという見方もある。

『紀』によれば、タケハニヤス彦の敗退の最後に、「叩頭《のみ》したところをなづけて我君《あぎ》という」

と付言している。叩頭は、額を地につけて敬礼すること。我君は吾君、親しみをこめたわが君、涌出宮の古い地名の和伎をアギのなごりとみる考えが出るのも自然のことと思う。タケハニヤス彦は、南山背ではわが君だったのだろうか。たんなる扇動者では、多くの人が生命をなげだしはしなかっただろう。

*

涌出宮の南方の山麓にある古墳について検討しよう。涌出宮の南方約七〇〇メートルの城《しろ》山《やま》（標高九六メートル）には、墳長約一一〇メートルの前方後円墳がある。平尾《ひらお》城山《しろやま》古墳である。その古墳の付近には、弥生後期に山城《やましろ》的機能をもった高地性遺跡のあった形跡がある。平尾城山古墳の南方約六〇〇メートルには、三角縁神獣鏡《さんかくえんしんじゅうきょう》を含む三十数面の銅鏡の出土したことでよく知られている椿井《つばい》大塚山《おおつかやま》古墳があり、この古墳一帯にも弥生後期に高地性遺跡があったらしい状況は、墳丘の構築にさいして混入した土器片から推定されている。

西暦二世紀ごろに、それぞれの地域の住民にとって逃げ城的役割をもっていた高地性遺跡の本来の機能がすたれたあと、しばらくして、同じ土地に前方後円墳が造営されたわけである。なお、これらの弥生系高地性遺跡を必要とした背後にある長期にわたる争乱と、タケハニヤス彦の戦争は、伝承とはいえ年代に隔たりがある。

椿井大塚山古墳は、墳丘の長さ約二〇〇メートルといわれてきたが、ここ数年にわたる山城町教育委員会の墳丘調査で、墳丘の長さは約一七五メートルと小さくなってきた。考古学的な細かい点は省くが、平尾城山古墳とともに前期古墳、年代的には椿井大塚山古墳が先で、それに続くのが平尾城山古墳であり、ぼくの年代観ではいずれも四世紀代である。

ここでことわっておくと、古墳の年代については、(1)何が何でも邪馬台国をヤマトとする前提に立つ人と、(2)日本の古墳にしか出土例のない三角縁神獣鏡、とくにそのうちの製作のよいものを魏鏡と仮定し、卑弥呼に結びつけようとする人（両者はだいたい同じだが）の年代観は、ぼくからみると暗き《きたな》混乱というか、こじつけを強く感じる。考古学者が考古学の思考でなくなってしまうのだ。

一九九八年、まだ記憶に新しいことだが、奈良県天理市の黒塚《くろづか》古墳（墳丘の長さ一三〇メートルの前方後円墳）で、竪穴《たてあな》式石室におさめられた木棺の外に三十三面の三角縁神獣鏡（一面は盤龍鏡《ばんりゅう》）が発掘され、この種の銅鏡は化粧具としての鏡というより、呪具・葬具の性質をもつことが明らかになった。黒塚古墳は四世紀前半の前方後円墳、ミマキイリ彦の古墳（箸墓、西殿塚《にしとのづか》、行燈山《あんどんやま》、渋谷向山《しぶたにむかいやま》のうちのどれかか）に至近の位置にあり、大王に仕えた大夫クラスの墓であろう。それと、三角縁神獣鏡のなかに椿井大塚山古墳の銅鏡とのあいだに、十組の同型鏡があり、さらに竪穴式石室での遺物の配置法も近似し、この点ではヤマトと南山背に共通性を感じる。

仮に椿井大塚山古墳とタケハニヤス彦を結びつけるとすると、文化や物の流通のうえではヤマトとはきわめて親しい関係にあり、争乱はあくまで政治上の理由ということになる。平尾城山古墳をタケハニヤス彦に結びつける考えもあるだろうが、年代は四世紀中ごろの古墳で少し新しい。以上のことは、あくまでも仮に組みあわせたまでのこと、古墳の被葬者の割り出しは考古学の領域では難問中の難問である。

第3章　箸墓伝説と纏向遺跡

記紀や『延喜式《えんぎしき》』に出ている天皇陵の名称は、たいていが台帳に登録するためなどで拵《こしら》えた味気ないものである。ミマキイリ彦を例にとると、山辺道上陵《やまのべのみちのへ》（『紀』）、『記』にいたっては陵の名がなく「山辺道勾《まがり》の岡のうえにあり」と所在地を説明しているだけである。

これにたいして、タケハニヤス彦の謀反を見抜いたヤマトトトヒモモソ姫の場合は、「大《おお》市《いち》に葬る。時の人、その墓を号《なづ》けて箸墓《はしはか》という」とあって、『紀』では異色の記述法である。葬った土地が大市だったことも研究のヒントになるし、この場合は墓（古墳）に固有名がついていたことがわかる。

＊

箸墓とみてまず間違いのない古墳が、『紀』にもう一度出ている。しかも、扱いのランクがあがって「箸陵」として出ている。『紀』によると、壬申《じんしん》の乱（六七二年）のとき、戦の勝利を祈願するため、大海人《おおあま》皇子（のちの天武《てんむ》）側がイワレ彦（神武《じんむ》）の陵に馬や兵器を奉っているのと、三輪君高市麻呂《みわのきみたけちまろ》らが上道《かみのみち》方面で、箸陵のもとに戦っているのと、陵関係の記事が二つある。

ぼくは前に、「想像が許されるならば、皇位争奪の争乱（壬申の乱）にさいして、いち早く始祖王の墓、および大和の王権にとって伝説のうえで由緒ある箸墓を手中におさめたり、戦勝の祈願をおこなうことは、皇位の正統性あるいはその地域にたいする支配の正統性を主張するうえで、重要な手段であったとみてよかろう」と述べたことがある（『考古学と古代日本』中央公論社、一九九四年）。

箸墓が壬申の乱の戦闘の経過の記事のなかで「箸陵」と出ていることを軽視してはいけない。あとで述べるように、前方後円墳の出現の状況において箸墓は特異な古墳であることから、ぼくはさらに『考古学と古代日本』のなかで、「その特異さが壬申の乱にさいしても、神日本《かんやまと》磐余《いわれ》彦《ひこ》天皇陵とともに箸陵として登場したと考えている。多少の誤解をおそれずにいえば、箸墓こそがヤマトにとっての実際上の、あるいは古くからある〝始祖王〟の古墳であった」と述べた。

古代史学者の和田萃《わだあつむ》氏は、「日本古代・中世の陵墓」（森浩一《もりこういち》編『天皇陵古墳』大巧社、一九九六年、に所収）と題した論文のなかで、壬申の乱での箸陵の問題にふれ、この古墳について「ヤマトトトヒモモソヒメ以外のある天皇の陵とする伝承が存在していたのかもしれない。箸墓古墳は三世紀末葉に築造された巨大な前方後円墳であり、最初の王墓である可能性が高い。その被葬者を、実在した最初の王、ミマキイリヒコと結びつけても、何ら矛盾はないものと思われる」と大胆に発言している。箸墓が古墳研究のうえできわめて重要な存在であることには、どの研究者も異議なかろう。そればかりか、研究者によっては女王卑弥呼《ひみこ》の墓とする誘惑に掠《さら》われることもあるほど魔性の前方後円墳である。思いつくままに、論を進めよう。

＊

崇神《すじん》紀に造墓記事の出ている箸墓は、すでに述べたように、崇神紀での所在地名は大市であった。大市は磯城《しき》郡（そのなかの城上《しきのかみ》郡）にある郷名で、「於保以知」（おほいち）という発音だった。宮内庁の『陵墓要覧』では、箸墓をとらず大市墓の名称にしている。大市墓は、桜井市（もとの大三輪町）大字箸中《はしなか》にある墳丘の長さ二八〇メートルの前方後円墳で、崇神紀の箸墓に該当することには疑問の余地はなく、ぼくは箸墓古墳（次章で箸中山《はしなかやま》古墳に変更する）といっている。

＊

ヤマトトトヒモモソ姫（以下モモソ姫と略す）の墓については、後でふれるように、『紀』には詳しく述べているのにたいして、『記』では一連のタケハニヤス彦の事件にモモソ姫は登場しない。したがって、モモソ姫の死や造墓の記事はない。当然のことだが、箸墓は『紀』にだけ出ているのであり、箸中山古墳という考古学的な名称も意味がある。そこで、崇神紀にモモソ姫がどのような役割をし、どのように消えてゆくのか、前章と多少重複するが整理しておこう。

ミマキイリ彦の四道《しどう》将軍の派遣、いいかえれば国家の基礎づくりの前に立ちはだかったのが、南山背《やましろ》のタケハニヤス彦で、その謀反をワニ坂での童女の呪言を解いて予知したのが、モモソ姫であった。その意味では、モモソ姫の功績が第一であった。『紀』では、タケハニヤス彦の事件のあとに物語がまとまっている。

モモソ姫は大物主神《おおものぬしのかみ》の妻となった。ところが、その神は昼は姿を見せず、夜に現れる。そこでモモソ姫が、ぜひ一度美麗《うるわ》しいお姿を見せてほしいというと、大神は「いうことは当然だ。明朝、あなたの櫛笥《くしげ》（化粧箱）に入っていよう。お願いしたいのは、私の形に驚かないように」といった。モモソ姫が不安のうちに明け方をまって櫛笥をあけると、美麗なる小蛇がはいっていた。モモソ姫は驚いて叫んでしまった。そこで大神は恥じて、すぐ人の形に変わって、妻にいった。「汝、こらえることをしないで吾を羞《はず》かしめた。自分も汝を羞かしめよう」といって、御諸山《みむろやま》（三輪山）に登ってしまった。モモソ姫は山のほうを仰ぎ見て、悔いて座ろうとしたとき、箸で陰《ほと》（女陰）を撞《つ》いて死んでしまった。そこで大市に葬った。時の人は、その墓のことを箸墓といった。この墓は日《ひる》は人が作り、夜は神（大物主神）が作った。大坂山《おおさかやま》の石を運んで造った。大坂山から墓までのあいだ、人民がずっとつらなり手遞伝《たごし》にして運んだ。時の人が次のような歌にした。

大坂に　継ぎ登れる　石群《いしむら》を　手遞伝に越さば　越しがてむかも

＊

考古学からみた箸墓古墳の説明はあとにまわし、まず『紀』の物語での箸墓について検討しよう。

物語の展開で気づくのは、タケハニヤス彦との戦において、直接戦闘にはくわわらなかったとはいえ、戦の発生を見抜いたという点での功績者であるモモソ姫が、その戦いのあとで死んだという点である。物語では、戦争が終わって何年してモモソ姫の死と箸墓の造営があったかについては語られていないが、ぼくはこの戦において、呪的な予知能力を出しつくしたあとにモモソ姫が死をむかえていることに注目している。

モモソ姫の予知能力が発揮されるのは、タケハニヤス彦の謀反事件が最初ではない。ミマキイリ彦の治世の初期（あくまでも崇神紀での展開）には、疫病にかかる者が多く、人びとの半数が死んだり、土地を離れて流民になる者も多く、何よりも倭大国魂神《やまとのおおくにたまのかみ》の祭りにあたっていたヌナキイリ姫の髪がぬけ落ち痩《や》せ衰え、祭祀《さいし》をつづけることができなくなった。ヌナキイリ姫は、ミマキイリ彦と妃の尾張大海媛《おわりのおおあまひめ》のあいだに生まれた。

このとき、「われは倭国《やまとのくに》の域内にいる神、名を大物主神という」との言葉をモモソ姫に神《かみ》憑《がかり》してミマキイリ彦に伝え、さらに大物主が、ミマキイリ彦の夢にあらわれ、大物主の子、大田田根子《おおたたねこ》を茅渟県《ちぬのあがた》の陶邑《すえのまち》からむかえることをすすめ、大物主の祭主にしている。なおこのとき、倭大国魂神の祭主になるのが長尾市《ながおいち》であるが、長尾市については大和《おおやまと》古墳群との関係で次章で述べる。

このように、崇神紀では、予知能力者としてのモモソ姫は二回登場しているが、最初はたんに大物主の存在を神憑り状態でミマキイリ彦に伝えただけであり、タケハニヤス彦事件にさいしての役割のほうが、はるかに強烈だとぼくはみている。

古代の予知能力者というのは、今日、大都会の街角に座って、次から次へと占いをつづける易者のような状態とは違い、重要な物事の予知を果たすと霊力がつき、肉体がなくなるのであろう。

ここで、『魏志』倭人条の卑弥呼（以下、ヒミコとする）の死にふれなければならない。ヒミコの宗教的な能力は、「鬼道に事《つか》え、よく衆を惑《まどわ》す」の一文が出発点になる。ヒミコの君臨する女王国の南には男王の支配する狗奴《くな》国があって、女王国と対立をつづけていた。ヒミコが景初《けいしょ》三年（二三九）と正始《せいし》四年（二四三）に魏に使者を派遣した一つの目的は、狗奴国との戦いに国際的な後ろ盾を必要としたことだったであろう。

なお厳密にしておきたいのは、倭人条では、狗奴国は女王国の南に位置している。近ごろ、狗奴国を女王国の東にあるとして、狗奴国尾張《おわり》説がしきりに登場するが、これは邪馬台国をヤマトだということを不変の原点として、倭人条の文章を改変しているのである。『後漢書』には「女王国より東、海をわたること千余里に、拘奴国があって、女王に属さず」とはあるが、周知のように、倭人条を含む『三国志』は三世紀にできていて、その倭人条を下敷きにしたのが『後漢書』の「倭伝」で、その成立は五世紀である。

古代史学者の平野邦雄《ひらのくにお》氏は、この問題を「後漢書の改編」という小見出しでとらえ、『後漢書』の成立した五世紀の宋《そう》のときには、すでに「ヤマトの倭王と宋との通交がはじまっていた。その事実を背景として認識の変化があったのではないか。逆にいえば、三世紀の倭の地理観は風化し、『後漢書』の認識は三世紀の倭からは遊離したものとなっていた」と明快に整理している（『邪馬台国』吉川弘文館、一九九八年）。

狗奴国の問題は、クマソとの関連で先で扱うことにするが、平野氏が整理されたような文献学の基礎にはいささかも関心を示さず、邪馬台国ヤマト説にだけ関心をもつ一部の研究者にはあきれるほかない。

話を倭人条に戻す。正始八年（二四七）に、倭は二人の使者を帯方郡《たいほう》に派遣し、以前から不和であった狗奴国の男王、卑弥弓呼《ひみくこ》と交戦状況にあることを報告したので、郡は兵政に関与する役人（張政《ちょうせい》ら）を派遣し、戦争をはげました。このあたりを、今日流の句読点をつけずに描くと、次のようになる。

遣倭載斯烏越等詣郡説相攻撃状遣塞曹椽史張政等因齎詔書黄幢拝仮難升米為檄告喩之卑弥呼以死大作冢径百余歩徇葬者奴婢百余人

句読点をつけてしまうと、まず「卑弥呼以死」で改行してしまい、異なった時間帯のできごとという印象をうけるが、本来の『三国志』では、狗奴国との戦争と卑弥呼の死とは、文章に区切りはないのである。

モモソ姫は、タケハニヤス彦との戦いで予知能力を使い果たして死をむかえる。もちろん、予知能力によってもっと早く謀反を見抜けなかったかとする責任が問われたかどうかも、大物主の妻になったとするあの奇妙な話にそれを解く鍵がありそうだが、今のぼくの力にはおえないので、これ以上は触れない。

ヒミコが狗奴国との戦いの最中か戦後に死にいたるのは間違いなかろう。ヒミコが戦死したとみる説、敗戦の責をおわされて殺されたとみる説などを読んだ記憶はあるし、ぼくもヒミコの死が、狗奴国との戦いと関係があると考えている。このようにみると、モモソ姫とヒミコとのあいだに共通点がうかぶ。

もう一つの共通点は、それぞれの墓造りの記事である。倭人条を含め『魏志』東夷伝で、個人の墓造りの記述のあるのはヒミコだけであるし、『紀』のうえでも詳しい造墓記事があるのは、モモソ姫のほかには、ヤマトタケルと漢風諡号《しごう》でいうと仁徳《にんとく》と欽明《きんめい》の三人があるぐらいである。

欽明の檜隈坂合陵《ひのくまのさかあい》の記事では、政治事件として推古《すいこ》天皇の母、堅塩媛《きたしひめ》を合葬してからの陵名が檜隈大陵であり、合葬以前の堅塩媛の墓を檜隈陵にしている。この三者の違いを、一九六五年に書いた『古墳の発掘』では見抜けなかった。いずれ新版を書こうと思っている。なお、ヤマトタケルと仁徳の陵については、墓造りにまつわる物語であって、土木工事としての造営記事ではない。

先に紹介したモモソ姫の造墓記事は後に検討するとして、そこでの造墓にまつわる労働《ちょう》をひとことで述べると、倭人条のような「大作冢」になる。この個所をよく「大きな冢を作る」と読んでいるのは、文に則したものではなく、「大いに冢を作る」。径百余歩」、つまり、冢づくりが大がかりだったことをいっているのである。昭和天皇の墓が、規模は大きくなくとも墓造りの行事が大がかりだったことを思い出すのである。

堅塩媛を含め、墓造り、あるいは墓にたいする土木工事をわざわざ詳しい記事にしている場合は、その人の死か、もしくは死後の扱われ方がふつうでないことに関係しているようである。このようにヒミコとモモソ姫のあいだに、二つの共通点があるとはいえ、記事のうえでの相違点もある。次にそれを述べよう。

*

ヒミコは女王であったのにたいして、モモソ姫はそうではなかったのと、何よりもヒミコは「年すでに長大なるも夫壻《ふせい》なし」であるのに、モモソ姫は大物主神の妻であり、モモソ姫からみて大物主神は夫であった。「夫壻」は「夫婿」に同じ、夫のことである。

よく世間話的に、「ヒミコの死と箸墓古墳の年代とが近いとすると、箸墓古墳はヒミコの家でよい」という短絡というよりも杜撰《ずさん》きわまりない発言をする学者もいるけれども、その場合は、まず倭人条のうえでのヒミコと崇神紀のモモソ姫とが、同じ人物であったこと、または倭人条の記述と重ねて創られた人物だということを証明しないかぎり、箸墓にはつながらない。ヒミコとモモソ姫とのあいだの先に述べたような共通点についていえば、古代の支配者層にいた予知能力者としての女性の共通点としてとらえることができそうだとぼくは考えている。

『紀』ではモモソ姫は、大物主神の妻として描かれている。第1章を「イワレ彦とその妻たち」としたとき気になったのは、神武《じんむ》紀には「妃」「正妃」「皇后」の言葉は出ていても「妻」のないことだった。でも「その女たち」では安っぽく、「その妻たち」にした。

崇神紀では、大物主神の妻のモモソ姫の場合だけでなく、タケハニヤス彦の妻の吾田媛《あたひめ》の場合も「妻」である。「妻」の問題は用例が多いので、これ以上の追究はやめるが、天皇関係の妻の用語を、記紀編纂《へんさん》の時点で皇后や妃に統一したようだ。墓を陵としたように。

ぼくは、モモソ姫が大物主神の妻であるという記述に注目している。夫の大物主神は、『紀』の異伝（一書）では、大国主神《おおくにぬしのかみ》の亦の名が大物主神、さらに国作大己貴《くにつくりのおおあなむち》、葦原醜男《あしはらのしこお》、八千戈神《やちほこのかみ》、大国玉神《おおくにたまのかみ》などの名もあったという。出雲系の神としてとらえられるが、どうして出雲系の神が事実上の始祖王の物語に大きくあらわれているのかは、当分の宿題とするほかない。

伝説上の始祖王であるイワレ彦の皇后（タタライススキ姫）の父が、美和《みわ》（三輪）の大物主（『記』）、あるいは大物主の子の事代主《ことしろぬし》（『紀』）として描かれていることについては、第1章で系譜を示して説明した。問題は、神々を含めヤマトのなかの出雲勢力が、物語の体系のうえでどの時点に想定できるのか、もっと端的にいって、ヤマトのなかの出雲と、出雲のなかの出雲の、どちらがより古いかをさぐらねばならない。

ささやかな手がかりがある。先に触れたように、モモソ姫の死にさいして、葬った土地が大市であることである。大市には大市郷があっただけでなく、纒向《まきむく》遺跡の辻《つじ》旧河道地帯、遺跡内では北部において、八世紀の「大市」と墨書した土師器《はじき》の破片が出土していて、大市の地名があったことは事実とみてよい。その地名が箸墓古墳の時代にまでさかのぼるかどうかは確かめられないが、崇神紀での陵の所在地を示す地名としては具体性がある。つまりこの大古墳について、大市の地名と箸墓の二つが伝えられたとみてよかろう。

桜井市域には、古代の有名な海柘榴市《つばきのいち》があり、武烈《ぶれつ》即位前紀、敏達《びたつ》紀、推古《すいこ》紀にあらわれている。それは崇神紀の大市とは別である。和田萃氏は、本来の海柘榴市は、初瀬《はつせ》川（大和川）左岸の粟殿《おおどの》付近にあったと推定し、港の機能を考えている。海柘榴市は、大和川の水運抜きには説明できない。桜井市東方の山地から流れる初瀬川が山間部を抜け、ひらけた盆地部に出ようとする位置にあった。この流路をたどると、初瀬川は盆地内の諸河川と合流して、盆地の西部で一筋の大和川となる。その大和川が、奈良県と大阪府との境によこたわる山地帯を抜けてひらけた河内平野に入り、川筋を北東にかえるあたりに餌《え》香市《がのいち》があった。

餌香市は、柏原《かしわら》市の船橋《ふなばし》遺跡の一部にあたると推定されるが、このように説明すると、海柘榴市と餌香市の地形に共通点のあることがわかるだろう。同じ大和川水系の上流（奈良盆地内）と中流（河内平野内）とで、それぞれが役割をになっていたのであろう。

大市の墨書土器が出土した辻旧河道地帯には、古墳時代前期に旧河道があって、西に流れて初瀬川に合流していたと推定される。大市墓ともよばれる箸墓古墳の北方約八〇〇メートル、この一帯が大市であろう。大市は、纏向遺跡の中央部にあって、下《しも》ツ道《みち》にも接近しており、下ツ道のあたりにそれ以前にも古道があったとすれば、旧河道を利用した水運にくわえ、

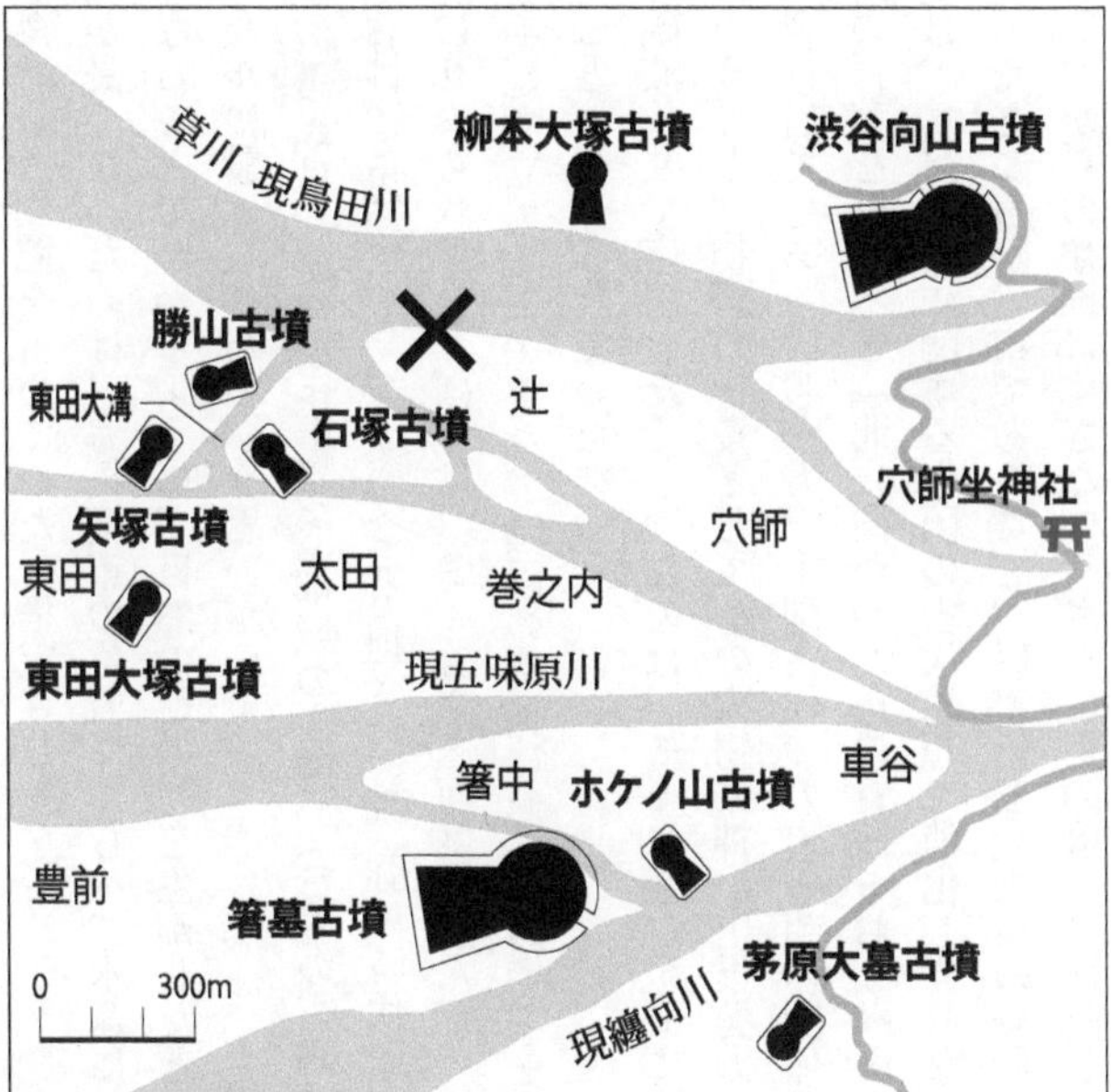

纏向遺跡内の古墳

茅原大墓古墳、渋谷向山古墳、柳本大塚古墳は遺跡外。×印は「大市」墨書土器出土地（『纏向遺跡 100 回調査記念――纏向遺跡はどこまでわかったか？』桜井市立埋蔵文化財センター、1998 年、を一部改変）

陸上交通をも意識した位置を占めていたと推定される。

大市の説明が長くなったのは、海柘榴市の位置にくらべ、水運にしても、人工を加えないと流路がなくなることでわかるように、自然の地の利を生かしたとは考えにくい。むしろ、仮称纏向邑のなかに設けられたという思いがつよい。

中国史の礪波護《となみまもる》氏は、岸俊男《きしとしお》氏編の『都城の生態』（日本の古代9、中央公論社、一九八七年）で、「中国都城の思想」という論文を分担された。弥生時代の大集落が都市とよべるかどうかの検討にせまられていたぼくは、この論文を何度も読んだ。そこには中国で「市場を立てる皇后と朝廷を立てる天子とを、陰陽の関係において対置する」「君立朝而后立市」の理念のあったことが紹介されていた。

ぼくがこの礪波論文で応用したくなったのは、モモソ姫がすでに述べたように、大物主神の妻であるということ、物語の背景としてその大物主神が出雲勢力の王的な存在を秘めているとすると、妻は后でもある。しかも、中国古代での市と朝の関係が陰と陽に対応するとすれば、礪波氏の言葉を借りると「北に向かって市の責任をおうべき皇后」がうかぶ。

以上の説明は、まだこれに関する中国の古代思想を消化しきれないで書いた。崇神紀に、モモソ姫を葬ったところが大市であること、墨書土器の大市の場所が纏向遺跡全体では北に位置することなどからの類推にすぎない。さらに別の機会に検討してみよう。

箸墓古墳と纏向遺跡について述べる。箸墓古墳は宮内庁が管理し、考古学から解明する直接の手段を欠くということもあって、すでに述べたように、考古学者にとっては魔性の巨大前方後円墳である。

＊

一方の纏向遺跡は、桜井市教育委員会による調査がすでに第百九次に達したことでわかるように、それぞれの回の発掘面積はさほど広くないとはいえ、遺跡のほぼ全域に調査は及んでいる。したがって、かなりのことが考古学的には判明しているにもかかわらず、「邪馬台国がある」「あるはずだ」「あるとおもしろい」などのスタンドの声の大きさに影響され、グラウンドに立つ選手（もちろんごく一部）までも、「あるはずだ」と合唱せざるをえない雰囲気のなかでプレーしているように見える。全国の遺跡で、こんな状況はほかでは聞かない。その意味では魔性の遺跡である。

ここまで書いて、ぼく自身が考古学の方法を逸脱しているのに気づいた。気づきながら書いたといってもよい。つまり、箸墓古墳と纏向遺跡を別の遺跡のような扱いをし、そのような印象をあたえたけれども、まず明確にしておきたいのは、空間的、つまり遺跡のひろがりにおいては、両者は同じである。しかも、時間（年代）的にも両者はほぼ並行している。

言葉をかえて説明するならば、箸墓古墳が主となりながら纏向遺跡が形成されたとみるのか、その逆とみるかである。とはいえ、箸墓古墳は、それ以前には日本列島には存しない大規模な人工の前方後円墳であり、佐賀県の吉野《よしの》ケ《が》里《り》遺跡や奈良県の唐古《からこ》・鍵《かぎ》遺跡内に、集落と同時代の墓地がある状況とは大きく異なる。

九八年十二月から九九年の四月まで、纏向遺跡の調査が百回をこしたのを記念して、「纏向遺跡はどこまでわかったか？」の企画展が桜井市立埋蔵文化財センターでおこなわれ、見学した。企画展用に創られた小冊子も、それまでの発掘の成果が淡々と述べられていて、参考になった。以下、古墳をも含め、纏向遺跡の説明をする。

⑴遺跡の範囲はほぼ見当はついてきたが、周縁部に濠、土塁、柵《さく》などで区画された形跡はなく、橿原《かしはら》考古学研究所の関川尚功《せきがわひさよし》氏のいうように、閉ざされた空間ではなく開かれた空間である。この点は、環濠をもつ吉野ケ里遺跡や唐古・鍵遺跡と大きく異なる。

⑵遺跡は東西約二キロにおよぶが、東端は山麓の海抜約一七〇メートル、西端は約七〇メートルで、比高差が一〇〇メートルの傾斜の強い地形にある。南北はまだひろがる気配はあるが、箸墓古墳をほぼ南限とすれば約一二〇〇メートルである。つまり東西に広く、傾斜のつよい斜面にあるため、全体に同一水面の濠をめぐらすことはできないが、土塁や柵をめぐらすことはできるから、やはり開かれた空間ということになる。それに関連して、まだ門

（入り口）の遺構が出ていない。

⑶遺構は、遺跡の面積のわりにはたいへん少ない。とくに倉庫址《し》とみられるものがなく、遺跡の性格が特異なものであることを示している。また、居住地区といってよいような住居址群が、まとまって発掘されたところもない。これらは各回の発掘面積が小さいことにも関係するが、吉野ケ里遺跡では、本調査前におこなわれた範囲確認のための小ピットを遺跡全面に設けた調査でも、多くの住居址の存在がわかっている。ぼくは遺跡の特異性にかかわっているとみている。

八十次調査で、溝と柵で方形区画された遺構の一部が見つかり、もし区画の内部に建物跡があれば、居館とよべそうである。だがこの場所は、渋谷向山《しぶたにむかいやま》古墳（現・景行《けいこう》陵）の西南に接した地点で、出土する土器も纒向遺跡の庄内《しょうない》式土器につづく布留《ふる》式土器であり、ことによると纒向珠城宮《まきむくのたまきのみや》（垂仁《すいにん》紀）や纒向日代宮《まきむくのひしろのみや》（景行紀）などの伝承に関連しているのかもしれない。この問題は、遺跡の東北部だけのことなのか、それとも遺跡全体にかかわることかにも及ぶであろう。

⑷纒向遺跡は、普通の集落遺跡では少ない弧文円板や鶏形木製品など祭祀的な遺物が多いこと、小ピットを掘って、湧きだす水を使って祭祀的行為をおこない、そのあとで埋めたと推定される祭祀ピットの多いこと、そして、在地の土器（庄内甕《かめ》）だけでなく、東海系、近

江系、山陰《さんいん》系、北陸系、瀬戸内《せとない》系などの搬入土器の占める割合の高いことなどが指摘できる。とくに搬入土器の問題は、ここに都があった証拠とされることが多いが、それは誇大に喧伝《けんでん》されているきらいがあって、同時代の日本列島の遺跡では、在地の土器だけという遺跡のほうが少なく、たいていは各地からの搬入土器をもっていて、交易とか人びとの交流の活発さを物語っている。とくに東海の土器は、日本海《にほんかい》側や関東《かんとう》の遺跡にもしばしば搬入されていて、纒向遺跡だけの特色ではない。

目下の印象をまとめると、遺物のわりに遺構が少なく、とくに住居、倉庫、門などの遺構がみられないこと、祭祀関係の遺構と遺物の多いことである。

＊

纒向遺跡は、箸墓古墳を盟主（主墳）として、陪墳的な五基の中型～小型の前方後円墳で構成される古墳群の成立を前提にした遺跡がある。前方後円墳についての大型・中型・小型の区別は、『巨大古墳の世紀』（岩波新書、一九八一年、『巨大古墳――治水王と天皇陵』と改題して講談社学術文庫）で自分なりの基準を定めたので、それにしたがった。つまり年代にかかわらず、一一〇メートル以上を中型にしたから、石塚《いしづか》（九三メートル）、矢塚《やづか》（九六メートル）、勝山《かつやま》（一一〇メートル）、東田大塚《ひがいだおおつか》（九六メートル）、ホケノ山（八〇メートル）は、勝山古墳が最小の中型、他の四基は小型としては大きい。

日本考古学で陪墳（陪塚）といえば、濠をめぐらした前方後円墳の周囲に整然と配置されたものを連想しやすいが、中国の例では、古墳群内の皇族、功臣、将軍などの古墳を指すことを、これも『巨大古墳の世紀』で述べた。前章で少し触れたように、黒塚《くろづか》古墳は、そういう観点にたてば、行燈山《あんどんやま》古墳（現・崇神陵）の陪墳とみてよい。残念ながら、箸墓古墳を含め六基の古墳は、まだ埋葬施設と副葬品がわからない（ホケノ山古墳の調査結果を章末に追記した）。だからこれらの古墳は、墳丘内や濠にのこされた築造当時のものとみてよい土器では、大きな年代差はでない。石塚古墳も一時いわれたほどにはさかのぼらない。

陪墳の被葬者は、それぞれ主墳の被葬者とは深い関係にあった者、たとえば大夫クラスの支配層の人物がそれぞれの死をむかえたあと葬られたもので、例外は別にするといわゆる殉（徇《じゅん》）葬とは異なる。だから個々の古墳にわずかの年代差があるのは当然であるが、弥生時代後期までさかのぼるものはなく、いずれも古墳時代前期初めの前方後円墳の範疇《はんちゅう》におさまる。前期とはいえ、渋谷向山古墳や行燈山古墳よりは古い。

＊

箸墓古墳も、九八年の後円部外側の調査によって、一つの事実がわかった。それまでの調査をも総合すると、墳丘の外側に本来、幅一〇メートルほどの濠が前方後円形にあったこと、したがって築造のはじめから前方後円墳であったことが確実になった。もちろん傾斜地にあるため、同一水面の濠ではなく、仕切り堤によって濠の水面には高低差があった。この形は、渋谷向山古墳や行燈山古墳などにもみられる。

先にあげた崇神紀の箸墓造営の歌から、ぼくは大坂の石を葺石《ふきいし》と推定したことがある。だが、長年にわたって古墳に利用されている石材の研究をつづけている奥田尚《おくだひさし》氏によると、この古墳の葺石は付近の巻向《まきむく》川などで採取される石であり、それにたいして、墳丘の下方にまで散乱している板状の石片には朱が付着しており、過去の盗掘で掘りだされた後円部の石室の用材と推定されている。

奥田氏の研究では、この石は大阪府柏原市の芝山《しばやま》に産出する玄武岩で、奈良県では箸墓古墳のほか、大和古墳群の波多子塚《はたごづか》、橿原市の弁天塚《べんてんづか》、兵庫県の西求女塚《にしもとめづか》などでの使用がわかっている。芝山玄武岩こそ崇神紀の箸墓造営の労働歌に出ている大坂の石とみてよかろう。

奥田氏はさらに研究をつづけ、ぼくの七十歳の記念として九八年に作った『古代探求』(中央公論社)に、ぼくの疑問への解答の一つを担当し、玄武岩の性質から本来芝山の頂上はドーム状(岩頸状《がんけいじょう》)に突出しており、その板状節理が幾重にも重なる状態を「継ぎ登れる石群」と表現していると推理した。慧眼《けいがん》といってよかろう。もしそうだとすると、この労働歌は、芝山の玄武岩が採取しつくされ、スリ鉢状の凹地（現状）になってからでは詠むことはできない。芝山のこの石材採取の開始に近いころの歌なのである。この労働歌は前期古墳の時代にさかのぼりそうである。

最後に、どうして「箸墓」なのかについて述べる。食事用の箸は八世紀に使われだすもので、前方後円墳の時代にはまだない。ぼくは、記紀や万葉の歌の研究を生涯つづけられた土《つち》橋寛《はしゆたか》氏と親交があった。ある日、箸のない時代なのにどうして箸墓かという疑問を伝えると、そのころぼくが編集していた『古代学研究』七二号（一九七四年七月）に、「箸墓物語について」を寄稿していただいた。さすがに文学者である。『播磨《はりま》国風土記』の揖保《いひぼ》郡立野《たちの》の条の土師《はじの》弩美《のみ》（野見）宿禰《すくね》の造墓記事との類似に注目し、さらに古代における土師氏の職掌にもふれ、ハシ墓は造営に土師氏が関与した土師墓ではないかとする試論を述べられた。

土橋論文に接したころ、ぼくはまだ、纏向遺跡の低地部が出雲庄であったことなど、この地と出雲との関係についてはさほど考えていなかった。野見宿禰やその子孫の土師氏のことは、先で扱う。そのときに、この問題についてさらに触れることにする。結論は出ないけれども、箸墓古墳はヒミコの墓からは遠ざかったようである。

補記　ホケノ山古墳

箸墓古墳の東方にあるホケノ山古墳は、長さ約八〇メートルの前方後円墳で、墳丘には葺石を用い、周濠がある。今までにも墳丘や周濠の調査はおこなわれていたが、第四次調査で後円部の埋葬施設のようすが明らかになったので、要点を述べる。

後円部の中央には石囲い木槨《もっかく》があり、これが築造当時の埋葬施設で、それと並べるようにして家形石棺をおさめた古墳時代後期の横穴式石室が設けられていた。年代の大きく違う二つの埋葬施設が一つの後円部にあることは、この地域の政治勢力の歴史的な推移を解くうえで重要である。

従来、奈良県の前期古墳の埋葬施設といえば、長大な木棺を竪穴式石室におさめたものが主流を占めていた。今回の石囲い木槨は木棺をおさめた竪穴式石室とは共通性がほとんどなく、同じ奈良盆地南東部（狭義のヤマト）にある前期古墳とはいえ、特異な埋葬施設である。したがってホケノ山古墳からの連続性あるいは併存をどのようにたどるかの問題がでてきた。

出土した土器は庄内式土器で、厳密な意味での弥生時代後期のものではなく、従来から知られている前期古墳とさほどの年代差はない。そのことは各六十本出土している銅鏃《どうぞく》や鉄《てつ》鏃《ぞく》からもいえることである。これらをまとめると、ホケノ山古墳は弥生時代後期までさかのぼるものではなく、依然として奈良盆地での前方後円墳の出現は、〝突然〟といった表現でよかろう。その〝突然〟の背景を解く手がかりが石囲い木槨であるといってよい。

　これらのことから、この地に「王権」が発生していたことは認められるとしても、それが〝大和朝廷であって、以後連綿とつづいている〟とは先ほど述べた埋葬施設に断絶のあることからいえるだろうか。そういう見方は早計にすぎるとおもう。なお副葬されていた銅鏡は、平縁《ひらぶち》の画文帯神獣鏡《がもんたいしんじゅうきょう》で、「吾作明竟　幽湅三岡」ではじまる五十六字の銘文がある。竟は鏡、湅は錬、岡は鋼のそれぞれ減筆文字とみられるが、三角縁神獣鏡より一段階前の銅鏡とみてよかろう。「吾作明竟　幽湅三岡」とは、三種類の金属を神秘的な方法で、融合してねりあげたの意味である。

第4章　大和古墳群と大王陵

前章では、箸墓《はしはか》古墳のことを迷いながら書いた。子供のころに読んだ崇神《すじん》紀の箸墓伝説の印象が強烈すぎて、他の天皇陵古墳については行燈山《あんどんやま》古墳とか大山《だいせん》古墳のように考古学的な遺跡名へのおきかえを実行し、学界にもそれなりの影響をあたえているが、直接に人名がでていないこともあって、箸墓古墳を例外扱いしてきたのは迂闊《うかつ》だった。

箸墓という古墳名を使うことによって、ヤマトトトヒモモソ姫を連想し、女性の被葬者ということからヒミコがたぐりよせられる。だが『記』には箸墓の話はでていないから、すなおに被葬者を考えることができる。だから、以後は地元にのこる土地の名としての「箸中山《はしなかやま》古墳」を、ぼくは遺跡名に使うことにする。そうすると、前章で述べたように、実際の始祖王としてのミマキイリ彦の墓とする見方が浮かびあがる。それにともない、纏向《まきむく》遺跡が記紀にでている師木水垣宮《しきのみずがきのみや》（磯城瑞籬宮）とどうかかわるかも検討項目にする必要がでてくる。

ここでことわっておきたいのは、本書にかぎらず、ぼくは完成した研究などはもちあわせていない。どの問題についても未完成で、シンポジウムや講演で話をしたり、文章にまとめたりするのである。だから極端な場合は、講演の最中に、初めての考えが、突然浮かんだりする。

＊

古墳の被葬者については、発言しないことを美徳とする学者もおられるが、日和見にすぎる。現実問題として宮内庁は、崇神天皇陵も仁徳《にんとく》天皇陵も治定《じじょう》（指定）して特別の管理をおこなっている。もっといえば、神武《じんむ》天皇陵もあるし、神話の世界の瓊瓊杵尊《ににぎのみこと》の可愛山陵《えのさんりょう》も鹿児島県川内市《せんだいし》（現薩摩川内市）に決められ、宮内庁が管理している。

古墳の被葬者について発言しないことを学問的美徳とする学者は、〝神代三陵〟が国家の管理下に現実に存在していることにも意見を述べることなく、結果的にはそのような現状を肯定しているのである。

ぼくは神武天皇陵なるものについて考え、それを発展させて『考古学と古代日本』で意見を述べたことがある。イワレ彦が実在の始祖王かどうかは別にしても、これも前章でふれたように壬申《じんしん》の乱（六七二年）にさいして、大海人皇子《おおあま》（のちの天武天皇《てんむ》）側がイワレ彦の陵に馬や兵器を奉献し、戦勝を祈ったとする『紀』の記事があり、七世紀にはイワレ彦の陵があったのは事実とみられる。つまり、伝説上の始祖王であっても、その国の歴史がおぼろげながらも形をとりだすと、始祖王の陵を新たに造営して存在させないと辻褄《つじつま》があわない。ぼくは高句麗《こうくり》の東明王《とうめいおう》やわが国のイワレ彦の古墳から、そういう人物像が作られていく過程を繙《ひもど》けるとみている。考古学的には神武陵の実態はまだ不明だが、次のような見通しをもっている。

(1)高句麗の始祖王である東明王（朱蒙《しゆもう》・鄒牟《すうむ》）が、四一四年に建てられた好太王《こうたいおう》（広開土《こうかいど》王《おう》）碑の書き出しに「惟昔始祖鄒牟王之創基也」とあるように、その人物の実在性は別として、五世紀には始祖王として想念されていた。

(2)王の実在性が想念されるにつれて、陵が移築か新造された。東明王の場合は、平壌《ピョンヤン》市郊外にある真坡里《チンパリ》古墳群の中心的存在の十号墳が伝東明王陵である。

(3)学術調査によって、この古墳に接して広大な敷地の寺院址が確認され、古墳に付属した寺とみられ、出土した土器のヘラ描き文字から定陵寺《ていりようじ》という寺であったことがわかった。この古墳については、東明王の実在性のとぼしさから長寿王《ちようじゆおう》陵説をとる人もいるが、ぼくは新造された始祖王の陵でよいとみている。

⑷いわゆる神武陵は、このような高句麗の始祖王についての考え方の影響をうけて作られたのであろう。畝傍山《うねびやま》山麓にあって、国源寺《こくげんじ》の名をもつ大窪寺跡《おおくぼでら》が定陵寺の性格をもち、その近くに墳丘のさほど大きくない古墳が造営されていたと推定している。

七世紀初頭前後の造営かと思うが、近年その付近の四条《しじょう》古墳群で五世紀までさかのぼる墳丘を失った古墳が見つかり、そのころまで、いわゆる神武陵の造営をひきあげようとする見方もある。だが、もしそうであれば、どうして造営後二世紀ほどして藤原《ふじわら》京の造成で墳丘が破壊されたのかが不可解であり、ぼくはまだ神武陵の実態は不明ではあるが、新造を考えている。

＊

考古学研究で、直接的な形で記紀から参考にしているものは、陵や墓の記事が大半である。実際は、居住地（宮）についての記事が陵や墓の記事に劣らず重要と考えられる。だが、このほうは、がいして研究の現状では軽視されている。

文献学的には、記紀を経糸《たて》に、十世紀に編纂された『延喜式《えんぎしき》』を緯糸《よこ》にして、おおよその陵墓研究の骨組みができていて、そこへ考古学的な研究成果を総合して、いわゆる天皇陵古墳への常識ができている。

ただし、かんじんの天皇陵古墳についての考古学的検討が、脆弱《ぜいじゃく》なものであることは周知のとおりである。どうして脆弱に甘んじているかといえば、天皇陵古墳が宮内庁の管理下におかれているという現状によるもので、考古学側の努力だけではどうにもできないところに原因がある。歯痒《はがゆ》いことである。戦後の考古学からの天皇陵古墳研究は、今述べたように制約のもとでおこなわれた。そのような制約のもとで遅々とした歩みではあったが、問題点はかなり明らかになってきた。

ぼく自身の天皇陵古墳問題への取り組みの歴史をふりかえると、一つの大枠のなかでおこなっていたことに気づく。それは喜田貞吉《きたさだきち》に代表される先学の研究のあとをうけて、記紀や『延喜式』に記載されている陵墓を、考古学によってもっとも妥当と判断される古墳に適合させることができれば、一応の到達点に達したとする信じこみがあったように思う。

一つ例をあげると、ミマキイリ彦の次はイクメイリ彦（垂仁《すいにん》）で、その宮は『紀』では纏向にある珠城宮《たまきのみや》、『記』では師木玉垣宮《しきのたまがきのみや》である。ところが陵について、『紀』では、菅原伏見《すがはらのふしみ》陵、『記』では「御陵は菅原の御立野《みたちの》の中にあり」としていて、『延喜式』では「菅原伏見東陵　纏向珠城宮御宇垂仁天皇　大和国添下郡《そえしも》にあり、兆域東西二町、南北二町、陵戸二烟、守戸三烟」と記述している。

これらの文献史料から、イクメイリ彦の陵は、奈良市尼辻《あまがつじ》町にある宝来山《ほうらいさん》古墳が指定されている。宝来山古墳は、墳丘の長さ二二七メートルの大型の前方後円墳で、周囲に水をたたえた濠がめぐる。もっとも拡張された今日見る濠の形は、幕末の工事（文久《ぶんきゅう》の修陵事業）によって改変されたものである。

この古墳については、まだ考古学上の資料が少なく、細かい年代を割りだすことはできないけれども、前方後円墳の墳丘と濠の変遷からみると、五世紀代の造営である。仮に垂仁天皇を実在として、その年代を四世紀の前半ごろに推定するならば、垂仁とは別人の墓というほかなかろう。

宮が磯城《しき》にあるはずのイクメイリ彦の陵が、どういう理由で添下郡にあるようになったかについては先で考えることにする。これも仮にという前提でのことだが、イクメイリ彦が実在の大王で、しかもその宮がミマキイリ彦と同じように磯城の地域内にあったのであるならば、イクメイリ彦の古墳も、ミマキイリ彦の墓が磯城にあったことからみて、磯城にあったとしての検討を試みてもよかろう。

漢風諡号《しごう》であらわせば、崇神・垂仁・景行《けいこう》（オオタラシヒコオシロワケ）とつづく三代の大王は磯城に宮があり、景行天皇の陵も記紀によれば磯城（城上《しきのかみ》郡）にあった。しかも垂仁天皇の陵については、記紀や『延喜式』の所在地域の菅原とその周辺には、ふさわしい候補となる古墳を見いだすことはできない。

天理市南部から桜井市にかけて、竜王山《りゅうおうさん》山塊の西麓に南北約四・五キロにわたって帯状に点在するのが大和《おおやまと》古墳群である。厳密にいえば、西殿塚《にしとのづか》古墳を盟主墳（群中で傑出した規模の古墳の意味）とする北の一群を狭義の大和古墳群とし、群の中ほどを柳本《やなぎもと》古墳群ということもある。この柳本古墳群には、北寄りに行燈山古墳（現・崇神陵）とその南に渋谷向山《しぶたにむかいやま》古墳（現・景行陵）の二つの巨大古墳があり、群の南寄りの三輪山《みわやま》山麓には、箸中山（箸墓）を盟主墳とする一群があり、三輪（纏向）古墳群として細分することがある。

ぼくは前章で、箸中山古墳をミマキイリ彦の墓とする仮説をだした。次章で述べるが、狭義の大和古墳群は、柳本古墳群や三輪古墳群と性質が少し違う。そうなると、大王陵候補は渋谷向山と行燈山の二古墳があり、組み合わせからいえばそのどちらかが垂仁陵であり、どちらかが景行陵になる。

渋谷向山と行燈山の二古墳は年代が接近しているが、箸中山古墳と西殿塚古墳よりは新しく、宝来山古墳より古いという相対的な年代の位置づけはできるが、二つの古墳の前後を決める資料はとぼしい。とぼしいなかで、あえて見通しをつけると、渋谷向山古墳のほうが先行する。だから箸中山・渋谷向山・行燈山の三古墳に、記紀での大王の順を機械的にあてると、崇神・垂仁・景行のそれぞれの陵の組み合わせになる。将来の研究で、行燈山古墳のほ

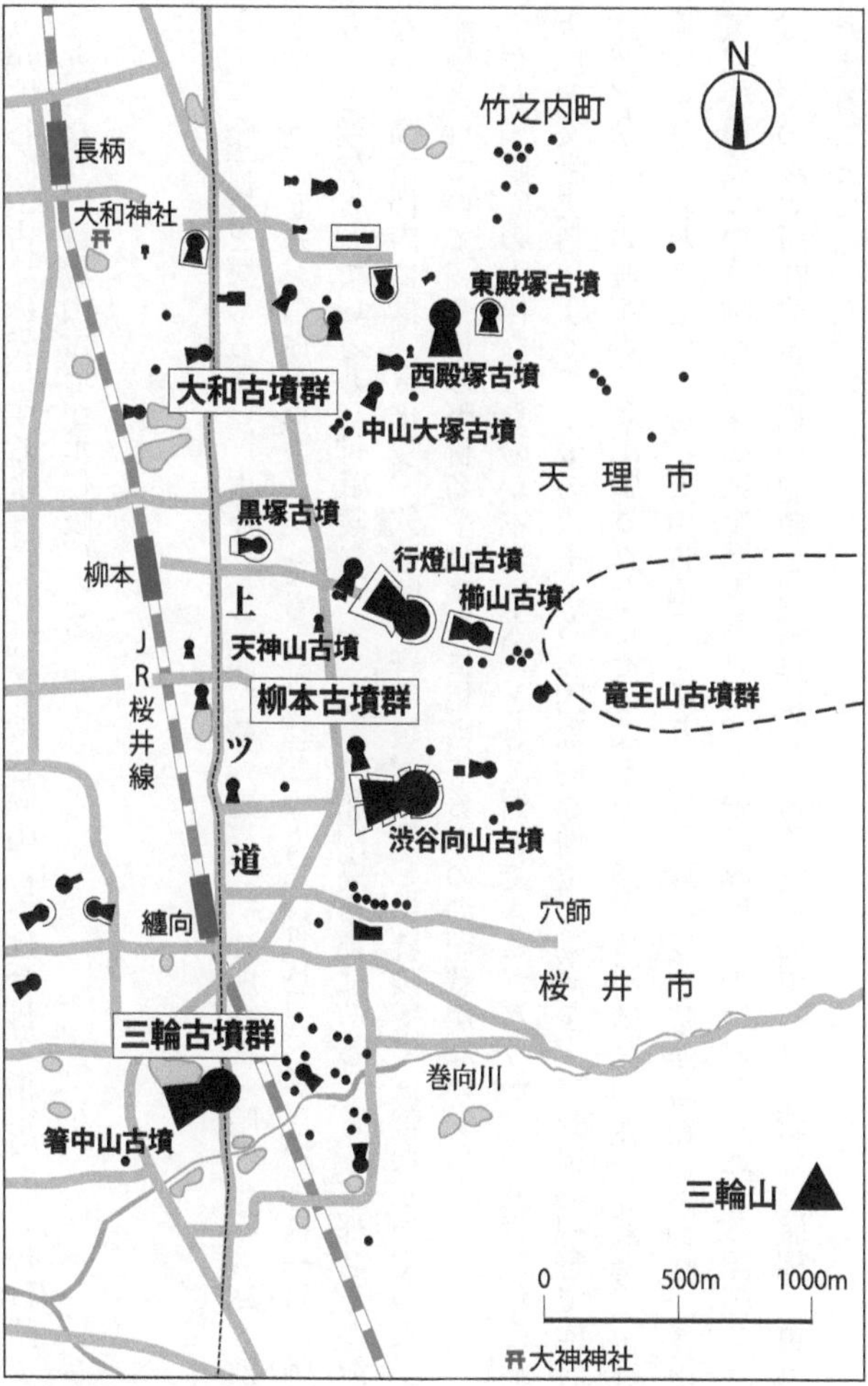

大和古墳群（『天皇陵古墳』より）
上ツ道は奈良盆地を南北に縦貫していた古代の道路の一つ

うが渋谷向山古墳に先行するようになれば、渋谷向山古墳は今日の指定どおり景行陵でよいことになり、行燈山古墳が垂仁陵になる。

*

天皇陵古墳を決めるさい、大枠として記紀や『延喜式』の所在地を暗黙のうちに大前提にしていた。しかし、所在地といっても『延喜式』では、神代三陵については「日向《ひゅうが》国にあり」と漠然としているし、神武陵についても「大和国高市《たけち》郡にある」として郡名しか記載がない。高市郡内には、宣化《せんか》陵、欽明《きんめい》陵、斉明《さいめい》陵、天武・持統《じとう》陵、文武《もんむ》陵など多くの天皇陵が記載されていて、今日の町村名や大字名に相当するものの記載がない。

だが、暗黙の大枠なるものが本当に大枠として信頼できるだろうか。一九六八年に藤間《とうま》生《せい》大《た》氏が文献史料によって、倭の大王たちの国際的な地位の動向を東アジア的視野で検討し、『倭の五王』（岩波新書）を出版された。そのなかで、倭王済《せい》の陵は現在の允恭《いんぎょう》陵（市野《いちの》山《やま》古墳）より、いわゆる仁徳陵（大山古墳）であり、倭王珍《ちん》の反正《はんぜい》陵が現在の応神《おうじん》陵（誉田《こんだ》山《やま》古墳）であるという画期的な私案を発表された。この試みは、先ほどから述べる記紀や『延喜式』での陵の所在する国郡の記載をご破算にして考えたものであり、新しい展望と勇気をあたえることになった。

ぼくが十数年前から気づいていることがある。一例をあげると、実在についてまず問題のない継体《けいたい》天皇についていえば、その陵が高槻《たかつき》市にある今城塚《いましろづか》古墳であることは、ほぼ学界の常識となってきた。だが、陵の所在地が確実にわかるのであれば、樟葉《くずは》、筒城《つつき》、弟国《おとくに》などの宮についても、遺跡の候補がでるのが当然ではないか。現状での古墳時代の研究は、古墳に偏っている。

このように古墳時代の研究では、古墳に焦点があわせられがちであるのにたいして、『延喜式』での天皇の表記は、先にも例をあげたように、「纏向珠城宮御宇垂仁天皇」のように、宮の所在地によって区別しようとしている。御宇《ぎょう》は天下を治めたの意味である。

日本でのもっとも古い墓誌として知られる船首王後《ふなのおびとおうご》の墓誌には、王後が敏達《びたつ》天皇の時代に生まれたことを明らかにするのに「乎娑陀宮治天下天皇之世」に生まれたとし、推古《すいこ》と舒明《じょめい》の両代に仕えたことを示すのに「等由羅宮治天下天皇」とか「阿須迦宮治天下天皇」と記している。「乎娑陀」は譯語田《おさだ》（『紀』）とか他田《おさだ》（『記』）、「等由羅」は豊浦《とゆら》（『紀』）、「阿須迦」は飛鳥《あすか》、細かいことはさておき、特定の大王（天皇）をあらわすのに宮の名を冠している。

なお船氏の墓誌は、江戸時代に大阪府柏原市の松岳山《まつおかやま》で発掘されたと伝え、船氏は百済《くだら》系の渡来集団で、河内《かわち》（南河内）に根拠地をもち、天智《てんじ》七年（六六八）に墓誌銘は記されたとみられている。その銘文では、二度めにだした舒明の名は「阿須迦天皇」として、宮の名をつけてよんでいる。

宮の名ではなく、陵の名を人物につけたかとみられるのにオホサザキ（仁徳）があり、大きな陵《ミサザキ》が大王名となったという見方もある。この解釈は、ぼくが子供のころからよく書物にでていたが、今では、大王の墓を陵として区別することが五世紀代にあったかどうかの確証がなく、オホサザキを大鷦鷯（『紀』）や大雀（『記』）とする鳥説のほうに傾いている。

中国の五胡《ごこ》十六国の国の一つに夏《か》という国があり、自らは大夏ともとなえた。その王に赫《かく》連勃勃《れんぼつぼつ》がいた。勃勃は、百錬の剛刀を造らせ、その環頭の部分を「龍雀大環」にしていて、その環頭大刀を大夏龍雀とよんでいたという（『晋書』載記）。

勃勃が五世紀前半（四二五年没）に活躍していたころ、日本列島でも環頭大刀が支配者のあいだで流行をはじめる。そのことを念頭におくと、次の『記』の歌が注目される。

吉野《よしの》の国主《くず》（国樔）たちが大雀命《おほさざきのみこと》の佩《は》く刀をみてうたった歌で、その一節に「品陀《ほんだ》の日の御子　大雀　大雀　佩かせる大刀（以下略）」とある（大雀は『記』の原文では「意富佐邪岐」とある）。このように、『晋書』を参考にし、時代の流行も考えると、雀か鳳《おおとり》を図文にした環頭大刀が大王の名になったとみることができる。オホサザキは大陵《オオミサザキ》ではなかろう。

＊

古墳の問題に話題をもどす。奈良盆地の東南部の大和古墳群が注目される理由の一つは、初期の前方後円墳があるからである。前方後円墳に代表させられる古墳文化は、同じ奈良盆地内および周辺のずっとのちに「畿内」とよばれた地域内では、先行する実例を見いだせない。奈良県などでは古墳文化が突然出現するといわれる所以《ゆえん》である。

古墳文化を見るとき、少なくとも二つに分けて考える必要がある。

一つは、少し離れた場所からでも見ることのできる遺跡としての部分、主として墳丘の形、大きさ、高さ、墳丘をつくる材（石か土）、葺石《ふきいし》や列石、濠や陪墳の有無、付随的なことがらとして墳丘やその外側に置かれた埴輪や石人、石馬など、当時の人びとに視覚的に印象をあたえられることがらである。細かくいえば、付属する建物（のちには寺）や墓を守る人の住居もこれに含まれる。

二つめには、外からは見えない埋められた、あるいは隠された部分、つまり棺や墓室の種類や大きさ、どういう副葬品や埋納品を入れるか、死者が単独で葬られたか、複数の埋葬か、さらに埋葬にさいしての儀式を示す土器類など、よく注目を集める三角縁神獣鏡《さんかくえんしんじゅうきょう》を副葬しているとか副葬していないかは、この隠された部分のことがらである。

わかりやすくいえば、その当時の人民や他の地域から訪れた人にも、古墳の形や大きさは自分の目で確かめることはできるが、どんな棺におさめているかとか、鏡の有無や種類などはうかがうことはできない。

このように分けてみると、倭人条のヒミコの死にさいしての「大作冢、径百余歩、徇葬者奴婢百余人」の記述は、外から見ることができることがらと風聞とでできている内容である。

古墳を見る場合の要点をいま述べたけれども、奈良県およびその周辺の弥生時代には、墳丘を築くことが稀《まれ》であって、大阪市平野《ひらの》区の加美《かみ》遺跡に、弥生中期の長方形墳（長さ二六メートル、高さ一・九メートル）が知られているぐらいである。

大和古墳群の初期の古墳を見ると、たんに規模の大きい墳丘が造営されているだけでなく、墳丘の斜面を葺石でおおいつくしている点が、この地域の弥生時代の墓との違いである。解きがたい前方後円とか前方後方の形のことはここでは別にして、葺石の有無が古墳文化を解く一つの鍵になる。先ほどの加美の長方形墳にも、佐賀県吉野《よしの》ケ里《がり》遺跡の弥生中期の墳丘墓にも、葺石はない。

葺石の源流は、日本海沿岸のいわゆる出雲《いずも》世界で特異な展開を示している四隅《よすみ》突出型方墳が、有力候補となる。四隅突出型方墳は、島根県と鳥取県および日本海にそそぐ江川《ごうのかわ》上流の広島県の山間部で、弥生中期から古墳時代初頭に造営され、これらの地域に前方後円墳の造営がはじまると消滅する。

四隅に突出部をつけた墳形は、確実なものとしては他に類例がなく、その造形の意味するところの解明には、さらに時間がかかるだろう。だが次の二点は重要である。

⑴土を盛りあげて墳丘をつくっている。弥生時代のものを墳丘墓として区別する人もいるが、時代によって区別をすると連続性が薄れるので、ぼくは古墳時代のものと言葉では区別しない。今日のところ、弥生時代で、ある範囲（地域）に共通する形の古墳がひろがってい る唯一の例である。なお、出雲世界と関係の深い越《こし》世界（富山県）にも、葺石のない四隅突出型方墳は分布している。

⑵墳丘のすそに石を配し、斜面にも石を葺いていて、前期古墳の葺石の源流の有力候補とみてよかろう。なお墳丘は不明だが、丹後《たんご》（古墳時代は丹波《たんば》）地方でも弥生時代の葺石をもつ墳丘が見つかっている。

大和古墳群では、箸中山、西殿塚、渋谷向山、行燈山の四古墳に葺石はみられるし、狭義の大和古墳群でもっとも古いとみられる中山大塚《なかやまおおつか》にも、豪壮な葺石がある。

このようにみると、〝突然に出現した〟といわれる奈良県の古墳を特色づける要素のうち、墳丘をつくるということと葺石を使うということは、出雲世界に源流の一つが求められる。だが、出雲世界の要素がはいっているとはいえ、どうして前方後円墳なのかとかの問題もあって、出雲世界の墓制だけが基盤になっているとはいえない。あくまで強く影響をあたえた一つの地域ということである。

奈良県の前期古墳のもう一つの特色は、円筒埴輪の使用である。円筒埴輪は、後円部頂上に使われる場合も、墳丘をめぐる場合も、原則としては単独ではなく、円筒埴輪列として連続して用いられる。

円筒埴輪列は、西殿塚、渋谷向山、行燈山などの古墳にはあるが、箸中山古墳と中山大塚には知られておらず、円筒埴輪列が定着するのは、奈良県に前方後円墳が出現してから約半世紀たっている。ここで述べると多少の混乱になるが、問題の三角縁神獣鏡が大量にあらわれるのと、円筒埴輪列出現の時期とはほぼ一致している。なお、円筒埴輪列と葺石とは、それが定着しだした時期以降にも、使用しない場合があり、いちがいに時代の新旧を示すものではない。

＊

ぼくが前方後円墳を囲繞《いにょう》する円筒埴輪の調査をはじめておこなったのは、戦後すぐの大阪府の黒姫山《くろひめやま》古墳の発掘だった。このような経験もあって、円筒埴輪といえば奈良や大阪の古墳が頭に浮かんだが、その後の研究で、円筒埴輪の源流は吉備《きび》にあることが明らかになってきた。このことは、先ほどから述べている奈良での古墳の〝突然の出現〟を解くうえでの重要な鍵になった。

岡山県の倉敷市《くらしき》、総社市《そうじや》、岡山市などの地域では、弥生後期になると丘陵上に目立った墓が作られるようになり、そのなかには小型ながらも真備《まび》町の黒宮大塚《くろみやおおつか》や総社市の宮山《みややま》古墳などの前方後円墳や、倉敷市の楯築《たてつき》古墳のような双方中円墳がある。とくに墳丘の規模の点では、楯築古墳は弥生後期に造営されたもっとも大きい古墳である。双方中円墳は、別のいい方では前方後円墳にもう一つ突出部をつけたということもできる。ただ惜しまれるのは、片方の方形部分が工事で失われ詳細が不明だということである。

岡山県、とくに備中《びっちゅう》の弥生後期の墓では、日常生活で用いる弥生土器から変形し、墓専用に作られた二つの器種が使われるようになる。特殊器台と特殊壺《つぼ》である。本来の器台は壺をのせるものだが、次第に別個に使われるようになり、器台が円筒埴輪になり、壺が朝顔形（壺形）埴輪へと変化していった。総社宮山古墳では、墳丘のすそに特殊壺を特殊器台のうえにのせて、約一メートル間隔で並べていたが、古墳時代になると、器台から変化した円筒埴輪が主になりだす。

大和古墳群でも、初期の箸中山古墳には特殊器台や特殊壺、西殿塚古墳には後円部頂上に特殊器台があり、墳丘の裾には円筒埴輪が使われている。箸中山古墳と吉備の弥生後期の古墳との厳密な年代の対比は今後にのこされるが、墳丘を作るということと、墳丘に土器をおき、それが円筒埴輪や朝顔形埴輪につながる点では、出雲世界以上に吉備世界からの影響が大きい。それを総合すると、奈良の古墳文化には、吉備と出雲の地にそれぞれ先行するものがあったのである。

もう一つ見落とせないのは、円筒埴輪や朝顔形埴輪に先行するものが吉備にあるとはいえ、あくまでそれは先行するものであって、朝顔形埴輪をも混じえて円筒埴輪列になるのは、奈良の地であるということである。つまり、吉備の古墳時代前期には、奈良や大阪のような円筒埴輪使用の流行は見られない。

＊

奈良県の古墳文化の成立にとって、北部九州の弥生文化を重視したことがあり、ある部分では今日でもその通りだと考えている。

一九六二年、ぼくはまだ無理を承知のうえ、「日本の古代文化」というテーマで、弥生文化から古墳文化までを展望する大任を引きうけ、『古代史講座 3』(学生社)に執筆をした。そのとき、奈良の古墳文化の〝突然の出現〟を説明するため、北部九州の弥生文化を重視し、そのことが北部九州文化の東への影響、さらに北部九州勢力の東進となり、ときには邪馬台国の東遷などにも応用して考えられるようになった。

だが今回よく吟味すると、古墳への二つの見方のうち、外から見える遺跡としての部分に限ると、すでに述べたように吉備や出雲からの影響が強く、北部九州は視野にはさほどはいらない。

ところが、もう一つの視点の見えない部分、隠された部分、とくにどういう品物を死者に副《そ》えるかという点になると、弥生中期と後期の北部九州、とくにその西地域を抜きには説明ができない。

近畿の弥生時代の墓でも、玉や櫛《くし》、腕輪などが遺体とともに出土することは多くはないが例はある。だが、それらは厳密な意味での副葬品ではなく、縄文時代にも装身具がときには死者とともに埋められるのを継承したものである。

これにたいして、北部九州西地域では、銅鏡や青銅製もしくは鉄製の武器を死者に副える。しかも、この地域の王族層の人たちの墓では、複数の銅鏡や武器類を副葬する。ときには、当時の中国や朝鮮半島にも稀な二十数枚から三十数枚の銅鏡を副葬することもある。このような副葬品、とくに銅鏡を多数副葬することは、古墳文化、とくにその前期のもっとも目立った特色だが、弥生時代の吉備や出雲にはその例はない。

倭人条でいう伊都《いと》国の地域（福岡県前原《まえばる》市とその周辺）での三雲《みくも》・井原《いはら》・平原《ひらばる》などの王墓にみられる銅鏡を多数副葬する例は、大和古墳群にも黒塚古墳や天神山《てんじんやま》古墳、さらに初瀬《はつせ》川より南の外山《とび》（桜井）茶臼山《ちやうすやま》古墳にみられ、北部九州西地域にみられた王族層の埋葬の習慣が根強くつづくとみてよかろう。

今回はふれないが、銅鏡副葬だけでなく、どういう種類の銅鏡が好まれ、大量に製作する技術としての同型鏡や超大型の銅鏡への固執などでも、北部九州西地域とヤマトとは直線的に結ばれている。

なおこのような銅鏡と武器類を副葬していることから、三種の神宝あるいは玉をくわえて三種の神宝と安易にいわれることがある。しかし、黒塚古墳や天神山古墳では玉を欠いており、さらに玉は装身具であって、ある面では縄文社会からの伝統とみることができるので、古墳時代になっての〝突然の出現〟を解くのには別扱いしたほうがよかろう。

＊

ぼくは「今一番掘りたいのはどの古墳ですか」と聞かれると、即座に「箸中山です」と答えているが、今回も箸中山古墳の実態が宮内庁をとおして断片的にしかわからない点が、古代史を解くうえでネックになっていることを痛感する。

最初に吉備と出雲との影響がミックスする形でヤマトに古墳文化が出現し、円筒埴輪ができあがるころに、死者の扱い方という面で北部九州西地域の影響が入ったのか、それとも最初からなのかは箸中山古墳に解く鍵がある。

箸中山古墳の時期に近い中山大塚は、竪穴式石室が盗掘をうけていて、遺存する遺物は少なかった。しかし、のこされた形跡から、副葬品は本来、数と種類がとぼしかったような印象をうけた。出土した銅鏡は、破片から鳥取市の西桂見《にしかつらみ》古墳にあった中型の二仙四禽獣鏡《にせんしきんじゅう》に類似すると推定された。西桂見古墳は、三角縁神獣鏡が流行する前段階の四隅突出型方墳で、弥生時代終末ごろの築造である。

ぼくが『古代史講座』に執筆してから四十年近い年月がたった。そのときの考えと今でも同じなのは、ヤマトの古墳文化が〝突然の出現〟だとする点であり、ヤマトという同じ地域内で弥生時代前期から連綿と変遷を重ねて成立したものではない。〝突然の出現〟というからには、それを引きおこした政治的あるいは信仰上の激変があったことはじゅうぶん考えられるが、今はそのことにはふれない。

四十年近くたって、新たな発掘や研究を参照すると、北部九州からの影響を強く考えていたのを多少修正した。まず北部九州の東地域と西地域の違いに注目した。東地域は宗像《むなかた》社の信仰で代表される地域であり、弥生時代においては、出雲とも近畿ともやや親しい関係があるように見てとれた（「地域文化への視点」『考古学と古代日本』に所収）。

さらに、古墳文化をみるとき、遺跡として外からうかがえる部分と、副葬品のように死者との関係での隠された部分とに分けると、吉備、出雲、北部九州西地域（筑紫《つくし》）にあった要素が総合され、さらに円筒埴輪にみられるような、ヤマトでより強調された部分も加味されて、いわゆる前期古墳文化が成立しているように修正した。このことが、第1章で述べたイワレ彦の皇后が出雲系の血脈をひくとする伝承にどうかかわるか、のこされた問題は山積している。

第５章　倭大国魂神と中山大塚古墳

ぼくは胡坐《あぐら》の姿勢で原稿を書く。腰に負担がかかるようでもあるが、このほうが集中できる。座っているすぐ後ろに書棚があって、よく使う本を集めてある。その一つが吉田東伍《よしだとうご》の『大日本地名辞書』である。奈良県のことは第二巻の「上方《かみがた》」篇におさめられていて、奥付によると明治三十三年（一九〇〇）の発行である。

最近は、もっと詳しい地名辞典がでている。だが、ぼくには百年ほど前の吉田東伍のこの本が使いやすく、身近に置いている。吉田東伍は、西殿塚《にしとのづか》古墳について興味ぶかい説明をしているが、それにふれる前に西殿塚古墳のあらましを述べておこう。

狭義の大和《おおやまと》古墳群の最大規模の前方後円墳が西殿塚古墳であることは、第４章でもふれたが、天皇陵の候補を述べるさいには故意にはずした。というのは、箸中山《はしなかやま》（箸墓《はしはか》）、渋谷向《しぶたにむかい》山《やま》、行燈山《あんどんやま》の三古墳よりも、対応がむずかしいからである。

西殿塚古墳は、墳丘の長さ二三〇メートルの巨大前方後円墳で、柳本《やなぎもと》古墳群と三輪《みわ》古墳群をも含め、巨大古墳としては箸中山古墳に次いで築かれた。暦年代をあてると、三世紀末から四世紀初頭の幅のなかで年代がおさえられそうだが、奇妙なことに、宮内庁はこの古墳を継体《けいたい》天皇の皇后手白香《たしらか》皇女の陵に治定《じじょう》（指定）している。

手白香皇女は六世紀前半の実在の人物、となると、西殿塚古墳の築造年代とのあいだに二百年あまりのへだたりがある。年代のへだたりがあるから別人の墓とみるのは常識だが、ではどうして別人の墓を『延喜式《えんぎしき》』では衾田《ふすまだ》墓の名称でよんだ古墳を、手白香皇女の陵として明治初年に決めたのかの説明がいる。これについては後にふれることにして、この古墳についての吉田東伍説をみよう。

吉田は、朝和《あさわ》村大字中山《なかやま》（現・天理市中山町）にある殿墓《とのはか》が手白香皇女の陵になっていることを述べ、そのあと『延喜式』の衾田墓の記載の「大和国山辺郡にあり、兆域東西二町、南北二町、守戸なし。山辺道勾岡上陵戸に兼守せしむ」の傍点の部分に注目した。山辺道《やまのべのみち》勾岡上陵《まがりのおかのえ》という表現は、崇神《すじん》天皇の御陵を「山辺道勾の岡の上にあり」とする『記』の表記にもとづいているとみてよかろう。

この傍点部分については、衾田陵には守戸は置かれず、さほど遠くはないと推定される崇神陵の陵戸が兼務したと解釈するのが一般的だが、吉田はそうは考えなかった。彼は次のようにいう。

「按《あん》ずるに、山辺道勾岡上陵は崇神帝にして今城上郡柳本村南陵（森注・北陵の間違いか）を以《もっ》て之《これ》に擬定すれど疑なきにあらず、衾田墓附近の地に求むべし」

さらに吉田は「山辺道上陵」の項では筆勢を強め、「崇神の真陵は釜口衾田の地に求むべきか」と述べている。

今から推測すると、崇神陵の陵戸が西殿塚古墳の管理を兼務していたことについて、吉田は便宜上のこととは解さず、むしろ何らかの伝統がのこったとみ、そこから西殿塚古墳崇神陵説を考えたようだ。今日のように古墳についての考古学的年代がさほどわからなかった当時としては、みごとな推理といってよかろう。

ぼくも、この吉田説に可能性はあると思うが、広義の大和古墳群全体の構成と変遷を整理すると、第3章で述べたように、箸中山古墳を崇神陵にあてることに妥当性を感じている。

＊

西殿塚古墳をミマキイリ彦（崇神）の墓と考えるのは吉田東伍だけではなく、古代史の和《わ》田《だ》萃《あつむ》氏がいる。和田氏は『山辺の道』（吉川弘文館、一九九九年）で、記紀編纂時に山辺道勾之岡上陵（崇神陵）とされていたのは行燈山古墳であるとしながらも、その伝承は記紀編纂段階に誤ったもので、本来のミマキイリ彦の墓は西殿塚であり、継体天皇の皇后の手白香皇女は、大和王権の初代の王以来の直系の血統者と強く意識されたが故に、初代の王墓である西殿塚古墳の近くに西山塚《にしやまづか》古墳が築造された。西山塚古墳こそが本来の衾田墓であるとする説をとった。

西山塚古墳は、西殿塚古墳の西北方にある墳丘の長さ一一五メートルの前方後円墳で、大和古墳群ではこの古墳だけが六世紀前半に築かれた後期の前方後円墳であり、年代的には衾田墓であっても矛盾しない。とはいえ、墳丘上で採集された円筒埴輪によって年代が推定されているだけで、埋葬施設のことを含め考古学的な資料のとぼしい古墳である。

ぼくは西山塚古墳が衾田墓である可能性は高いとみるけれども、もう一つの検討点がある。それは昔に造営された古墳を後に利用する例があるかどうかの問題であり、もしそういう例があったのであれば、この問題は別になる。こうなると、西殿塚古墳の墳丘内の綿密な観察をまたないと発言はむずかしいが、陵墓という制約で立ち入りができず、研究が停滞する。

なぜこういうことを書くかといえば、奈良市の平城京の北限に接して平城《へいぜい》天皇の楊梅《やまもも》陵に治定されている大円墳がある。平城天皇は平安時代初期の八二四年に死んでいて、そのころには大古墳造営の風習はない。

平城京の発掘が進んでくると、この大円墳は墳丘の長さ約二五〇メートルの前方後円墳だったのが、前方部だけが平城京の造営で削平されたもので、したがって現在大円墳の状況を呈しているのは本来の後円部であったことが判明し、もとの古墳は地名に因んで市庭《いちにわ》古墳とよばれるようになった。五世紀代の古墳である。もし市庭古墳の後円部が、宮内庁の治定どおりに平城陵であれば、別人の墓を再利用した例になる。

＊

和田氏は先に紹介した著書のなかで、箸中山古墳を倭の女王の台与《とよ》、西殿塚古墳をミマキイリ彦に、それぞれの古墳の被葬者を推測している。だが女王台与は倭人条が史料であり、ミマキイリ彦は記紀が史料であるという違いがある。はたして編纂の年代の大きく異なる二つの史料によって邪馬台国とヤマトの王権がうまく接合できるのかどうかに、ぼくは疑念をおぼえる。まったくの別物を接合できたような錯覚にすぎないかもしれないし、要するに仮説を証明する手段を欠いているのである。

とはいえぼくも、箸中山古墳についての、ある新聞社の電話での取材に「年代的ということだけなら、台与の墓であってもおかしくない」と発言したことはある。この場合も、古墳の推定年代と台与が女王になった推定年代が接近しているというだけのことであって、それ以上の接合はまだ無理と考えている。

＊

西殿塚古墳の被葬者問題を説明するまえに、大和古墳群について述べよう。前章で天理市南部から桜井市にかけての竜王山《りゅうおうさん》山塊の西麓に、南北約四・五キロにわたって帯状に点在する古墳群全体を、最近は大和古墳群とよぶようになったと述べ、さらにその古墳群には、南の一群（三輪古墳群または纒向《まきむく》古墳群）、中ほどにある一群の柳本古墳群、北よりの一群を狭義の大和古墳群ということも説明した。

この狭義の場合の大和古墳群は、すでに気づかれているように、オオヤマト（土地の人はオヤマトとも発音する）古墳群であり、ぼくの気持ちのなかでは北・中・南の三群全体をいうときは、同じ大和と書いてもヤマト古墳群のほうがよいかと思う。ただし「大和」の二字で古墳時代にヤマトという地域をあらわすことはなかったから、ぼくは三群全体を総括する用語は以後できるだけ使わないでおく。したがってこれから説明する大和古墳群は、北の一群の狭義のオオヤマト古墳群のことである。

大和古墳群は山辺《やまのべ》郡にある。柳本と三輪の古墳群は城上《しきのかみ》郡、つまり磯城《しき》の上の郡域にあるので、郡が異なる。もっとも山辺郡の設置がいつであり、それ以前はどういう地域名でよばれていたのかなど問題はのこるが、ここでは律令体制下の郡が異なることにまず注目しておこう。

大和古墳群は、東西約一・五キロ、南北約一・一キロの範囲に前方後円墳十二基、前方後方墳五基、円墳七基が知られ、古墳群の北よりを萱生《かよ》支群、南よりを中山《なかやま》支群と便宜上よんでいるが、西殿塚古墳やこの古墳群のなかで最古と推定される中山大塚《なかやまおおつか》古墳は、中山支群に属している。

この古墳群がどうしてオオヤマト古墳群とよばれるかについては、もっとも西よりにある星塚《ほしづか》古墳に接して大和《おおやまと》神社があり、この神社の存在が意識されて古墳群の名称になったのである。

大和神社は、『延喜式』神名帳では大和国山辺郡の筆頭に「大和坐大国魂神社」と記され、寛平《かんぴょう》九年（八九七）には正一位を授けられ、神階はひじょうに高かった。そこで、大和神社に古墳群を解く手がかりをさぐってみよう。

＊

ミマキイリ彦の話にもどる。治世の初期に国内に疾疫多く、大勢の人が死に、反乱もおきた。当時、天皇の住居（大殿）に天照《あまてらす》と倭大国魂《やまとのおおくにたま》の二つの神が祭られていた。それを別々に祭ることになり、天照大神をトヨスキイリ（豊鍬入）姫が笠縫邑《かさぬいのまち》で祭り、倭大国魂神をヌナキイリ（渟名城入）姫が祭ることになった。ヌナキイリ姫は、ミマキイリ彦と妃の尾張大海《おわりのおおあま》媛《ひめ》とのあいだに生まれている。ところが、ヌナキイリ姫は髪が落ち体は痩せ、祭をつづけることができなくなった。

翌年、穂積臣《ほづみのおみ》の遠祖大水口宿禰《おおみくちのすくね》ら三人が同じ夢をみた。夢に貴人があらわれ、大田《おおた》田《た》根《ね》子《この》命《みこと》を大物主《おおものぬし》大神の祭主とし、市磯長尾《いちしのながお》市《いち》を倭大国魂神の祭主にすれば、天下は太平となるだろうといったという。

市磯長尾市は、この記事のでている同じ崇神紀七年条の後半では、市磯（十《と》市《いち》郡の地名、垂仁《すいにん》紀には市師《いちし》池がでていて、磐余《いわれ》池と同じとみられている）を省いて長尾市としている。

長尾市はイクメイリ彦（垂仁）のときには、新羅《しらぎ》から渡ってきた王子の天日槍《あめのひぼこ》を播磨《はりま》へ行って応対したり、いずれ先の章で述べるだろうが、出雲《いずも》国の野《の》見宿禰《みのすくね》を出雲までむかえるときにも登場する。それは垂仁三年と七年の『紀』の記事だが、どちらにも「倭直《やまとのあたい》の祖長尾市」としていて、倭直の祖であることが明記されている。

*

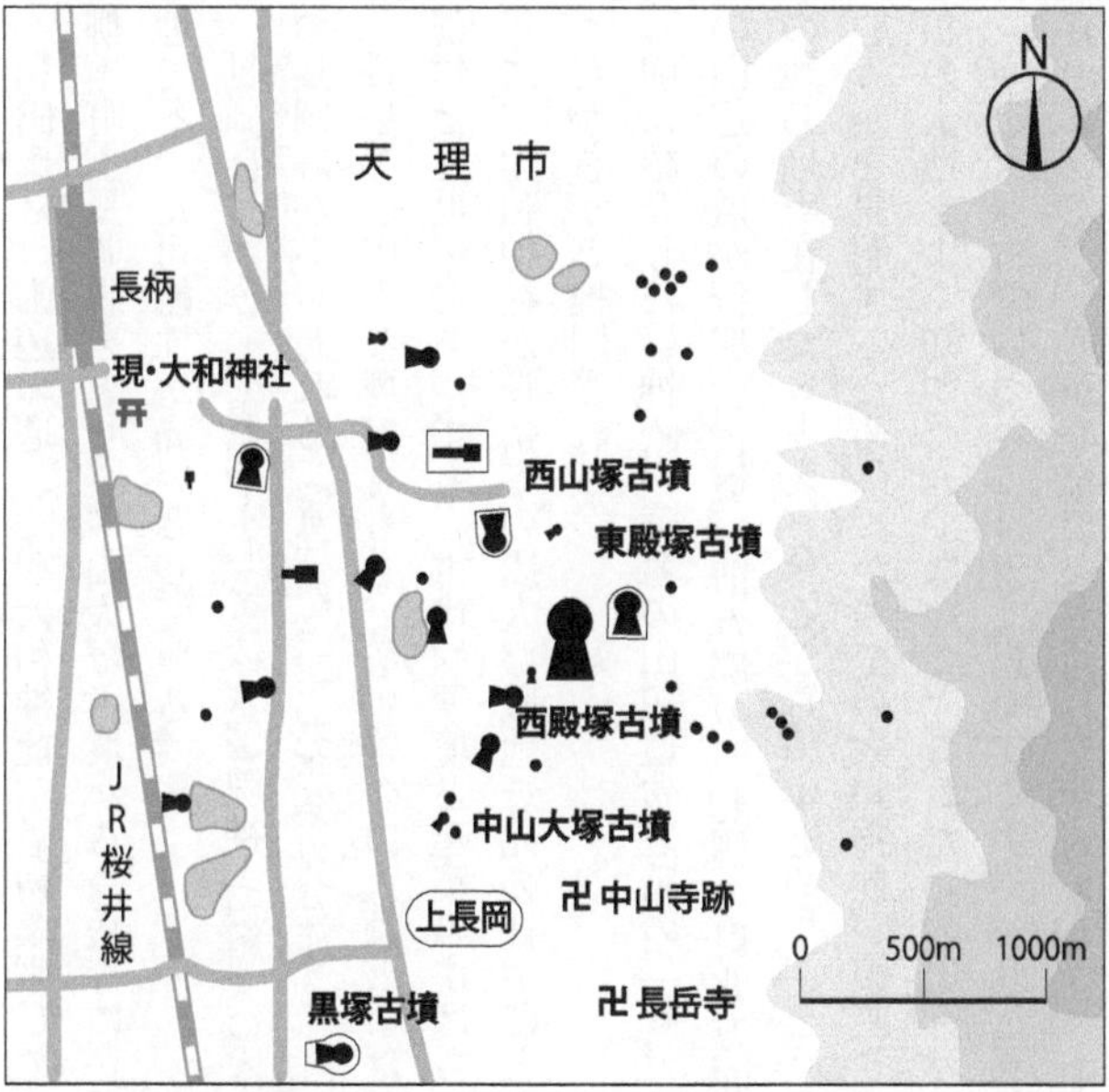

大和古墳群と古代の寺社

大和神社が星塚古墳の隣接地に鎮座するようになったのがいつのことか、それ以前どこにあったかについては諸説あって、判断しがたい。とはいえ、『延喜式』のころには現在の社地であったとみてよさそうである。それと『日本の神々4　大和』（白水社、一九八五年）の「大和神社」の項目で、土《ど》井実《いみのる》氏が『山辺郡誌』をひいて、一八七四年（明治七）に、大和神社の権宮司が天理市柳本町にある長岳寺《ちょうがくじ》を旧社地であるという理由で、そこへの遷宮をもくろんだが、長岳寺の反対によって中止したと記述しているのは参考になる。

和田氏は『山辺の道』で、大和神社が最初鎮座していた土地について、長岳寺に近接した柳本町上長岡《かみなんか》説をとり、中山大塚古墳から長岳寺にかけての一帯が、本来の大和神社の鎮座地であった可能性が高いとしている。

長岡は、『紀』が異伝として倭大国魂神（『紀』の本文は倭大神）を祭った土地として大市の長岡岬《ながおかのさき》があらわれる（垂仁紀二十五年条の分注）。

長岳寺は広大な境内をもち、俗に釜《かま》の口《くち》大師とよばれ、社伝では創建を九世紀にしている。創建は九世紀であっても、古代的環境と建築のすばらしさでぼくの好きな寺である。明治七年に、大和神社が長岳寺の広大な敷地を元の社地だと主張したことにも、何らかの根拠があったからかと推測される。

前に紹介した崇神陵の陵名の山辺道勾之岡の「マガリ」に和田氏は着目した。さらに古代の山辺の道が行燈山古墳の前方部の西北側で東北方面にまがっていることから、「マガリ」の地名は実在したと考え、そこから一歩進めて、どうしてこの地点で道が東北方面をとっているかを説明するために、かつての大和神社が鎮座していたからではないかと推測した。大和の土地をよく知った人でないと、これだけの追究はできない。

中山大塚古墳については後で説明するが、一九八五年の第一次調査から九三年の第三次調査のあいだ、何度か発掘現場を訪れた。あるとき、中山大塚古墳から南方の窪地（谷地形）

に下って長岳寺のほうへ歩いた。別の機会には、長岳寺から北方の窪地を横切って、坂をのぼって中山大塚古墳へでてみた。すると、中山大塚の南方の丘陵端に中山寺跡の標柱がたっていた。古代寺院としては、やや異常な立地であり、その寺の性格が気がかりになった。

中山廃寺と書くと、大字中山にある寺の名不明の遺跡、考古学的状況から寺の存在がわかるという意味だし、中山寺跡と書くと文献史料に寺の名がでているということになり、ぼくは中山寺跡でよいと考える。というのは天平勝宝《てんぴょうしょうほう》二年（七五〇）に、「中山寺震す。塔ならびに歩廊ことごとく焼く」という記事があり、『続日本紀索引』では、この寺を「摂津《せっつ》」としているが、ぼくは天理市の中山寺説をとっている。

中山寺跡については、今までにまとまった発掘はないけれども、川原《かわら》寺式軒丸瓦《のきまるがわら》が用いられているのは確実で、一豪族によって建立されたいわゆる氏寺ではなく、政府の存在が背後にあって建立された寺とみられる。大神《おおみわ》神社に接して大御輪寺《だいごりんじ》（オオミワ寺）が建立されたように、大国魂神社にともなって建立されたのが中山寺ではないか。これはさらに検討を要するけれども、一つの仮説として提示しておく。

＊

記紀のイワレ彦（神武《じんむ》）の東征伝説については、『日本神話の考古学』で述べた。その伝説に長尾市の祖先、いいかえれば倭直の祖が登場する。日向《ひゅうが》を船団で出発したイワレ彦が、豊予《ほうよ》海峡（速吸之門《はやすいのと》）で「汝は海道を知るや」と質問したのにたいして、「よく知れり」と答えたので、瀬戸内海の海導者としてウズ彦が採用された。以上は主として『紀』の伝承で、『記』ではその名をサオネツ彦としている。

ウズ彦は『記』では倭国造の祖、『紀』では倭直らの始祖として、椎根津彦《さおねつひこ》という名はイワレ彦からもらったとしている。

倭直は、イワレ彦の東征に海導者として従い、ヤマトでの戦にも物語では登場している。そのような海とゆかりの深い集団、もっといえば魚や塩のような海産物の生産にかかわる海人ではなく、海の航海、しかも武装船団や航海技術者集団の掌握者として記紀に描かれている。そのような倭直の祖である長尾市が、大国魂神社の祭主になったのである。

七三三年（天平《てんぴょう》五）三月一日、山上憶良《やまのうえのおくら》は遣唐大使の多治比広成《たじひのひろなり》に長歌を献じている。大意のごく一部を述べよう。

神代から倭国は皇神の守る国、言霊《ことだま》の幸《さきわい》ある国だと語りつがれていると述べだし、大唐へ遣わされるあなたを、海原のあちこちに鎮座しているもろもろの大御神が船の舳《へ》で導くであろう。とくに倭大国霊（魂）がそうである（『万葉集』巻第五、八九四）。

山上憶良のこの歌では、原文の「倭国」を「大和の国」として解釈されていることが普通だが、歌のなかで「宇奈原能辺介母奥介母」、つまり海原の辺《へ》（海岸）にも奥（沖）にも鎮座している神——筑紫《つくし》の宗像《むなかた》大社が頭に浮かぶが——そのような情景をうたっているのだから、必ずしも海のないのちのヤマトだけが意識されたわけではなく、中国古典に使われた「倭国《わこく》」が意識されているという見方もなりたつ。そうなると倭大国魂は、たんにのちの大和国の国魂という意味だけではとらえられなくなる。だが、ここでは大国魂の解釈への深入りを避け、海導者が祭主をつとめた航海とのかかわりのある神の意識が八世紀にもあったことを強調しておこう。

＊

倭国造とか倭直といえば、弥生時代から奈良盆地の水稲栽培を経済的な背景にして豪族へと成長してきたと思いやすいが、記紀の伝承や『万葉集』におさめられた八世紀の人びとの意識では、豊後《ぶんご》（現・大分県）から移住してきた海人である。

私事になるが、わが家を男系でたどると豊後国、それも海部《あま》郡の出である。海部郡といえば、記紀の伝承のうえでのウズ彦のあらわれた土地である。ぼくの祖父（森狷介《もりけんすけ》）は明治時代初年に豊後から大阪へ来て、新政府に見いだされ、警察官になり、堺など各地の警察署長を歴任し、四十九歳で酒杯を手にしたまま死んだという。

豊後国の海部郡出自という点では、ウズ彦と祖父に共通性はあるが、ウズ彦は倭の国造、祖父は大阪の警察署長、地位はまったく違う。違うけれども、遠隔地の政権に勤めたことは共通している。

祖母は長生きしたので、いろんな話を聞くことができた。おもしろく思うのは、豊後の海部郡には付き合いのひんぱんな親戚がいないということで、祖母のにぎやかなお葬式にも来た人はなかった。父の代には、手紙のうえでの細々とした付き合いもすっかり途絶えていた。

このことは、森家の特異性か、それとも海人的集団と農民的集団を比較すると、多少そういう傾向があるのか、わが家の例だけから推測するのはよくないが、ヤマトに定着した以後の倭国造が、どの程度出自の土地（豊後）の人びとと関係をもっていたのか、ぼくには関心がある。

＊

倭直氏が伝承上の出自の土地である豊後と、古墳時代を通じてどのような関係をもっていたかはともかく、航海者としての技術の伝統はずっと続いていた節がある。遠江《とおとうみ》（現・静岡県西部）の大井川《おおい》に太さ十囲《とうだき》（三十尺）もある大木が浮かんでいた。遠江からの報告をうけて派遣されたのが倭直吾子籠《あごこ》で、その大木で船を造っている（仁徳紀《にんとく》六十二年条）。

この例でみると、仁徳のころにも、造船や航海の技術者として倭直氏は扱われていたのであり、海のないヤマト入りをし、倭国造に任じられても、氏としての伝統を保持していたのである。『紀』は先ほどの造船の記事につづけて、「南海より運《めぐら》して難波津《なにわづ》に将《い》て来りて御船に充てつ」としている。

倭直の祖長尾市は倭大国魂神の祭主になった。倭大国魂神を祭る大和神社は、先に述べたように、大和古墳群の南端に元の社地があった可能性が高く、古代のある時期に、古墳群の西端の現在の位置に移った。

ぼくは以前に古本屋でガリ版刷りの『朝和《あさわ》村郷土誌』を見つけた。一九四〇年に朝和村教育会が発行していて、筆者は乾健治《いぬいけんじ》氏である。大和神社にはかなりの紙数が費やされていて、俗に「チャンチャン祭」とよばれている神事について詳しく述べ、神社を出た御輿《みこし》の出御するのを中山としていた。そこまでは知っていたが、先に述べた中山大塚古墳の発掘で何度か現地を訪れたとき、その古墳の前方部が大和神社の御旅所《おたびしょ》になっているのを知って驚いた。ふだん訪れても気のつかないことだが、このように大和神社と大和古墳群は今日でも関連している。

中山大塚古墳から南方を見下ろすと、元の大和神社の鎮座地と推定される長岳寺がすぐ近くだし、チャンチャン祭にも長岳寺の僧が参加しているなどの関係でここに御旅所があるのか、それともこの古墳群中で最初に造営されたのが中山大塚古墳であり、名を伝えてはいないが、被葬者への崇敬の念がそのような神事として伝えられているのか、いずれにしても重要な手がかりである。

中山大塚古墳について少し述べると、墳丘の長さ約一二〇メートルで、円筒埴輪や特殊器台の使用は明らかではない。おそらく円筒埴輪の出現以前であろう。墳丘をおおう葺石《ふきいし》は分厚く、木の茂っていなかった築造当時に遠方から眺めると、ものすごい石塚だという印象をうけたであろう。

後円部には、盗掘はうけていたものの、大きな墓壙《ぼこう》のなかに壮大な竪穴式石室があった。内部に刳抜《くりぬき》式の木棺（船形か）が置いてあったと推定されるが、それをおさめた石室は、近畿地方の前期の大型古墳によく見かける石室とは石室上部の構造が違い、ぼくは「亀甲形魚鱗状天井の竪穴式石室」と名付けた。『アサヒグラフ』の「一九九三年古代史発掘総まくり」（『日本の発掘　一九九一―一九九五』朝日新聞社、一九九七年、に所収）でもそのことにふれ、その石室を見た印象を「南九州の隼人《はやと》が残した地下式板石積石室を巨大化したのではないか」と書いた。このような石室は、年代は中山大塚古墳よりやや下るが、福岡県二丈《にじよう》町の一貴《い き》山銚子塚《さんちようしづか》など北部九州にもある。

＊

一九九六年、岐阜県大垣《おおがき》市・荒尾南《あらおみなみ》遺跡の方形周溝墓の溝に埋めてあった弥生後期の壺に、それまでの船についての常識を変更しなければならないような線刻画がついていた。この線刻画については、ぼくの考えを「弥生土器に描かれた三艘の船」として短文にまとめた（『考古学へのまなざし』に所収）。

大垣の船で驚いたのは、中央が八十二本の櫂《かい》で漕《こ》ぐ大船、左右の船は一本の帆を立てていることと、もう一つは大船に四本、左の船に一本（右の船はその部分を欠いていて不明）の風でたなびく旗（幡《ばん》）が表現されていて、実にうまく船のスピード感をあらわしていることであった。

大垣の線刻画の船を見てぼくの興奮がまだつづくその翌年、天理市教育委員会では、中山大塚古墳の北東、もっと正確にいえば西殿塚古墳に並ぶようにして築かれている東殿塚《ひがしとのづか》古墳の墳丘の裾を調査し、そこに置かれていた円筒埴輪に三艘の船の線刻のあることがわかった。このとき、ぼくの頭へ第一に浮かんだのが〝さすが倭直氏の地域だ〟ということである。この写真も『アサヒグラフ』の「一九九七年古代史発掘総まくり」（『古代史発掘　一九九六―一九九八』朝日新聞社、一九九九年、に所収）などで紹介されているので詳細は省くが、この船にも風にたなびく旗の表現がある。

この船の線刻画が見つかったころ、古墳時代の葬送儀礼で船の絵を説明する試みもあり、それはそれで重要だが、先ほどから述べるように大和古墳群と倭直氏の関係も加味して解釈する必要をおぼえている。東殿塚古墳は、西殿塚古墳より少し新しく、四世紀前半のころ、もし長尾市が長命の人であれば被葬者候補になるが、長尾市につづく倭直氏の首長だったとみてもよい。

話を船の絵にもどすと、大垣の船と東殿塚の船とに共通性があり、とくに旗の表現がそうである。こういう装置が日本列島のどの地域にあったのかの検討はさらにつづけるとして、これだけの資料でいえば、大和古墳群の被葬者たちには倭直氏だけでなく、東海地方出自の人（一例が尾張氏）がいたかもしれない。

先にみたように、倭大国魂神を祭るのに最初に任じられたヌナキイリ姫の母は尾張大海媛である。尾張（現・愛知県）も豊後とともに、航海の重要性から律令時代に海部《あま》郡が設置されたという共通性もあり、また大和古墳群に五基もある前方後方墳の存在も、東海地方との関係を示唆する可能性はある。もっとも前方後方墳は東海地方だけに限定はできないが、東海地方に濃厚な分布を示すのは事実である。

＊

西殿塚古墳について書く。先ほども述べたが、西殿塚古墳に並ぶようにして、東殿塚古墳のほうがより高所にある。同じ関係は行燈山古墳にもあって、より高所に櫛山《くしやま》古墳がある。渋谷向山古墳にも、シウロウ塚古墳がより高所にあるが、この前後関係はまだ不明である。

中国では古墳の高さを重視した。日本にもその考えは中国ほどではないにしても波及していただろう。それに常識的にみても、無関係か対立している相手が接近して、しかもより高所に後で古墳を築くことは考えにくい。東殿塚古墳は西殿塚古墳の被葬者にとって、きわめて親しい関係にあったのであろう。皇后の墓も可能性はあるが、功臣で、しかもその属する集団がこの土地にかかわりがあり、造墓の力をもった集団であろう。先ほど倭直氏の首長を仮定したのはそういう意味からである。

西殿塚古墳については、台与の墓とかミマキイリ彦説がある。とくに箸中山古墳をヒミコに結びつけると、台与説になりやすい。だがよく考えると、天皇陵古墳とか大王陵といえば、かなりの大きさ以上の墳丘の古墳を念頭におくが、はたして即位した大王や天皇だけが、これらの巨大古墳の被葬者だったのだろうか。

倭直氏は、イザホ別《わけ》（履中《りちゅう》）の即位にさいして大王家の内紛に関与し、家の存続があやうくなる事態にまきこまれている。仁徳紀で造船をおこなった倭直吾子籠が、イザホ別に対立する住吉仲《すみのえのなかつ》皇子側に数百の精兵をひきいて参加した。だが、事態の変化でイザホ別側に寝返り、妹の日之媛《ひのひめ》を采女《うねめ》にさしだして死罪を免れた。

これは古墳時代中期の事件だが、結果的には大王にはならなかったとはいえ、大王に近い身分の王族たちも、巨大古墳を築いたのではないか。もっといえば、豪族たちが大王候補者をかつぎあげることもあるのではないか。そのような視点がでてきたので、西殿塚古墳の被葬者さがしは当分保留にしておこう。

＊

大和古墳群が山辺郡にあることは、先に述べた。山辺郡には東方の山間部の都介《つげ》郷と、山麓と盆地部にかけて星川郷、長尾郷、石上《いそのかみ》郷などがあった。

ぼくはこの山間地帯と盆地（平野）地帯とが同じ郡を形成している点に注目している。もっともそのことと、山辺の道の「山辺」の地名の由来とは別である。

一九八七年、ぼくは「山・野・海の共存と交流」という一文を書き、のちにそれを『考古学と古代日本』におさめた。長年、日本列島の各地を歩いていると、海地帯と山地帯が生産物の点で補完関係にあるのは当然として、それが社会的・政治的に一つの地域を形成している場合のあることに気づいた。よい例が熊襲《くまそ》（曾）である。

それは熊本県南部の山間地帯のクマ地域と、大隅《おおすみ》半島のソ地域とが、ある時期に連合、結合したものと考えている。畿内についても天平四年（七三二）六月から七月に日照りがつづき、祈雨をおこなったときの畿内とは、両京四畿および二監《げん》で、その二監とは海岸地帯の和泉《いずみ》監と山間地帯の芳野《よしの》監であった。

最近でも、東北地方の太平洋沿岸での漁獲高がへったとき、漁民たちが川の上流に植林をして、そのことによって遠大なことだが漁獲高を確保しようとしているとのニュースを聞いた。つまり、同じ行動範囲に山間部をとりこむことの必要性は、実例は省くけれども海人集団により強い必要性があったとみている。

都介にも国造がおかれていたし、それに対応するような古墳群もある。都介については先で述べる機会があるだろうが、いずれにしても、やはり大和古墳群は柳本や三輪の古墳群と分けて扱うほうが歴史性を繙《ひもど》けそうである。

第6章　イクメイリ彦の諸問題

ぼくは大阪府の狭山《さやま》（現・大阪狭山市）に、十数年住んだことがある。ここには、人造の貯水池としては古代最大の狭山池があり、暇があると池の内外を歩いてみた。池は冬季に水をぬくので、池の内側をも観察することができた。

狭山池は、記紀の両方に関連記事がある。『記』では、イクメイリ彦（垂仁《すいにん》）とヒバス姫（『記』では氷羽州比売、『紀』では日葉酢媛）皇后とのあいだに生まれたイニシキイリ彦（『記』では印色入日子、『紀』では五十瓊敷入彦）が、「血沼《ちぬ》池を作り、また狭山池を作り、また日下《くさか》の高津池を作る」とある。

ヒバス姫については、埴輪起源説話のところで登場するが、イニシキイリ彦の存在にも注目してよい。注目する理由の一つは、イクメイリ彦とヒバス姫、いいかえれば〝天皇〟と〝皇后〟とのあいだの第一子で、次男が皇位をついだオオタラシ彦（景行《けいこう》）であり、前章で述べたように、巨大古墳の被葬者候補を、即位した天皇だけに求めることが妥当でない一例とすることができるだろう。

イニシキイリ彦が作った血沼池は、チヌの地名から、大阪湾沿岸ののちの和泉《いずみ》国（古墳時代は河内《かわち》国の一部）にあったと推定されるし、日下の高津池についても、『紀』では、「高石《たかいし》池、茅渟《ちぬ》池を作る」とある高石池に相当するとみられ、これも和泉の範囲に求めてよかろう。日下は、河内にも対象となる地名はあるが、いずれにしても狭山池の存在といい、河内国（和泉も含む）で池を作る活動をイニシキイリ彦がした伝承である。

＊

狭山池の築造年代について『記』では垂仁のときとしているが、考古学的にみると大きくずれる。このことは、記紀の史料に示された年代なるものを理解するうえできわめて重要であるが、その問題にはいるまえに、イニシキイリ彦について少しふれておこう。

『紀』によれば、父イクメイリ彦は二人の子、つまり長男のイニシキイリ彦（兄王）と次男のオオタラシ彦（弟王）とにたいして、それぞれの希望（情願する物）をいわせている。すると兄王は「弓矢を得んと欲す」といい、弟王は「皇位を得んと欲す」といったので、弟王のオオタラシ彦が皇位を継ぐことになったという。

イニシキイリ彦は、記紀ともに池を作った記事のあと、剣千口（『記』では横刀千口）を茅渟の菟砥川上宮《うとのかわかみのみや》（『記』では鳥《と》取《とり》の河上宮）で作り、それを石上《いそのかみ》神宮に収蔵している。茅渟は大阪湾南部の和泉地方、菟砥川は泉南《せんなん》市と阪南《はんなん》市の境に河口のある男里《おのさと》川で、この武器鍛造の話が、今日の和泉南部を舞台に語られているのは間違いなさそうである。

『延喜式《えんぎしき》』諸陵寮の陵墓のリストに、「宇度墓　五十《い》瓊敷入彦命《にしきいりひこのみこと》　和泉国日根郡にあり、兆域東西三町、南北三町、守戸二烟」とあって、岬《みさき》町淡輪《たんのわ》にある淡輪ニサンザイ古墳（宇度墓《うどのはか》古墳）に比定されている。典型的な中期古墳で、おおまかに換算した垂仁の年代とはずれているが、宇度を菟砥とみるならば、イニシキイリ彦の墓がウト墓の名で平安時代にはよばれていたことがわかる。とはいえ、本来の宇度墓が、今日それに比定されている淡輪ニサンザイ古墳で間違いないのかどうかは別である。なお淡輪ニサンザイ古墳は、墳丘の長さ約一七〇メートル、濠をめぐらし、その外側に六基の陪塚を配している。

『紀』の異伝（一云）は、イニシキイリ彦が大刀《たち》千口を作っただけでなく、楯部《たてぬいべ》、倭文部《しとりべ》、神弓削部《かむゆげべ》、神矢作部《かむやはぎべ》、玉作部《たますりべ》、神刑部《かむおさかべ》など十種の品部《ともべ》をあたえられていて、武器・武具の製作集団をはじめ、衣服や装身具を作る技術集団を統轄していて、政権内での物資調達と保管の責任者であったとみられる。その異伝では、千口の大刀を最初におさめたのは忍坂邑《おしさかのまち》（奈良県桜井市）で、のち忍坂から石上神宮に移したという。このようにイニシキイリ彦は、武器の製作担当者・武器庫の管理者としても描かれている。いずれ扱うヤマトタケル（日本武尊）とイニシキイリ彦とが政権内で果たした役割に、若干の共通性があるように思える。

狭山池は先に述べたように、『記』ではイクメイリ彦（垂仁）の時代に築かれている。『紀』には、ミマキイリ彦（崇神《すじん》）の六十二年秋七月に、「農は天下の大いなる本なり。民の恃《たの》みて生くる所なり。今、河内の狭山の埴田《はにた》水少し。是をもって、その国の百姓、農の事に怠る。それ多《さわ》に池溝を開きて、民の業を寛《ひろ》めよ」の詔がだされていて、狭山の埴田はあるが狭山池はでていない。この詔の三月あとに「依網池《よさみ》を造る」、さらに翌月に「苅坂池《かりさか》、反折《さかおり》池を作る」とあり、秋七月の詔の基本方針をうけたのが依網池などの造池記事であり、崇神紀には狭山池を作った記事はないことになる。

狭山はその文字が示すように、西側に泉北《せんぼく》丘陵、東側に羽曳野《はびきの》丘陵がそれぞれ南から北へと高さを減じながらつづいており、二つの丘陵のあいだの窪地を西除川《にしよけ》と東除川《ひがしよけ》が北流する。崇神紀での狭山がどの範囲をいったかはわからないが、依網池は地形的には仮称狭山窪地の先端部にあり、少なくとも集水範囲に古代の丹比《たじひ》郡狭山郷があるといってよかろう。

ぼくは子供のころ、土地柄もあって、狭山池は崇神・垂仁のころに築かれた大池という常識のなかで育った。この常識の影響は古代史の学界でも同じであって、その常識を前提にして書かれた河内平野の開発についての論文がいくつもあった。だが、青年時代になると、泉北丘陵に点在する須恵器窯址《すえきようし》の研究に取り組みだし、昭和三十年代には、自分なりに年代の推移（編年）を大づかみすることができた。故水野清一《みずのせいいち》先生のお勧めによって、研究の一端を「和泉河内窯址出土の須恵器編年」という論文に発表した（『世界陶磁全集』第一巻、河出書房新社、一九五八年）。

泉北丘陵には、数百カ所の須恵器窯址がある。といっても、保存のよいものから、住宅地になってしまってごく一部しかのこっていないものまで、遺跡の状態は千差万別だが、須恵器窯址踏査の経験からいえば、狭山池の内側の斜面にも須恵器窯址のあった形跡があった。年代は六世紀後半ぐらい、仮に垂仁の治世を四世紀前半とすれば、二百年あまりの差がある。ぼくはこの相いれることのできない齟齬《そご》を自分で解決するため、数年間をさらに池の内外の踏査に費やし、『記』の記述が間違っているといってよいことに確信をもつようになった。

狭山池の年代についてのぼくの疑問を最初に書いたのは、一九六四年である。『産業史Ⅰ』（豊田武《とよだたけし》編、山川出版社）のなかで、各種の生産関係の執筆を担当し、「土木工事」の項で狭山池の築造年代にふれ、池内にある須恵器窯址は池構築以前の遺跡と考えるのが妥当で、〝池の年代は池内での須恵器生産の停止以後、つまり六世紀後半から八世紀の間に求められる〞との考えを明らかにした。

狭山池の年代についてのこの考え方は、一九七八年に刊行した『大阪府史』第一巻ではさらに年代をせばめ、〝六世紀後半から七世紀初頭〞をひとつの目安にした。だが、このような狭山池についてのぼくの仮説は、狭山池のほとりに居をかまえておられた故末永雅雄《すえながまさお》氏（一九九一年没）からは終生認めてはもらえなかった。何度か激論をしたのも、今となると思い出になった。末永氏は狭山池の池役人のご子孫だとうかがったことがあり、古くから信じられている池の年代についての常識を破壊する者として、ぼくがうつったのであろう。

＊

狭山池の堤は数百年ごとに大修理の必要があり、平成の大改修に先立って、堤のボーリング調査がおこなわれた。すると、堤の築造当時に人為的に敷いた草や木の腐った堆積があらわれた。敷葉《しきば》工法という築堤技術である。この植物遺体から、^{14}C年代測定の結果、五八〇年ごろの年代がえられた（朝日新聞大阪本社版、一九九〇年十一月十七日）。その記事では「堤斜面にあった須恵器窯跡などから、六世紀後半から七世紀初めの築造と推定されていたが、今回の調査でほぼ裏付けられた」としていた。

新聞はいとも簡単に「六世紀後半から七世紀初め説」と書いているけれども、そのころのぼくはこのことについては孤軍奮闘、だから^{14}C年代の記事を読んだときも、やはりそうだったかとさほどの感慨はなかった。それよりも、「裏付けられた」の表現がぼくには嫌で、考古学的にはぼくの仮説以外に結論はだしようがないのだった。このニュースを、病床での末永氏はお聞きにならなかったと推察している。狭山池の築造年代をめぐっての末永氏との見解の違いは、ぼくの人生でのつらいできごとだった。

狭山池の堤の改修工事が最終段階になると、池を最初に作ったときの巨大な木樋《もくひ》があらわれた。コウヤマキの巨木を九本縦につないでおり、総延長は七〇メートルにも及んでいる。この樋管の年輪から年代が測定された結果、樋管に使われた木が伐採されたのは六一六年（推古《すいこ》二十四）であることがわかった。もちろん、池としての用地の選定や工事の開始は、それ以前からおこなわれていただろう。

推古二十四年といえば、古墳時代後期がおわって終末期古墳の年代にはいろうとしているころ、しかも、陵墓の記事なら過去についての記述であるが、狭山池のような巨大な貯水池は、記紀の編纂のころにも社会的機能のつづいている歴史的構築物なのである。おそらく河内の人びとは、それがいつごろに築かれたかの確かな伝承はもっていただろう。『記』の垂仁のときに作られたとする記述を、河内の人たちはひどい改竄《かいざん》だと気づいたことであろう。

このように考えると、『紀』の先ほど引用した「河内の狭山の埴田水少し」の一文は、狭山池についての直接の記述はないが、狭山池の存在を知っている人びとに「狭山池のことか」と錯覚させる巧みさがある。げんにぼくも、須恵器窯址から池の年代についての確信をうるまでは、その錯覚にとりつかれていた。

狭山池をめぐっての、『記』と『紀』の記述法の違いについてもさらに深められそうだが、とりあえずまとめられるのは以下の点である。

崇神・垂仁のころにヤマト政権の基礎づくりがおこなわれたはずという理念が記紀の編纂時にあって、それによって狭山池の構築の文献上の年代が決定されたとみてよかろう。

考古学界には、文献的年代に重きをおく人もいるが、文献的年代とはあくまでも文献に書いてある年代であって、それから真実の年代をさぐりだす一つが考古学的方法である。率直にいって、狭山池の築造年代が明らかになって以後にも、そのことが記紀から歴史を読むさいの取り扱い全体にどのように影響するのかについて、文献史学者の積極的な発言にふれない。

＊

イクメイリ彦（垂仁）は、後で述べるように考古学に関連したことがらと関係深い。もちろん、記紀での年代によればという前提つきである。『紀』によれば、「壮に及《いた》りて倜儻大《てきとうたい》度《ど》」だと二十歳前後のイクメイイリ彦の人柄を評している。

倜儻の二字に関して思いだすことがある。一九九四年に、同志社大学で司馬遼太郎《しばりょうたろう》さんに講演をお願いしたとき、若者のために揮毫《きごう》を頼んだら、新島襄《にいじまじょう》をはじめ明治の人がよく使った言葉ですと「倜儻不羈《ふき》」と墨書された。このときのことをぼくは「倜儻不羈の人」という一文に書き、『司馬遼太郎の遺産「街道をゆく」』（朝日文芸文庫）におさめられている。

司馬さんによれば、「倜儻というのは、自分の考えをしっかりもつこと、人があいうかといってそこへ行かないこと、自分の考えを明晰《めいせき》にもつことという意味です。不羈というのは、（中略）馬の手綱がつかない人、放れ駒のような人のことを不羈というわけです。人に御《ぎょ》せられない人、そして明快な、いつも明晰な考えをもっている人、それが倜儻不羈であります」。

イクメイイリ彦について、倜儻大度の人とする記述のあることをぼくは長らく気づかなかった。ぼくが読んだ範囲では、この言葉は『三国志』「魏書」の「司馬朗《しばろう》伝」にでている。司馬朗の祖父の司馬儁《しゅん》の人物にふれたなかに「博学好古、倜儻にして大度あり」としており、大度は度量の大きい人、何だかイクメイイリ彦に親しみがわきだした。

＊

イクメイリ彦は、倜儻大度の人とはいえ、女運はよいとはいえない。女運というより、女の扱い方が上手でないというほうがよさそうだ。イクメイリ彦にはサホ（狭穂）姫という皇后がおり、二人のあいだに子が生まれようとしていた。イクメイリ彦はサホ姫を愛し、来目《くめ》（今日の橿原《かしはら》市久米《くめ》町）の高宮では皇后の膝《ひざ》に枕して昼寝をするほどだった。ところが、皇后の兄サホ彦が皇位をうかがって謀反をおこし、仮ごしらえの防禦《ぼうぎょ》施設の稲城《いなき》をこしらえて立

狭山池で発掘された築堤当時の木樋
（写真提供：大阪狭山市教育委員会）

て籠《こ》もると、子を身ごもっていた皇后は兄の稲城に入ってしまった（『紀』では皇子の出産はもっと以前のことになっている）。

イクメイリ彦が稲城を攻めると、皇后は男子を出産した。イクメイリ彦は戦士たちのなかから力の強い者をえらび、妻と子を救いださせようとした。だが、『記』によれば、皇后は髪を剃《そ》り、その髪を頭にのせ、手首にまいた玉の緒を朽ちさせ、腐らせた衣服を身につけた。戦士が皇后を救おうとして髪をつかむと、髪は落ちる。手首を握ろうとすると、玉の緒が切れる。衣服のはしを握ると、破れてしまう。イクメイリ彦は、こんな姿の皇后をなお愛しつづけ、「子の名は必ず母がつけるものだ。だからこの子の名をいってくれ」と、稲城の中にいる皇后に叫んだ。

稲城には火がはなたれていた。皇后は「稲城が焼けるなか、火中《ほなか》から生まれたのだから、ホムチワケ（『記』では本牟智和気、『紀』は誉津別）にしましょう」。イクメイリ彦はそれでも食い下がった。「あなたが結んでくれた帯のヒモ（美豆能小佩《みずのおひも》、詳しい意味不明）を、これからは誰にほどいてもらえばよいのか」。それに答えて「丹波《たんば》（旦波）に二人のよい女（『紀』では五人の婦人）がいます」といいのこして、焼ける城のなかで兄と妹（皇后）は死んだ。

この話は『記』のほうが感情をこめてリアルに書かれているが、やり切れないほど悲しい物語である。でも、その物語から、男と女のあいだに生まれた子の名は女がつけることや、当時の女は嫁ぎ先よりも実家とのかかわりが強いことなどが、古墳時代の社会を考えるのに役立ちそうだし、皇后の兄のサホ彦の存在なども、古墳の被葬者の候補となるだろう。

サホは奈良市の北西に佐保川や佐保山の地名をのこし、佐保山南陵（聖武《しょうむ》）、佐保山東陵（光明子《こうみょうし》）の陵名から添上郡《そえかみ》（添《そえ》とか層布《そふ》の一部）内に求めてよかろう。開化記《かいか》には、サホ彦とサホ姫は、日子坐王《ひこいます》（開化の子）とサホノオオクラミトメ（沙本之大闇見戸売）とのあいだに生まれたとし、母方の祖母の名を春日《かすが》の建国勝戸売《たけくにかつとめ》としていることから、奈良市に地名をのこす春日がうかぶ。若草《わかくさ》山山頂の鶯塚《うぐいすづか》古墳や佐紀《さき》古墳群の一部に、関係する古墳があるかもしれない。

＊

『紀』では、サホ彦とサホ姫の死のあとに相撲の話がくる。ぼくは和歌山市の井辺《いんべ》八幡山《はちまんやま》古墳で力士の埴輪を発掘したことがあり、古墳時代の相撲のことについて何度か意見を述べた。今日では相撲といえば、スポーツとしてとらえられているが、人の死、それも突然の死とか不慮の死とかにさいして、鎮魂のために相撲をとらせたことがあったようである。

一九八五年八月、日航機が群馬県上野《うえの》村の山中に墜落して大勢の人が亡くなり、大相撲の伊勢《いせ》ケ濱《がはま》親方のご家族も犠牲になった。数日後のニュースを見ていると、部屋の力士が土少々を背負って登山し、墜落現場でミニ仮土俵をこしらえ、そこで四股《しこ》を踏んだ。鎮魂のためである。イクメイリ彦にとって、皇后の死はいたましいできごとであったし、サホ彦との戦いで命を落とした人もいたであろう。

『紀』の相撲の話に戻る。当麻邑《たいまのまち》に当麻蹶《たいまのけ》速《はや》という強力者がいた。イクメイリ彦は「蹶速は天下の力士である。これに匹敵する人がいるだろうか」というと、一人の役人が「出雲《いずも》に勇士がいます。野見宿禰《のみのすくね》といいます。ためしにこの男を召して、蹶速と戦わせましょう」ということになり、前章に登場した倭 直《やまとのあたい》の祖である長尾《ながお》市《いち》が野見宿禰の召喚にでかけた。

野見宿禰は出雲よりやってきて、「捔力《すまい》」をとった。余談になるが、鴨緑江《おうりょっこう》畔の集安《しゅうあん》にある高句麗《こうくり》古墳の壁画に相撲の場面があり、それにちなんで角抵塚《かくていづか》と名付けられている。五世紀の古墳である。角抵は角觝とも書き、『和名抄《わみょうしょう》』（和名類聚《るいじゅ》抄）では「今の相撲なり」としている。

二人は相対して立ち、二人とも足をあげて相「蹶」った。蹶にルビをつけたい。「ふむ」と普通は読ませているが、ぼくは「ける」と仮に読みたい。野見宿禰は蹶速の脇骨を蹶《け》り折り、さらに腰を踏み折って殺してしまった。そこで蹶速の地を奪って野見宿禰にあたえた。

このようにして、野見宿禰はヤマトにとどまって仕えるようになった。

以上が『紀』のあらましである。先ほどもふれたことだが、井辺八幡山古墳で力士の埴輪が出土したときに、相撲について関心をもった。この古墳は、墳丘の長さ約八八メートル、六世紀初頭の前方後円墳で、力士の埴輪は、くびれ部の造出《つくりだし》に置かれていた。発掘の報告書は一九七二年に『井辺八幡山古墳』（和歌山市教育委員会・同志社大学）と題して出版し、そのなかの「遺物を通しての文化の問題」のなかで、相撲をとりあげ、皇極《こうぎょく》元年（六四二）に百済《くだら》の大使翹岐《ぎょうき》の前で健児《こんでい》に命じて相撲をとらせている『紀』の文章を引いた。注意してよいのは、大使の児と従者の一人が死に、児を河内《かわち》の石川《いしかわ》に葬ったとする記事のあとに相撲がおこなわれていることで、葬儀にさいしての鎮魂の一例とみた。今回、蹶速と野見宿禰との相撲もその例になるように感じた。記紀は何度読んでも、新たに気づくことがある。

考古学資料によれば、相撲の古い例は井辺八幡山古墳の力士埴輪であり、それより少し新しい装飾付須恵器にはしばしば相撲のようすが立体的に造形されている。とはいえ五世紀以前には、人物埴輪がなく、人物や動物の小像をつけた土器もなく、古墳に壁画を描くこともなかったから、相撲についての考古学資料がないわけであり、今のところ、考古学資料がないから相撲がなかったとはいい切れない。

野見宿禰について、『播磨《はりま》国風土記』の揖保《いひぼ》郡の条に興味ぶかい伝説がある。

立野《たちの》　立野と号《なづ》くる所以《ゆえ》は、昔、土師《はにし》の弩美宿禰《のみのすくね》、出雲国に往来《かよ》いて、日下《くさか》（日下）部野《べの》に宿り、乃《すなわ》ち病を得て死せり。その時、出雲の国人《くにびと》が来到《き》たりて、人衆《もろひと》を連ね立て運び伝え、川の礫《こいし》を上げて墓山を作る。故《かれ》、立野と号く、すなわちその墓屋を号けて出雲の墓屋となす。

この立野は今日の兵庫県龍野《たつの》市、この伝説からヤマトと出雲との交通ルートの一つがわかるとともに、『紀』の箸墓《はしはか》造営の労働歌にも通じる内容があり、後に述べるように古墳造営に関与した土師《はじ》氏の祖にふさわしい伝説である。

『風土記』の立野の伝説は、出雲の墓屋とよばれている古墳があったことから生まれたもので、たんなる伝承ではない。龍野市の的場《まとば》山《やま》の中腹には、野見宿禰塚の鳥居が立っていて、最近の力士たちが玉垣などを奉納しているが、古墳という確証はない。

考古学的に注目されるのは、龍野市の西宮山《にしみややま》古墳である。揖保《いぼ》川右岸の丘陵の突端に築かれた六世紀中ごろの前方後円墳（墳丘の長さ約三五メートル）であるが、おしくも高等学校の運動場の拡張工事で消滅した。後円部の横穴式石室から、武器や馬具、玉類や金製耳飾など数多くの遺物が出土し、装飾付須恵器の一つには、取り組んでいる二人の力士とそれを見る行司風の人物が、小像として造形されている。

西宮山古墳で考えられることは、『紀』に描かれた力士としての野見宿禰が、この相撲の情景を造形した須恵器（性質上は葬送用の葬具）に関係するのではなく、一般例として相撲のようすを造形した埴輪や須恵器を埋める当時のしきたりに関係したものであろう。とはいえ、出雲墓屋伝説の土地に相撲の造形物が埋められていたことは、一つの事実としてさらにさまざまの角度から追究してよかろう。

＊

『紀』の記述の順をたどると、サホ姫の悲惨な死のあとに相撲の話があり、なぜそこで相撲が登場するのかについて、ぼくの考えを述べた。もう少し関連することをいっておこう。

奈良県桜井市には、出雲とか出雲の神族の名に由来すると思える太田《おおた》の地名がある。本書でも多少ふれたが、「出雲の外の出雲」（朝日新聞、一九九七年三月十四日付夕刊）と「出雲へのまなざし」（『アサヒグラフ』別冊『銅鐸の谷――加茂岩倉遺跡と出雲』、この二つは『考古学へのまなざし』に収めた）で、詳しく述べた。少数意見だが、野見宿禰が滞在していたのはヤマトの出雲、つまり今日の桜井市出雲ではないかとする見方がある。その地にある十二《じゅうにばしら》柱神社の狛犬《こまいぬ》の台座には、力士像の彫刻があって、野見宿禰の伝説のある土地柄にふさわしい。

このようにヤマトに出雲の拠点があるのは事実であっても、野見宿禰が出雲国と往来していたとする伝承を否定するものではない。

奈良盆地の古墳時代には、中央の低地をはさんで、東方が倭（ヤマト）、西方が葛城《かつらぎ》であったとする重要な見方がある。今日でも、盆地西部には北葛城郡と南葛城郡が南北に存在している。蹶速のいた当麻邑はこの葛城の範囲内にあり、当麻寺のある当麻町が関係地名とみてよかろう。

ぼくは敗戦の翌年に、当麻村の茶山《ちゃやま》古墳で開墾中にあらわれた家形石棺の調査に参加し、何度か当麻村を踏査した。もう記憶が薄れているけれども、土地の人が長髄彦《ながすねひこ》の墓として伝える小古墳があるのにびっくりしたことがある。

長髄彦は、記紀ではイワレ彦のヤマト支配に最後まで戦った人物、太平洋戦争中の歴史教育では賊の代表格の男、その男の墓なるものが抹殺されずにあるではないか。このことはぼくに強い印象をあたえた。

たしかに奈良盆地に即していえば、長髄彦は土地の首長、イワレ彦は侵入者であり、征服者である。どちらかに善、どちらかに悪のレッテルを簡単に貼れるわけがない。その意味では当麻という土地は、大和（ヤマトと葛城を含めた）にとって由緒のある土地であり、野見宿禰が勝ったというのも、長髄彦とイワレ彦、あるいは葛城とヤマトとの葛藤《かっとう》の歴史を象徴的に物語らせていることも考慮してよかろう。

＊

サホ姫とサホ彦の死の話のあとに、『紀』では野見宿禰の相撲がでているのに、『記』にはそれがない。これは一見まったく違うような印象をうける。だが果たしてそうなのだろうか。

『記』では、稲城が焼けるなかで誕生したホムチワケは、成長しても（『紀』では三十になっても）言葉がいえなかった。空を飛ぶ鳥を見て声を発するので、父はある人にその鳥を追わせた。その鳥を日本海側の高志《こし》国でやっと捕らえてきたが、ホムチワケがものをいう気配はなかった。

父のイクメイリ彦が心をなやましていると、ある神が「自分の住居を天皇の宮殿のように修理すれば、子はものをいえるようになるだろう」と夢のなかでいった。そこで、どの神かを占わせると、出雲の大神の祟《たた》りが原因だとわかり、ホムチワケを出雲へ行かせて、大神の宮を拝ませることになった。この件の話はたいへん細かいが、大筋は以上である。

ぼくが注目しているのは、『紀』では出雲から野見宿禰が来て相撲をとっているのにたいして、『記』ではホムチワケを出雲へやって大神に謝っている。つまり記紀の両方に共通するのは、出雲という土地とその優位性だったのである。

『記』では、出雲に着いて大神を拝んだホムチワケが、肥河《ひの》（斐伊《ひい》川）の中に仮宮を作って滞在しているとき、初めて言葉を話し、そのあと一夜《ひとよ》肥《ひ》長《なが》姫と婚《まぐわ》った。だが、あとで気がつくと、その美人は蛇だった。そこで、ひたすら逃げ戻ってきたという奇怪な話がつづき、謎の登場人物もあらわれるが、深入りはさける。

ぼくの感想では、ヤマトでの政争あるいは混乱の犠牲者といってよいホムチワケを救えたものが、出雲の大神（大国主《おおくにぬし》か）として描かれている。それはともかく、イクメイリ彦はわが子の回復を喜び、鳥取部《ととりべ》、鳥甘部《とりかいべ》、品遅《ほむち》部《べ》などを設置したという。

鳥取を例にとると、各地にその地名がある。鳥取県の鳥取もその一例、地域をしぼると鳥取市であり、鳥取郷に由来し、鳥取郷に接するようにして品治《ほんじ》郷がある。ホムチワケのホムチに関係したといわれ、品遅とも書く。先にイニシキイリ彦が横刀千口を作った鳥取の河上宮の鳥取もその一つで、今日の大阪府阪南市鳥取に地名はのこるし、鳥甘の一例をあげると、大阪府摂津市に鳥飼《とりかい》大橋とか鳥養《とりかい》牧とか関係地名がたくさん残っている。おそらく鳥取（補）や鳥甘（養）の専門技術集団が各地にいて、それとホムチワケの話が結びついたのであろう。古代の鳥については、第8章でヤマトタケルを述べるさいに扱うことにする。

*

サホ姫の死にのぞんでの指示というか希望によって、イクメイリ彦の新しい皇后が決まった。『紀』によると、丹波から五人の女がめしだされ、ヒバス（日葉酢）姫が皇后となり、三人の妹は妃になった。

イクメイリ彦の女の扱い方が、ここでもまずかった。というのは、美人でなかった竹野姫《たけのひめ》だけを国元に帰した（『記』では二人を帰している）。そこで、竹野姫は葛野《かずらの》（京都市西部）まで来たとき、自ら輿《こし》より堕《お》ちて死んだ。おそらく身を投げたのであろう。そのことにちなんで堕国《おちくに》の地名がつき、のち弟国《おとくに》（今日は乙訓）というようになった。弟国は、六世紀に継体《けいたい》大王が都を置いた土地である。

『記』にも弟国のことはでているが、死んだのはマトノ姫（円野比売）で、帰国させられることが決まり、「兄弟《はらから》のうち、姿が醜いという理由で帰されると、隣里《ちかきさと》にも聞こえるだろう。恥ずかしいことだ」といって、弟国へ着く前に、山代《やましろ》国の相楽《さがらか》（京都府南部）で、木に首をつって自殺しようとした。相楽の地名も首の懸《さが》った木からついたという。相楽《そうらく》郡は、木津川の両岸に及ぶ地域だが、弟国への古代の交通路からみて、今日の精華町祝園《ほうその》あたりがこの話にふさわしい。なおイクメイリ彦の妻たちは、丹波の出である。丹波についても考えねばならないことは多いが、ここでは省く。

ヒバス姫が死んだ。イクメイリ彦は葬り方に関して、「殉死がよくないことを経験している。今回はどうしようか」と重臣たちに意見を求めた。というのは、その数年前に、イクメイリ彦の弟の倭彦《やまとひこ》が死に、身狭《むさ》の桃花鳥坂《つき》に葬ったとき、近習者たちを生きながら陵域に埋めたところ、何日たっても生きていて、昼も夜も泣いたり呻《わめ》いたりした。そのうちに死んで腐りだすと、犬や鳥がその肉を食べだした。イクメイリ彦はそのことで心に悲しい傷をうけ、殉死は、古《いにしえ》からの風とはいえ、今後はやめようといっていた。

『三国志』の倭人条には女王ヒミコの死にさいして、大いに冢《ちょう》を作ったとする記事のなかで「徇葬者奴婢百余人」とある。『紀』の編者がその記事を参考にして、殉死を「古の風」としたのか、それとも実在していたかの問題の究明は今後にまたれる。なお身狭は、高市郡の見《み》瀬《せ》と推定され、ツキ坂は橿原《かしはら》市の新沢千塚《にいざわせんづか》を含む一帯、桝山《ますやま》古墳(方墳)が倭彦を葬った地にあてられている。

ヒバス姫の造墓にさいして、野見宿禰の建策によって、出雲国の土部《はじべ》(土師部)百人をよびよせ、人と馬やさまざまの形の土物《はにもの》をつくったのが埴輪で、野見宿禰の子孫の土師氏が喪葬のことを司《つかさど》るようになったという。この伝説は、人や馬などの埴輪についての起源を語っていて、円筒埴輪の起源とは別である。土師氏については、いずれ先で扱うことにする。なおヒバス姫の墓は、奈良市の佐紀《さき》古墳群(『記』では狭木《さき》の寺間《てらま》陵)にある。そこはサホ姫の実家のテリトリーの一画であり、死後まで目のとどく範囲に葬られた。

第7章　アメノヒボコ

天日槍《あめのひぼこ》は、新羅《しらぎ》の王子で、『紀』ではイクメイリ彦（垂仁《すいにん》）のときに「来帰」、つまり渡来したという。後で述べるように、伝説も多く、子孫にまつわる物語もあって、注目すべき渡来人である。正確には渡来人というより渡来伝承というべきだが、伝承の背後に特定の人物か集団が実在したとするほうが、ぼくには理解しやすい。

天日槍は、『記』では天之日矛とあるように、発音はアメノヒボコ（ホコ）、ちなみに人を突き刺す武器を「ヤリ」と発音するのは鎌倉《かまくら》時代以後で、矛・鉾・戈・槍はどれも「ホコ」の発音だった。以後は、略してヒボコということにする。

ヒボコが渡来した記事を、『記』では応神《おうじん》天皇のところにいれている。だが、その個所は

「昔、新羅の国主の子有りき。名は天之日矛と謂《い》ひき。『是人参渡来』なり」とし、それにつづいて「参渡来の所以《ゆえ》は」として、なぜ日本列島へ渡来したかの動機を語っている。

その動機については後で述べるが、『記』の「参渡来」の用語に注目してよかろう。渡来だけでも意味は通じるのに、「参る」を上につけている。参拝や参詣のようなうやまった意味か、それとも参加のような〝仲間入りする〟の意味なのか、これも見逃してはいけない。「渡来人」という歴史用語が、この三十年ほどは「帰化人」にかわるものとして一般に使われていて、歴史意識の進展をうかがうことはできるが、「参渡来人」などのような微妙なニュアンスを『記』の編者がなぜ用いたかったのか、これにも時間をかけていつか検討してみよう。

＊

話を戻すと、ヒボコの渡来の記述は応神記にあるとはいえ、それは「昔」のこととして語られており、したがって時間的には『紀』のイクメイリ彦の時代というほうが拠点となる。ぼくがまず留意したいのは、考古学では一般に、古墳時代前期の古墳の副葬品には、朝鮮半島とのつながりを示すものは多くないという印象があり、換算はむずかしいとはいえ、イクメイリ彦は古墳時代前期におくのが普通であろう。

そうだとすると、考古学的によくもたれている〝朝鮮半島の文物が、古墳の副葬品のうえに強くあらわれだすのは古墳時代後期であり、それを特定の人物にあてはめると、雄略《ゆうりゃく》（先駆的には応神）の事績ともからんでいる〟とする見方と、どのように塩梅《あんばい》すればよいだろうか。そこで細部の問題にはいるまえに、まず『記』のヒボコの話の概略をみよう。

新羅国にアグ（阿具）ヌマという沼があった。その沼のほとりで一人の女が昼寝をしていると、太陽の光が女性の陰部を鋭く照らした。このようすを一人の男が不思議そうに見ていた。すると女性は妊娠し、やがて赤玉を産んだ。一部始終を見ていた男は、その赤玉をもらって腰につけていた。

男は谷間に田をつくらせていた。耕作人たちに飲食物をとどけるため、牛の背につけて運ぼうとしていた。そのとき、国主の子ヒボコと出会った。ヒボコは「お前はこの牛を殺して食べようとしているのだろう」といい、その男を捕らえて獄にいれようとした。男は「自分は牛を殺そうとしたのではなく、耕作人（田人）に食物をとどけようとしただけだ」と抗弁した。ヒボコはそれでも釈放してくれないので、男は腰につけた赤玉を賂《まいない》にして、やっと許された。以上の話は複雑だが、以下はヒボコが主人公になる。

ヒボコがその玉をベッド（床）の近くに置いておくと、美麗《うるわ》しい女になった。そこで、すぐに婚《まぐわ》って妻にした。妻には不思議な能力があって、珍しいご馳走《ちそう》を次々にととのえて、夫のヒボコに食べさせた。ヒボコがつけあがって、妻を軽蔑《けいべつ》するようなことをいったとたん、「わたしは、あなたの妻になるような女ではありません。祖《おや》の国へ行きます」といって、小舟にのって難波《なにわ》へついた。これが、難波のヒメコソ（比売碁曾）社にまつるアカル（阿加流）比売神《ひめがみ》である。

＊

『記』のこの話はまだ途中までで、残りはあとで述べる。先に必要なことをいうと、比売碁（語／許）曾社のことは、『紀』ではヒボコとの関係ではなく、大加羅《おおから》（今日の高霊《コリヨン》、大伽耶《おおかや》ともいう）の王子ツヌガアラシト（都怒我阿羅斯等）のこととして出ている。ただし、その垂仁紀では、ツヌガアラシトの記述の翌年に、ヒボコの来帰の話が配列されていて、『紀』の編者も両者の関連に戸惑ったようである。

ところで、『紀』のツヌガアラシトの話では、主人公が大加羅の王子となっていて、新羅とは敵対するありさまで描かれていること、美麗しい女に化ける石が赤玉ではなく白石であること、東の方に向かった女が豊国《とよのくに》の国前郡《くにさき》（のちの豊後《ぶんご》国国埼郡《くにさき》）と難波の二カ所で比売語曾社の神となり、祭られたことなどが、先に説明した『記』のヒボコの話と細部で異なる。

国東《くにさき》半島の北東に浮かぶ島が姫島《ひめしま》である。縄文時代にこの島の黒曜石が道具の材料として

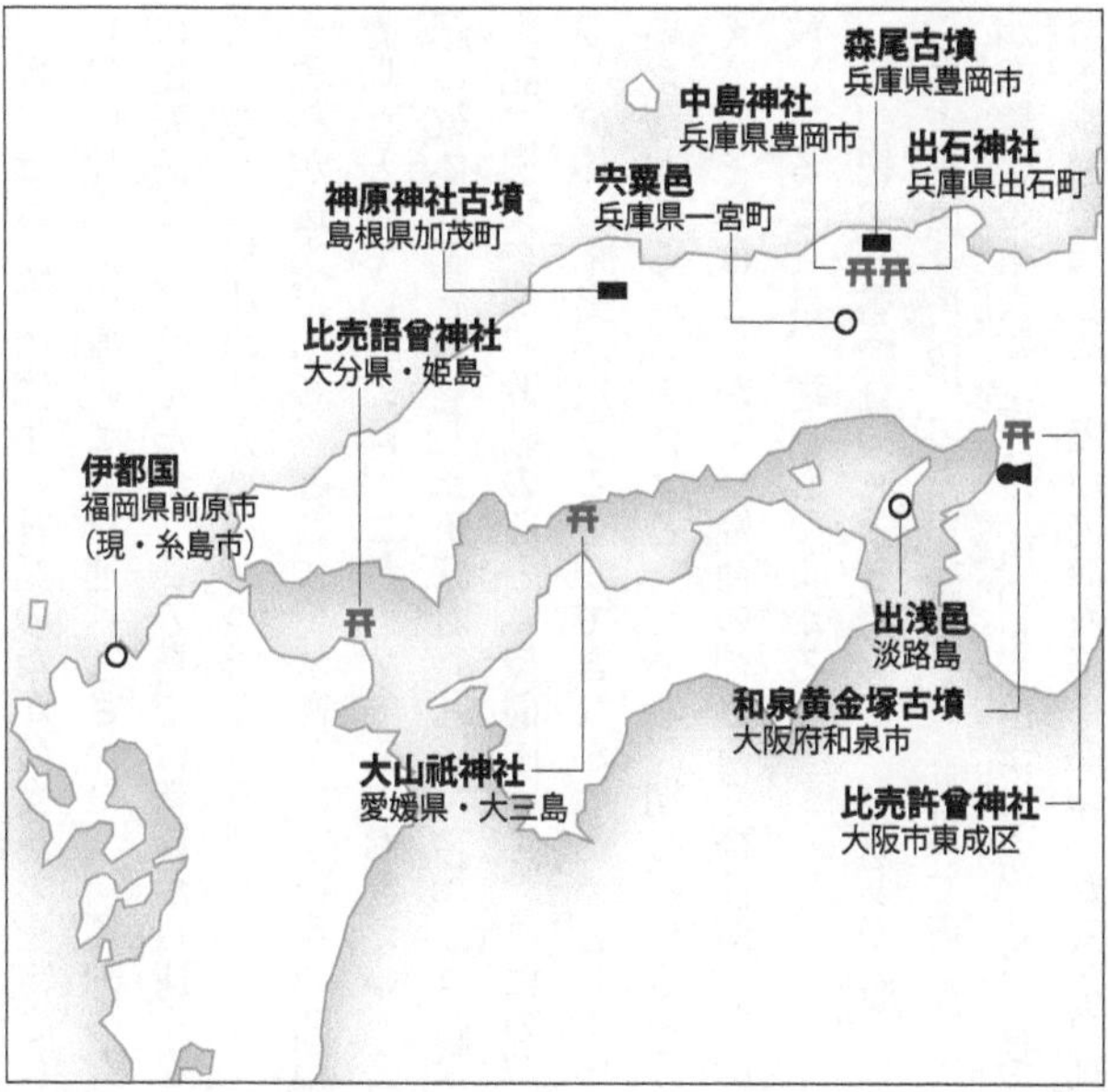

アメノヒボコ関係や関連する古墳の地図

好まれ、九州島東部や瀬戸内海沿岸地方でひろく使われた。いわゆる姫島黒曜石である。どうして姫島というかといえば、ヒメコソ神社が鎮座するからである。

ぼくが子供のころ、ムラコソコウヘイという陸上競技の選手が活躍していた。村社講平、子供心にも社をコソと発音することに興味をもった。もう気づいたと思うが、ヒメコソ社では言葉が重なるわけで、比売（姫）社でよいし、姫社の神としてもよい。つまり、社をコソとよぶのは古い朝鮮語とする見方がある。しかし、まだ証明はされていない。

姫島は『記』の国生み神話のなかの女島《ひめじま》と推定されているが、『摂津《せっつ》国風土記』逸文では、摂津の比《ひ》売島松原《めしまのまつばら》のことを述べるさいに、新羅国の女神が夫をのがれて来て、筑紫《つくし》国伊波比《いはひ》の比売《ひめ》島《しま》にまず住んだが、この島では新羅から遠くないので男神が訪ねてきそうだというので、遷《うつ》って摂津の比売島へ行ったという。

史料が逸文だから、どこまで依拠してよいかの問題はあるが、豊国の姫島を「伊波比の比売島」としているのは、これもメモしておきたい。というのは、ずっと後のことだが、六世紀に継体《けいたい》大王と対立した筑紫君磐井《つくしのきみいわい》が、『紀』では戦に敗れて殺されたとあるが、『筑後《ちくご》国風土記』逸文では、敗戦のあと「豊前国上膳県《かみつみけのあがた》にのがれて、南の山の峻《けわ》しき嶺《みね》の曲《くま》で生きのび、継体の軍勢が追うことができなかった」としている点で、磐井が豊国に勢力をのばしていた節がある。ことによると、ある時期の姫島もそうであり、地名としてのこったかとも考える。それはともかく、姫社《ひめこそ》の神を祭る神社が、瀬戸内海西部の姫島と瀬戸内海の東端の難波にあることは、注目してよかろう。

垂仁紀の一書では、ヒボコが来帰したあと、艇《はしぶね》（細い小舟）に乗って播磨《はりま》国に停泊し、さらに宍粟邑《しさわのまち》（揖保《いぼ》川上流の兵庫県一宮《いちのみや》町付近と推定）についたとき、ヤマトから派遣されたのが三《み》輪君《わのきみ》の祖大友主《おおともぬし》と倭直《やまとのあたい》の祖長尾《ながお》市《いち》であった。長尾市については、前章でふれたように、豊予《ほうよ》水道をはじめ、瀬戸内海航路に熟達した家系の長《おさ》であり、渡来人を誘導したりするのに関与していたことが、物語にあらわれたのであろう。

ぼくは姫島の比売語曾神社と難波の比売許曾神社には、前に実地を訪れたことがある。姫島は一つの島だから範囲は限定しやすいが、難波の姫島をどこに求めるかはむずかしい。

今日の大阪の人が姫島というと、西淀川区姫島だとおもうが、一つには大阪市域の地形、とくに上町《うえまち》台地周辺の海辺の地形は変化が激しく、現代の地名だけでは根拠としては弱い。先に述べた比売島松原は、新大阪駅に近い東淀川区崇禅寺《そうぜんじ》あたりと推定されるが（『食の体験文化史　3』中央公論社、一九九九年、の「牛乳」の項参照）、ここでは省く。なお、難波の比売許曾神社は、東成《ひがしなり》区東小橋《ひがしおばせ》に鎮座しており、古くから別名を下照比売《したてるひめ》神社といった。この祭神の変化については、大和岩雄《おおわいわお》氏が取りくんでいる（『日本の神々　3』白水社、一九八四年、「比売許曾神社」の項）。

＊

ヒボコについての『記』の後半部分に進もう。ヒボコは逃げた妻を追って難波にきた。だが、土地の渡《わたり》の神は塞《ふさ》いで入れなかった。

ぼくの考えを述べると、海峡（瀬戸）や川の要所に渡し（済）があって、その支配は豪族たちの権限に属していたたし、ときには天皇でも度子《わたしもり》、俗にいう渡守に「度賃《わたりのつぐのひ》」を払わないと対岸には行けなかった（摂津の高瀬の済の例、『播磨国風土記』）。だから、豪族たちにとって重要な収入源であり、渡しの安全を保証する特定の神の信仰が生まれた。

大小の海峡、つまり瀬戸がいっぱいある瀬戸内海でも、とくに海の難所の多い芸予《げいよ》諸島の大三島《おおみしま》には、大山祇《おおやまずみ》（積）神社（三島明神）が鎮座するが、この神の別の名は「和多志《わたし》の大神」である。『伊予《いよ》国風土記』逸文によれば、どうして今日の芸予諸島の大三島が「御嶋《みしま》」かという理由について、この神は百済《くだら》から度《わた》りきて、津国《つのくに》（のちの摂津国）の御嶋にいた。その名にちなんだとしている。ぼくは摂津のミシマにあった渡しを、今日の高槻市と枚方《ひらかた》市のあいだの淀川の渡しかと考えているが、難波にも渡しがあって、そこが今日の入国管理のような仕事を神の名でおこなっていたのだろう。

なお大山祇神社と海峡の渡しについては「しまなみシンポジウム」で考えを述べた（『瀬戸内の海人たち』愛媛新聞社、一九九七年。『瀬戸内の海人たち　2』中国新聞社、一九九八年）。

＊

『記』の話をつづける。ヒボコは、ヤマトの海への門戸である難波で、ヤマト入りを拒否された。そこで多遅磨《たじま》国（のちの表記での但馬国）に入って、土地（『紀』では出石《いずし》）の女と結婚して、生まれたのがタジマモロスク（多遅摩母呂須玖、『紀』では但馬諸助）であり、その子孫にタジマモリ（多遅麻毛理、『紀』での田道間守）がいる。タジマモリについては後で述べる。さらに子孫の一人に葛城《かつらぎ》の高額比売《たかぬかひめ》がおり、いずれ先で取りあげる息長帯比売《おきながたらしひめ》（神功《じんぐう》皇后）の母である。ただしこの話は『紀』にはないが、神功皇后はホムタ別《わけ》（応神）の母、ホムタ別に渡来人系の血が流れているとする根強い伝承のあったことは事実としてよかろう。

『記』のヒボコの話では、ヒボコが持ち渡りきし物を玉津宝《たまつたから》といい、珠《たま》二貫、浪振る比礼《ひれ》、浪切る比礼、風振る比礼、風切る比礼、奥津《おきつ》鏡、辺津《へつ》鏡、あわせて八種《やくさ》で、この宝を伊豆志《いずし》（出石）の八前《やまえ》の大神《おおかみ》といっている。

『紀』では、ヒボコの将来した物は、羽太玉《はぶとのたま》一箇、足高玉《あしたかのたま》一箇、鵜鹿々赤石玉《うかかのあかしのたま》一箇、出石小刀《いずしのこがたな》一口、出石桙《いずしのほこ》一枝、日鏡《ひのかがみ》一面、熊神籬《くまのひもろき》一具、あわせて七種としていて、但馬国に蔵《おさ》めて常に神の物とするとしている。

但馬は、考古学の遺跡、とくに古墳の数の多い土地であり、確認されただけでも約五千基の古墳があるという。兵庫県全体での古墳の数が約九千基だから、耕地面積の割にはたいへん多い。また考古学研究の盛んな土地で、豊岡《とよおか》市、八鹿《ようか》町、城崎《きのさき》町などでのシンポジウムや講演にでかける機会もあって、どうしてもヒボコについて考えねばならなくなった。その記録の一つが『よみがえる古代の但馬』（船田企画、一九八一年）という書物になっている。

ぼくが疑問に思うのは、ヒボコが最終的に拠点とするのは但馬ではあるが、果たして朝鮮半島、北部九州、豊後から瀬戸内海を通って難波、そこから但馬というルートを通ったのか、それとも日本海沿岸の但馬（もちろん越前《えちぜん》・若狭《わかさ》・丹後《たんご》・出雲《いずも》も含め）と大陸とが結ばれていたのではないかということである。たとえば兵庫県豊岡市の大師山《たいしやま》古墳群には百基ほどの古墳が群集しているが、各地で見かける横穴式石室ではなく、朝鮮半島南部の加羅《から》に多い竪穴系横口式石室が古墳群構成の中心をなしている。付近に加陽《かや》の地名もあって、故郷の墓制を強くのこした渡来系集団の墓地とみてよかろう。

ヒボコが将来した神宝を検討すると、『記』と『紀』では先に掲げたように、品物の種類がかなり異なる。『記』では各種の比礼が四点もある。浪と風を活発にさせるための振るヒレ、逆に浪と風を鎮めるための切るヒレ、ヒレは領巾とも肩巾とも書き、呪力をもつ女性が首にかけた長い布、魚の鰭《ひれ》と発音が似ているように、海を行く者にとって必需の呪具であった。

鏡は、航海者が海神にささげた例はいくつもある。したがって奥津鏡と辺津鏡も、海の航海でも沖の航海、海辺を通るなどの違いでの呪具だとぼくは推定する。それに珠は海の真珠、『紀』のほうの神宝に三種の玉があるのは石の玉であろう。要するに『記』でのヒボコは、神宝から推測すると、航海技術の掌握者として描かれているようだ。

これにたいして『紀』のほうのヒボコの将来物は、そのうちの出石の小刀については後でとりあげることとし、説明のむずかしい熊神籬一具を別にすると、全体として前期古墳の副葬品の組み合わせを連想させる。

おもしろく思うのは、記紀でヤマトの支配者が羨望《せんぼう》の目であこがれる神宝が二つある。一つはヒボコが将来した出石にあった神宝、もう一つが出雲臣の遠祖である出雲振根《いずものふるね》が管理していた出雲の神宝（崇神《すじん》紀）である。記紀の世界で神宝として大きく描かれたものが、ともに日本海沿岸地域にあったことは、直接に大陸との交渉・交流の手段をもたないヤマトの状況をよく示している。ヤマトはその地域内に豊かな生産力があったのではなく、他の地域を支配し富を収奪する手段（政治力と武力）によって豊かさを補っていたのである。

『記』ではヒボコの神宝の話のあとに、この神宝とのかかわりで、イヅシヲトメという女神のかなり長い物語がつづく。イヅシヲトメとは出石の乙女、先ほどヒレが女司祭者にふさわしい呪具とみたので、この女神が重要性をもつ。

この女神の物語は割愛するが、一つだけ注意したいのは、女神の母が伊豆志河の島にはえている一節竹《ひとよだけ》で八目《やめ》の荒籠《あらこ》を作り、河の石と塩をまぜ竹の葉につつみ（荒籠にいれたのであろう）、カマドの上において呪詛《じゆそ》をつづけ、恨みある男を死の寸前までおいつめ、ついに屈伏させている。

一九九四年に、出石町を流れる出石川の支流で、古墳時代の祭祀遺物が出土し、袴狭《はかざ》遺跡とよばれるようになった。ここで発掘されたもののなかに、琴板という打楽器の一部と推定される木板があり、サケ、シュモクザメ、カツオ、シカなどの絵を線刻であらわしていた。この木板は古墳時代のものだが、上流には長期間にわたって祭りをおこなうところがあって、これらの遺物は少し流されて川のなかに堆積したと推定されている。ヒボコ伝説のまっただなかの土地での発掘品で、『記』のイヅシヲトメと川の伝承と何らかのかかわりがありそうである。

＊

今度は『紀』のほうのヒボコを見よう。イクメイリ彦の三年に、天日槍が来帰したことと神宝のことだけがあり、あと一書でどのルートで但馬に落ちつくようになったとか、土地（出石）の女と結婚して生まれた但馬諸助の三代あとが、後で述べる田道間守であるとかを書いている。

但馬に定着するまでの話で、先に必要なのは「播磨の宍粟邑と淡路《あわじ》島の出浅邑《いでさのまち》のどちらに住んでもよい」というヤマト側の申し出にたいして、ヒボコは自分で淀川筋から近江《おうみ》に入り、若狭をへて、最終的には但馬に住み処《すか》を決めている。

『紀』のうえではヒボコの来帰より八十五年あとになって、イクメイリ彦は、「新羅の王子天日槍の将来した宝物が但馬にあって、国人たちが貴んで神宝にしているそうだ。自分も見たい」といいだし、その日のうちに使者をヒボコの曾孫清彦《きよひこ》に派遣して希望を伝えた。清彦は、神宝のうち、出石という名のある小刀だけを自分の着物のなかにかくして、ヤマトへ献上にでかけた。イクメイリ彦は、そうとは知らず清彦に酒をあたえたとき、その小刀（ここから刀子《とうす》という表現もまじる）が見えてしまって、清彦はそれもさしだし、他の神宝とともに神府《みくら》におさめられた。

ところが神府の扉をあけると、小刀がない。清彦にただすと「昨夕、刀子がおのずから家に帰ってきて、今朝また消えました」という。この家は、但馬にある家ではなく、ヤマトにおいていた出先の家のことだろう。イクメイリ彦はおそろしくなり、二度と求めはしなかった。

その後、出石の刀子はひとりで淡路島に至った。島の人たちは神だといって刀子のために祠《ほこら》を建てた。それは今もあると結んでいる。

戦後すぐ、ぼくは大阪府和泉市の和泉黄金塚《いずみこがねづか》古墳の調査に加わり、発掘報告書も刊行したが、問題点が次々にひろがり、刀子のことについては九八年に出版した『僕は考古学に鍛えられた』の結章で意見を述べた。この古墳は、ぼくにとっての研究の原点のような存在である。

周知のように、和泉黄金塚古墳には三つの粘度槨《かく》があり、それぞれコウヤマキ製の木棺をおさめていた。中央槨は、三つの槨のうちずば抜けて壮大であり、この木棺の棺外に鉄鎌や鉄斧などとともに無造作におかれていたのが、景初《けいしょ》三年銘の平縁神獣鏡《ひらぶちしんじゅうきょう》であり、豊岡市の森《もり》尾《お》古墳から出土した正始《せいし》元年銘の三角縁神獣鏡《さんかくえん》とは内区の文様が酷似し、銘文にも共通点がある。森尾古墳は行政上は豊岡市だが、出石町に近く、すぐ近くに田道間守を祭神とする中《なか》嶋《しま》神社があって、ヒボコ伝説との関連は無視できない。

和泉黄金塚古墳の東槨は、幸い人骨の一部がのこっていて、壮年男子が被葬者であることは明らかである。棺の内部は頭をよこたえる部分で板によって仕切られていて、仕切り板の外にさまざまの品物が、まるで宝石箱にいれるようにおさめてあった。とくに日本列島では稀な水晶製の大型切子玉は、加羅（伽耶）地域での出土例がふえた。問題の鉄製刀子は五本あって、後漢の五銖銭《ごしゅせん》一個とともに帛《はく》（絹の布）の小袋におさめられていた。

ぼくはこの発掘まで鉄製刀子といえば、日常的に使う鉄のナイフぐらいに思っていた。今日の若者はあまり使わないだろうが、ぼくの子供のころは、鉄の小刀は鉛筆を削るのにも、竹トンボや模型の飛行機を作るのにもよく使った。そんな鉄のナイフ、古い言葉での刀子が大切に扱われ、被葬者が身につけた狭義の副葬品とは区別して、まるで遺族の誰かがそこへ納めたかのような扱いをされている。

刀子と一緒にあった五銖銭についていえば、日本列島での五銖銭は、中国での流通時期のものもあるが、流通時期より後で墓などに埋めてあることがある。出石町の引谷《ひきだに》遺跡では、弥生後期の石棺墓に五銖銭が埋めてあった。これなどは、中国での流通時期に近い埋納例だが、ヒボコ伝説はともかく、出石という土地、ひいては但馬が早くから大陸と交流のあったことを示している。

刀子のことに話を戻す。和泉黄金塚東槨の刀子は五本だった。これも戦後すぐの発掘だが、大阪府美原《みはら》町の黒姫山《くろひめやま》古墳の石室に、二十四個の甲冑《かっちゅう》などとともに埋納されていた刀子も五本だった。

一九八八年に奈良県斑鳩《いかるが》町の藤ノ木《ふじのき》古墳の石棺におさめてあった刀子も五本だった。五本の数に特定の意味があるかどうかは別にして、古墳におさめられた刀子は、たんに工具とか食物を切るナイフといった実用性だけでは次第に対処できなくなり、神秘的な品であることを折にふれて書いた。結論からいえば、刀子を神秘的に扱うのは新羅と加羅の古墳に多く、日本列島では和泉黄金塚古墳の東槨の例以降に増加し、五世紀になると滑石で作った石製刀子が祭祀遺跡に多く発見されるようになり、刀子信仰がピークに達している。

ぼくはヒボコの神宝のうち、出石の小刀がヒボコ伝説のなかでもとくに考古学資料との対比のできるものとみている。『僕は考古学に鍛えられた』で述べたように、刀子は女性から男性に、あるいは男性から女性に贈られる呪的な力を凝集した物である。あえてヒボコの話にあてはめると、清彦からイクメイリ彦への刀子の献上は、男性から男性への移動であり、慣習にそむくものだったのだろうか。そのことが、刀子がひとりで動きまわったとする伝承の背景になったのか。この部分は関係論文も多く、関心のある人は取り組んでほしい。

*

奈良市尼辻《あまがつじ》町に、宮内庁が指定する垂仁陵がある。考古学上の遺跡名での宝来山《ほうらいさん》古墳であり、造営年代がイクメイリ彦の時代にあわないことを、第4章で指摘した。宝来山古墳は、水を満々とたたえた周濠のある前方後円墳で、濠のなかに一つの古墳状の島があって、これを田道間守の墓、つまり陪塚といわれることがある。

『紀』によれば、イクメイリ彦は晩年に田道間守を常世国《とこよのくに》に遣わして、非時《ときじく》の香菓《かくのみ》を入手させている。タジマモリは、おそらく但馬守、ヒボコの末裔《まつえい》であり、この香菓は橘《たちばな》（柑橘《かんきつ》類）のことだと『紀』は説明している。

田道間守は、『紀』によると、イクメイリ彦の死の翌年に、常世国から非時の香菓をもって帰った。イクメイリ彦の死を聞いて「遠く絶域まで、万里の波をこえて」普通の人のよりつけない「神仙の秘区である常世国」まで行って、ようやく帰りつけたのに、イクメイリ彦は死んでいると嘆いて、陵（古墳）に行って悲しんで自ら命をたったと述べ、田道間守が三《み》宅連《やけのむらじ》の始祖であると結んでいる。『記』にもほぼ同じ話があり、三宅連等の祖としている。

宝来山古墳の濠に浮かぶ島は、田道間守の伝説と関連するように見えるが、実は江戸時代末に天皇陵古墳の外域を壮大につくり直すのにさいして、濠を東方に拡張したとき、堤の一部を島状にのこしたものである。

先ほどふれたように、豊岡市三宅に中嶋神社があり、祭神を田道間守としており、今日も菓子の業者たちの信仰を集めている。中嶋神社の南東、直線距離にして一キロ足らずのところに森尾古墳がある。ぼくは長方形墳だと現状から推定しているが、四世紀後半の時期には珍しい墳形で、先に述べたように、この古墳から正始元年銘の三角縁神獣鏡が出土している。

鏡の製作年は別にして、鏡に鋳造してある正始元年の前年が景初三年であり、景初三年銘の鏡は先述の和泉黄金塚古墳だけでなく、島根県加茂《かも》町の神原《かんばら》神社古墳でも出土している。年号どおりに換算すると、景初三年は二三九年、倭国の難升米《なんしょうまい》らが魏の都の洛陽《らくよう》へ行った年であり、翌年の正始元年は難升米らが帰国しただけでなく、帯方《たいほう》郡の役人の梯儁《ていしゅん》らを倭国に派遣してきた年である。だから、景初三年と正始元年には次のような違いがある。

景初三年　倭国から帯方経由で魏へ

正始元年　帯方（魏の出先）から倭国へ

この関係は、『日本海と出雲世界』（海と列島文化2、小学館、一九九一年）で述べたことだが、帯方から倭国という移動が、ヒボコ伝説での新羅か加羅から倭国への移動とどのように関係するかということである。いろんなところで述べたので、今回は省くけれども、魏の年号鏡とはいえ、同類の鏡が中国や朝鮮半島での出土が皆無で、とくに魏の領域には三角縁（平縁も）神獣鏡の特徴的な要素すらなく、何よりも年号鏡を埋めている古墳の年代と文字づらでの年号とのあいだに百年あまりの差があることなどから、三角縁神獣鏡とは歴史的事件をふまえて作られた倭鏡であり、葬具的性格が強いとみている。

森尾古墳がヒボコ伝承とどうかかわるか、あるいは伝承以前の在地豪族の墓であるにせよ、前期古墳としては特色が多く、ヒスイやガラスの勾玉をはじめとする玉類、さらに丹朱の精製に用いた石杵《いしぎね》があり、不老長寿の信仰、いいかえれば神仙界への憧れなどが垣間見《かいまみ》えている。すでに述べたように、『紀』では田道間守の常世国へ行った話をイクメイリ彦の晩年のことにしている。よく知られたことだが、神功皇后紀の四十年には、『魏志』を引用して、正始元年に梯携（『紀』ではこの字を使っている）らが魏の皇帝からの詔書と印綬をたずさえ倭国にきたとしている。どうしてこの事件をこの個所に配したのかの細部はともかく、『紀』

の編者たちが、正始元年の外交事件より田道間守の常世国往来のほうを古くみていたことはわかる。

＊

ヒボコの後裔《こうえい》の田道間守を始祖とするのが三宅連だとして、但馬のほか、どの地に居住していたのだろうか。もちろん、ミヤケは屯倉《みやけ》とか宮家とかが設けられていたためについた地名もあるだろうから、峻別しなければならない。『和名抄《わみようしよう》』によると、大和国《やまと》城下《しきのしも》郡に三宅郷がある。現在の奈良県三宅町であるが、隣接の川西《かわにし》町結崎《ゆうざき》は中世の糸井《いとい》庄で、式内社の糸井神社が鎮座している。

『新撰姓氏録《しんせんしようじろく》』の「大和国諸蕃」の項に「糸井造　新羅人　三宅連同祖　天日桙命の後なり」と記していて、糸井造《いといのみやつこ》をヒボコ系の新羅の渡来系氏族に分類している。先に但馬のヒボコ集団がヤマトにも居地をもっていたのではないかと書いたが、この三宅郷とその周辺がその有力候補である。そういえば、三宅町には但馬、石見、三河の国名地名が残っている。

三宅連は、はじめは三宅吉士《きし》をなのっていた。六七二年の壬申《じんしん》の乱のとき、吉野《よしの》から尾張《おわり》へと進む大海人《おおあま》皇子（のちの天武《てんむ》）側に伊勢《いせ》の鈴鹿《すずか》で加わったのが国司守《くにのみこともちのかみ》の三宅連（このときは吉士）石床《いわとこ》であり、その功によって六八二年に姓を吉士から連にかえている。天武朝には、三宅吉士入石《いりし》なる人物が遣新羅の副使として新羅に派遣されているが、ヒボコ以来の家の伝統によったであろう。

今回は深く追究することはできないが、筑前《ちくぜん》の怡土《いと》の県主《あがたぬし》の祖五十跡手《いとて》が自らを「高麗国《こまのくに》意呂山《おろやま》に天より降り来りしヒボコ（日桙）の苗裔《すえ》」となのっている（『筑前国風土記』逸文）。仲哀《ちゅうあい》紀にも、伊覩《いと》県主の祖五十迹手《いとて》が天皇に屈伏した話がのこっている。

ここではヒボコが高麗（高句麗《こうくり》）と関係するものになっているが、朝鮮半島南部との地理的位置を考えると、伊都（伊覩、怡土）の地にヒボコ勢力の根拠地があるのは当然のように考えられる。

そういえば、怡土郡の東にある早良《さわら》郡には、郡の大領の三宅連黄金《こがね》とか早良郡の額田《ぬかた》郷の戸主の三家連息嶋《おきしま》など奈良時代の人名が散見する。三宅連黄金は、史料によっては三家連黄金とも表記しているので、三宅連に含めてよかろう。

ヒボコという人がいたか、それともヒボコに象徴されるような集団がいたのかはともかく、各地に強力な足跡をのこしているのは事実とみてよい。なお豊岡市や出石町では、ヒボコは土地の開拓者としての伝説をのこしているが、この由来はぼくにはわからない。

第8章　ヤマトタケルと白鳥

ヤマトタケルを考えよう。記紀の順序でいえば、イクメイリ彦（垂仁《すいにん》天皇）の次のオオタラシ彦（大帯日子または大足彦、景行《けいこう》天皇）の時代になった。

オオタラシ彦は、イクメイリ彦とその二度めの皇后ヒバス媛《ひめ》とのあいだに生まれ、即位の後に播磨《はりま》の稲日大郎姫《いなびのおおいらつめ》（大郎女）を皇后とした。イナビノオオイラツメは、一日に同じ胞《え》で二人の子を産んだ。いわゆる双子で兄が大碓《おおうす》、弟が小碓《をうす》、そのヲウス命《のみこと》が熊襲《くまそ》国を攻めたあとに新たな名としたのがヤマトタケルであるから、それまではヲウス命の名でよび、一般的にいう場合をヤマトタケルとする。

＊

ヲウス命の父、オオタラシ彦は妻と子がたいへん多く、主な男子だけで八十人（『記』では七十余人）、もちろん女子もかなりの数がいただろうから、成人後の男の子を各地の国《くにの》造《みやつこ》や県主《あがたぬし》に任命して、政治力を強める目的があったとはいえ、女性に熱心な性質もあったのだろう。

ヲウス命の母の説明をしよう。播磨（針間）は律令体制での国になる大きな地域名、そのハリマの稲日《いなび》（のちの印南《いなみ》）の女、ただし郎女《いらつめ》は豪族など支配者層の娘。しかも彼女は大郎女（姫）と別扱いされている。

『播磨国風土記』では、稲日大郎女の両親は、父が丸部臣《わにべのおみ》らの始祖、ヒコナムチ（比古汝茅）、母をキビヒメ（吉備比売）にしている。『紀』では、父を吉備臣《きびのおみ》らの祖、ワカタケキビツヒコ（若建吉備津日子）としているから、いずれにしても、吉備勢力と深い関係にあった出自であるとみてよかろう。

オオタラシ彦には、すごい数の妻と子がいた。妻を得るために努力をした結果、やっと成就したと思わせる話が『播磨国風土記』にでている。オオタラシ彦は、印南の大郎女（別《わき》嬢《いらつめ》）に求婚するため、自ら苦心の旅をして播磨へ行った。そのあと強引に女の家へおしかけるのではなく、土地の豪族である山直《やまのあたい》らの始祖、息長命《おきながのみこと》を媒《なかだち》(今日の仲人)にたて、しかも慎重にことを運んでいる。

この話の細部はなかなかおもしろいが、ここでは省く。さらに大郎女の死と墓作りの物語へと展開し、大郎女の墓をどうして褶墓《ひれはか》というようになったかなども述べている。その褶墓だとされている前方後円墳の日岡《ひのおか》古墳が、加古川《かこがわ》市大野《おおの》の日岡古墳群にある。四世紀ごろの前期古墳である。

ヲウス命は、一般にはヤマトタケルの名で親しまれていて、古代史だけでなく文学からの研究も多いが、ぼくのみるところ、その人物像については次の四つになる。
(1)物語通りの実在の人物とみる。
(2)実在に近い人物がいて、次第に理想化されたが、記紀の編纂されるころには実在とみられていた。
(3)何人かの実在の人物像を総合して創作された架空の人物である。
(4)記紀のうえで創りだされた人物である。
ぼくは、以下に述べる理由から、(1)と(4)は認められないが、(2)ないし(3)で捉えられそうだと考えている。まずその理由を述べよう。

＊

冬の朝、東海道新幹線で東京へ行くとする。滋賀県へ入ってしばらく走ると、前方に雪でおおわれたひときわ高い山が聳《そび》えている。米原《まいばら》駅をすぎるころから、その山容は巨大さをまし、神々しくもあり、見る者を威圧する。近江《おうみ》と美濃《みの》の境にある霊峰、伊吹山《いぶきやま》である。

記紀によるとヤマトタケルは、伊吹山に登って命を落とす原因をつくっている。尾張《おわり》の宮簀《みやす》媛《ひめ》の家に、草薙《くさなぎ》剣をおいたまま、荒ぶる神のいると聞いた五十《い》葺山《ふきやま》（膽吹山、伊服岐能山）についた。草薙剣については、『日本神話の考古学』で一章をもうけたので、ここでは省く。

ミヤス媛は、名古屋《なごや》市あたりの女の豪族として描かれているが、古地理上での必要なことをいうと、後に草薙剣をまつるようになる熱田《あつた》神宮の所在地は、伊勢《いせ》湾の要の位置にある宮《みや》の港をひかえ、さらに名古屋市の西方から北西にひろがる濃尾《のうび》平野には、古代には味蜂間《あはちま》（安八）潟があって、その先端は岐阜県大垣市の近くまで湾入していた。古地形を復原すれば、ミヤス媛の家から伊吹山の東麓近くまでを船で移動することができたという状況だった。別の表現をするならば、伊吹山への道中は海部《あま》郡を通過したわけで、潟・河川・沿海の水上交通の発達した土地なのである。

『記』によれば、ヤマトタケルは伊吹の神を軽視して「この山の神は徒手《むなて》に直《ただ》に取りてむ」

といって山に登った。すると、牛ほどもある白猪にであったが「この白猪は神の使者だ。帰りに殺そう」とうちすてておいた。すると（神は）大氷雨を降らして、ヤマトタケルの体力が失われてしまい、ようやく麓にたどりつき、そこの清水で正気にもどった〔その後、この時の傷が原因となり命を落とす〕。

『紀』では、山の神は大蛇の姿であらわれ、雲をおこして氷を降らせ、ヤマトタケルが疲れはてて山麓の泉にたどりつき、その水を飲んで、体力を回復した。その泉を居醒泉《いさめがい》とよび、今日、滋賀県米原町にある醒井《さめがい》はヤマトタケルの伝承地として銅像がたてられている。銅像はともかく、水の美しい泉である（この伝承の泉は、岐阜県側にもある）。

ぼくは子供のころから、ヤマトタケルが伊吹山で山の神に苦しめられ、ついに命を落とす原因になったのは、たんなる伝説だと思っていた。ところが、少なくとも八世紀の初めにも、その話が地元に伝えられていたとみるべき史料がある。

藤原不比等《ふひと》の子の藤原武智麻呂《むちまろ》が近江の国守になったとき、伊福（伊吹）山の頂に登りたいといいだした。土地の人（土人）がこの山は「疾風雷雨、雲霧晦瞑《くわいめい》、群蜂飛螫《ひせき》」（意味はあとで説明する）の怖ろしい山で、昔、ヤマトタケルが登ろうとして、神によって害され白鳥になって飛び去った、といってとめたが、武智麻呂は鬼神の怖ろしさをよく知っているから、害をくわえないだろうとしてついに登りきったという。

これは、『藤氏家伝《とうしかでん》』下巻の「武智麻呂伝」におさめられていて、武智麻呂が近江の国守をしていたのは和銅《わどう》五年（七一二）から霊亀《れいき》二年（七一六）のあいだ、したがって八世紀の初めの近江の坂田《さかた》郡に、ヤマトタケルの伊吹山での苦難の話が伝わっていたとみてよかろう。突風や雷雨、それに雲と霧でまっくらで、すごい数の蜂が飛んできて刺す、怖ろしい山として描かれている伊吹山、ところがその山の頂（一三七七メートル）で縄文時代の石鏃《せきぞく》がしばしば採集されている。このことは「第二回春日井シンポジウム」で兼康保明《かねやすやすあき》さんが発表した（『ヤマトタケル――尾張・美濃と英雄伝説』大巧社、一九九五年、に収めた）。

縄文人が狩りで訪れて、使った矢の先（鏃）が偶然地上にのこされたという状況ではなく、信仰の目的でこの山頂で石鏃に加工し、山の神に奉ったとみられる。別の見方をすると、武器を供えることで山の神を威嚇したのであろう。いずれにしても、ヤマトタケルが命を落とす原因となった伊吹山の怖ろしさは、縄文時代以来、地域の人びとには周知のことであり、それがヤマトタケルの物語に取りいれられたのであろう。なお、藤原武智麻呂にそのことを教えた土人とは、坂田郡の郡司クラスの人、郡司だから土地の由緒ある家柄の者だとぼくはみている。

＊

藤原武智麻呂が伊吹山の山頂をきわめるより少し前の大宝《たいほう》二年（七〇二）に、倭建命《やまとたけるのみこと》の墓が震動したので、政府は使いを遣わして祭っている（『続日本紀』）。おそらく局地的な地震によって墳丘に地崩れなどの被害がでたのであろう。

この約二十年間、地震考古学という新しい分野が進んできて、たんに過去の地震の痕跡を古墳や集落遺跡から確かめるだけでなく、それぞれの土地の地震の歴史をたどることで、予知にもつながるものとして注目されている。この分野での研究の開拓者は寒川旭《さんがわあきら》さんだが、その寒川さんが最初に地震があった痕跡とみたのが、大阪府羽曳野《はびきの》市にある誉田山《こんだやま》古墳（宮内庁のいう応神《おうじん》陵）の前方部の墳丘の損壊個所だった。

その後、大阪府堺《さかい》市の大山《だいせん》古墳（宮内庁のいう仁徳《にんとく》陵）の墳丘のいたみについても、典型的な地震による地すべりだと推定されるようになり、いわゆる天皇陵古墳がさほどの人の手が加えられずに伝えられてきた（中世に畑になったところはある）ため、地震研究には絶好の土地として注目されている。この点からも、天皇陵古墳へ学者の立ち入りを認めることがいかに大切かがわかるだろう。

このように地震考古学の発達によって、七〇二年に地震があったことだけでなく、その時点では政府（都は藤原京）がヤマトタケルの墓を管理していたこと、したがって当然のこととして、ヤマトタケルの墓が実在していたことがわかる。先ほど、一般に考えられがちなヤマトタケル像について、たんなる創作という見方をぼくがとらなかった理由の一つはこの史料である。

七〇二年に地震の被害をうけたヤマトタケルの墓は、『延喜式《えんぎしき》』に記載されている能褒野《のぼの》墓であろう。後に述べるように、記紀ではヤマトタケルのため三カ所に墓（記紀ともに陵または御陵）を作っているが、この地震の被害がでたのは、ヤマトタケルが死んだ土地であり、『紀』に伊勢国の能褒野陵に葬るとある伊勢の墓であろう。候補となる古墳については『ヤマトタケル』のなかで検討されているので、ここでは省く。

＊

ヤマトタケルの墓は、『記』では白鳥《しらとり》御陵、『紀』では白鳥陵とよんでいる。美しい名称である。ところが、厄介なことには記紀には白鳥陵（御陵）が三つある。もちろんこのほかにも、白鳥古墳とか白鳥塚とよばれる古墳が各地にある。この問題は、全国的なひろがりをもつ白鳥神社の存在とからめて考える必要があるだろう。

三つの白鳥陵については『紀』の話が簡潔である。能褒野陵に葬ると、ヤマトタケルは白鳥になって、陵より出てヤマト（倭）の国を指して飛んでいった。そこで棺櫬《かんしん》（ひつぎ）を開いてみたら、衣服だけがのこって屍骨《しこつ》はなかった。そこで白鳥を追うと、倭《やまと》の琴弾原《ことひきのはら》にとどまったので、そこに陵を造った。ところが白鳥はまた飛んで、河内《かわち》に至って舊市《ふるいちの》（古市）邑《まち》にとどまったので、そこにも陵を作（河内のは作、倭のは造）った。人びとはこの三陵を白鳥陵とよんだ。だが、ついに白鳥は天高く翔《と》んでいった。そこで御陵にはヤマトタケルの衣冠だけを葬ることにし、ヤマトタケルの功名をつたえるため、武部《たけるべ》を定めた。

『記』では、能褒野での御陵作りのあと、のこされた后や子らによる葬儀のようすを詳しく述べ、八尋白智鳥《やひろのしろちどり》になって天に翔《か》け、河内国の志幾《しき》にとどまったので、そこに御陵を作ったが、再び天に翔け飛んだとしていて、白鳥陵は『紀』のように三カ所にあるのではなく、伊勢と河内の二カ所になっている。それと舊（古）市と志幾とでは郡域が異なる。具体的にいえば、同じ古市古墳群とはいえ、その北よりの古墳が志幾（『紀』）郡内にあり、南よりの古墳は古市郡内にある。このことが次に述べることに、関係するのである。

白鳥とヤマトタケルについて、興味ぶかい話が『紀』にでている。タラシナカツ彦（仲哀《ちゅうあい》天皇）はヤマトタケルの第二子である。父に似て身長が十尺もある大男だった。

タラシナカツ彦が即位した年の十一月に、群臣たちに次のようにいった。「自分が若いときに父の王（ヤマトタケル）はもう死んでいた。その神霊は白鳥になって天にのぼってしまった。父をおもう気持ちは一日もやすむことがない。そこで、白鳥をとって陵域の池に養《か》ってはどうだ。白鳥を見ながら、父をしのんでみたいのだ」。その意志をうけて、諸国に白鳥を献上させることになった。

さっそく、越国《こしのくに》が白鳥四羽を貢いできた。越国の範囲はひろく、越前《えちぜん》(福井県東部)から少なくとも新潟県、七世紀ごろには秋田付近までを含めていたようだ。だが、この場合の越は、富山県か石川県、あるいは福井県のあたりだろう。

白鳥を送ってきた使人は、菟道河《うじ》のほとりに宿っていた。宇治は、古代には水陸交通の要衝だから、北陸からの公的な任務での旅人が利用する施設があったのだろう。ただし古墳時代ごろには、平等院のある宇治よりも北西に三キロほど行った岡屋《おかや》が要衝だったようだ。

タラシナカツ彦に弟がいた。アシカミノカマミ(蘆髪蒲見)別《わけ》王、『紀』ではタラシナカツ彦の異母弟、ということは父はヤマトタケルである。この弟は、兄の方針に反発して、その白鳥を取りあげ、こともあろうに「白鳥も焼けば黒鳥」といって、白鳥をどこかへもって行ってしまった。越国からの使人は、そのことをタラシナカツ彦に訴えた。そこで、先王に礼なしとして、兵をだして弟を殺してしまった。そのことを世間では「父は天、兄は君、天をあなどり君の方針にそむいたのだから、殺されても仕方ない」といったという。

＊

水鳥形埴輪とよばれる遺物がある。南は鹿児島県大崎《おおさき》町の横瀬《よこせ》大塚《おおつか》、北は岩手県の胆沢《いさわ》町の角塚《つのづか》古墳までの日本列島のほぼ全域の古墳から出土していて、古市古墳群では最大規模の誉田山古墳にもある。

水鳥とはいうけれども、なかには鵜《う》とか鶴かとおもうものもあるが、その多くは今日よく湖沼などで見かける白鳥の姿そっくりである。ただ残念なことに、白色に塗った例はないから、姿・形から水鳥と推定しているのである。おかしなもので、水鳥形埴輪というと歴史との関連がわからない。だが「白鳥の埴輪」とよびかえると、ヤマトタケル伝説の資料にもなりそうだ。

大阪府藤井寺《ふじいでら》市に、陵墓参考地になっている津堂城山《つどうしろやま》古墳がある。墳丘の長さ二〇八メートルの巨大な前方後円墳で、広い内濠の外に堤があり、さらに外濠がめぐっている。明治の末年、後円部にある八幡社の旧跡地に記念碑をたてていたところ、長持形石棺をおさめた竪穴式石室が見つかり、銅鏡や玉類などが発掘され、宮内庁に保管されている。河内の巨大古墳の副葬品を知るうえで貴重な資料だが、なにぶん学術調査ではないため、遺物の種類や数、置かれていた場所などで不明の点が多いのは残念である。

津堂城山古墳は、陵墓参考地になっているとはいえ、後円部の頂上とその周辺だけが指定されているため、墳丘の周辺には開発の荒波がおしよせてきた。先ほどの『紀』の用語での「陵域」の部分に人家が建ったりしだした。そのため藤井寺市教育委員会は、周辺部の調査をくりかえしおこなっていたところ、一九八三年に前方部の南東側の内濠の内部に、石をつんだ島状のたかまりが見つかり、そこに大きな水鳥二つ、小さな水鳥一つ、計三個の埴輪がたっていた。

これは今までの水鳥形埴輪の置かれ方とは違っている。当時の状況に復原してみると、濠が満水になって島状のたかまりが水没し、埴輪を固定する台も水にかくれると、まるで水鳥が浮かぶように水面のうえにでているのである。

津堂城山古墳の発掘現場を見学したとき、まず頭に浮かんだのが、先ほどの仲哀紀の白鳥を陵域の池に養う話だった。そこからいろいろな考えが展開する。

⑴古代史を専攻する和田萃《わだあつむ》さんは、「第二回春日井シンポジウム」で、「ヤマトタケル伝承の成立過程」(『ヤマトタケル』)を発表し、そのなかで津堂城山古墳にふれ、「『記』にみえる〝河内の志幾の白鳥陵〟は津堂城山古墳とされていたと思う」と述べている。

⑵これもすでに述べたように、主として中期古墳で水鳥形埴輪をたてるのは特定の古墳ではなく、「第二回春日井シンポジウム」で八賀晋《はちがすすむ》さんが集成した表では、二十府県、五十一の古墳に出土例はおよんでいる。ぼくはまだきちんと整理したわけではないが、その五十一例のなかでは津堂城山古墳の例はかなり古いものであり、この例が出発点になって、水鳥形埴輪を立てることが流行しだしたともみられる。とはいえ、今のところでは水鳥形埴輪を立

てている古墳が各地にある事実から、仲哀紀の話が創られたと解しておこう。

⑶水鳥、とくに白鳥を古墳の濠に放ったとしても、白鳥は冬の渡り鳥である。だから水鳥形埴輪は、白鳥のいない季節だけに立てられたという見方も捨てきれない。いずれにしても、津堂城山古墳の水鳥形埴輪は、普通いうところの葬送儀礼を前提にした埴輪というより、古代的な意味での庭を飾った作り物的であり、広義の土《はに》（埴）物《もの》であろう。

　このように述べてくると、水鳥形埴輪に示されている水鳥そのものについて、自然に飛来してくる鳥だけではなく、それを捕まえたり、養いならしたりする職業集団の存在も想起される。鳥《と》取《とり》部と鳥養《とりかい》部である。

　鳥取部については、第6章で少しふれた。イクメイリ彦の子、ホムチワケが言葉をいえるようになるのに鳥取氏が関与する。垂仁紀では、その個所で「鳥取造《ととりのみやつこ》の祖、天湯河板挙《あめのゆかわたな》（田奈）」の名がでてくる。

　注目してよいのは、津堂城山古墳の東方約三キロに式内社として天湯川田《あめのゆかわだ》神社があり、神社に接した小字名「戸《と》坂《さか》」に奈良時代に創建された高井田《たかいだ》廃寺がある。この寺は出土した墨書土器に鳥坂寺とあることから、小字名の戸坂は鳥坂、鳥取氏宗家の氏寺とみてよさそうである。

　鳥取郷は、律令体制では河内の大県《おおあがた》郡に含まれ、志紀郡とは隣りあっているが、律令体制以前の志幾（『紀』では志貴）は北にひろがる大きな地域で、八尾《やお》市のあたりまで達していた。なお、立派な伽藍を造営したころの鳥取氏が、まだ鳥の捕獲にかかわっていたとはおもえない。鳥取郷の位置は、水陸交通の要地、そのことがこの氏の経済的繁栄の一つだったのであろう。

＊

ぼくはまだヤマトタケルの古墳にこだわっている。というより、こだわるのが当たり前といえるほど史料があり、文学史的なヤマトタケル論ではそれが軽視されすぎていた。

タラシナカツ彦よりさらに後の、オホサザキ（仁徳《にんとく》天皇）の時代のことである。オホサザキは自分が生きているあいだに陵の場所を定め、造営にとりかかったことが記紀のうえからわかる珍しい例である。いわゆる寿陵の造営である。

オホサザキは、白鳥陵の陵守らに何かの土木工事での労力の提供を命じた。つまり役丁《えよほろ》に充てた。オホサザキが工事の現場にくると、目杵《めき》という名の陵守が白鹿になって逃げた。それを見てオホサザキは、「この陵は、空になっている。だから陵守を廃止してもよいとおもって普通の扱いにしたが、今日の奇怪な状況をみると、懼《おそ》れをおぼえる。元のように陵守にしておこう」といって、土師連《はじのむらじ》らの管理にもどした。

この話は、仁徳紀の六十年のこととしている。白鳥陵という固有名がこなれていること、その古墳が、白鳥伝説のように屍骨のない空墓であること、空墓だから陵守をおいて管理する必要がないなどと理路整然と話が展開する。想像をめぐらすと、『紀』にある話のことだから、この場合の白鳥陵は志幾にあるのではなく舊市邑の白鳥陵だろう。

古市古墳群のなかでも、律令体制下の古市郡内にある白鳥陵の候補となる古墳が二つある。一つは羽曳野市の古市前山《ふるいちまえやま》（軽里大塚《かるさとおおつか》）古墳で、現在は宮内庁が白鳥陵として管理しているが、根拠は弱い。

古市古墳群で、『紀』が白鳥陵とよんでいる可能性の大きいのは、羽曳野市軽里《かるさと》にある峯《みね》ケ《が》塚《つか》古墳である。この古墳の近辺の伊岐《いき》谷には寛永《かんえい》（一六二四―四四）末期まで白鳥神社があり、後円部の遊歩道部分だけの発掘によって若干の副葬品が出土していて、中期末の年代が推定される。

そうなると、白鳥陵の陵守目杵がでている仁徳紀をこの場合の年代の定点とすると、仁徳の治世以前に白鳥陵があったことになっているので、峯ケ塚古墳はふさわしくないことになる。しかし、これはあくまでも記紀の年代なるものに依拠した場合のことであり、強くこだわることではない。なお峯ケ塚古墳からは、棺の断片かどうかは不明だが、阿蘇《あそ》凝灰岩の破片がでており、わざわざ九州から用材を運んでいることがわかる。この古墳の年代である五世紀末ごろ、古市古墳群では長持山《ながもちやま》古墳や唐櫃山《からとやま》古墳などに阿蘇凝灰岩製の石棺が使われており、わざわざ九州から石棺を運んでいる。だから、その原因はともかく、峯ケ塚古墳だけの特異例とみることはできない。

『令集解《りょうのしゅうげ》』の喪葬令に遊部《あそびべ》のことがでている。遊部とは、今日流にいえばお葬式にかかわる技能集団で、死者と幽顕（明）境を隔てるとき凶癘《きょうれい》な、つまり荒れすさんだ魂を鎮めることを担当する氏である。和田萃さんは、遊部について説明した「野中《のなか》古市の人の歌垣の類、是なり」の喪葬令の一節に注目した。「野中古市」は峯ケ塚古墳に近く、『記』のヤマトタケルの葬儀の話にでている御葬歌などが遊部の歌垣にかかわるかとみた（『ヤマトタケル』に収めた前掲論文）。

なお「野中古市」についていえば、野中も古市も古代の郷名だが、古市郷が古市郡にあるのにたいして、野中郷は丹比《たじひ》郡であり、至近の距離にあるとはいえ郡域を異にしている。このあたりは、ぼくが若かったころ歩きまわったところだから、土地勘がある。遊部は、野中郷と古市郷にいたということか。古墳時代の中期以後になるか、後期以降になるか、微妙な問題だが、野中は百済《くだら》系の船《ふな》氏の居住地、古市は西文《かわちのふみ》氏の居住地、それぞれ野中寺《やちゅうじ》と西琳寺《さいりんじ》を建立している。

遊部なるものが、そういう渡来人定着以前のことを示しているのか、それとも以後のことか、むずかしい問題が山積している。いずれにしても、ぼくがヤマトタケルについて、実在に近い人物かそれとも何人かの人物像を集めた物語という考えを強めている理由を、長くなったけれども披露できたと思う。

＊

ヤマトタケルの物語に進もう。記紀ともに、三野《みの》（『紀』では美濃）が重要な存在として描かれる。三野の国造の祖の娘に美人として聞こえていた姉と妹がいた。兄比売《えひめ》（『紀』では兄《え》遠子《とおこ》）と弟比売《おとひめ》（弟遠子《おとおこ》）である。そこでオオタラシ彦がその二人を召そうとして、ヲウス命の兄オオウス命を派遣した。ところが、オオウス命は姉妹と婚《まぐわ》ってしまい、別の女をオオタラシ彦にさし出した。

そのことも原因の一つとなり、オオタラシ彦とオオウス命との関係が悪くなったとき、ヲウス命は、早朝、厠《かわや》に入ろうとした兄のオオウス命を堅くしめあげ、枝（手足）をもぎとり、薦《こも》につつんで捨ててしまった（『記』）。この話には、ヲウス命の「建《たけ》くして荒い」一面が描かれている。後にクマソタケル（熊曾建）を殺すときにも、「熟瓜を振りくだくようにして殺した」とあって、『記』ではヲウス命の強烈さを伝えようとしている。

『紀』では、オオタラシ彦がオオウス命を女性のことで恨むようになったとしているが、皇子なりの処遇をしていて美濃に封じたとあって、身毛津君《むげつきみ》と守君《もりのきみ》の始祖になったとしている。身毛津は、身毛、牟宜津、牟義都、武義、武芸などであらわし、岐阜県関《せき》市とその周辺の大豪族で、壬申《じんしん》の乱でも身毛君広《むげつきみひろ》が活躍する。『新撰姓氏録《しんせんしょうじろく》』では、大田宿禰《おおたのすくね》、阿礼首《あれのおびと》（河内皇別）、池田首《いけだのおびと》（和泉《いずみ》皇別）をオオウス命の後とし、守公は左京と河内の皇別にいれているから、美濃のほか河内と和泉にも本来勢力をふるっていたとみられ、ヤマトタケルに光をあてるため、影の薄い人物像に歪《ゆが》められたとみてよかろう。

ヲウス命が熊襲（『記』では熊曾）攻めに出発するにさいして「善き射者（弓を射る者）を得て連れて行きたい」と希望をいったとき、「美濃国に弟彦公《おとひこのきみ》がいます」という人があったので、弟彦公を喚《め》し出したところ、石占横立《いしうらのよこたち》と尾張の田子稲置《たごのいなき》、乳近稲置《ちぢかのいなき》をも率いてきたという（『紀』）。石占は、伊勢国桑名《くわな》郡の地名、それを手がかりにすると、美濃国の弟彦公が伊勢と尾張にも勢力をのばしていたことがわかる。記紀での話の順序はともかく、美濃がオオウス命の勢力下にあったとする『紀』の記述を重視すると、熊襲との戦いにはオオウス命の参加もしくは支援があったとみるべきではなかろうか。

美濃国には、建部《たけるべ》がいたか、あるいは建部のついた地名を示す史料が五つ知られていて、近江国とともに多い（『ヤマトタケル』に付載された表参照）。建部は、ヤマトタケルの功名をつたえるために設置された名代《なしろ》としての武部（建部、健部）ではなく、先学が説くように軍事集団とみてよかろう。それがヤマト政権だけのものか、それとも有力な大豪族ももっていたかの検討はさらに必要になる。

八賀晋さんは、美濃の赤坂《あかさか》にある金生山《きんしょうざん》に赤鉄鉱の大鉱脈のあることに注目した。その鉄の成分が岐阜県の古墳出土の鉄製武器の成分と近似していることから、美濃には古墳時代に鉄製武器の製作集団がいたと推定し、美濃国の善き射者とは、鉄製武器の製作地であり、かつそれを使う軍事集団の存在を象徴的にいった言葉だととらえた。

先ほど述べた伊吹山は、近江と美濃にまたがる霊山であり、ヤマトタケルが伊吹の神の怒りにふれたということは、美濃の人びとからの支援がとだえたということを意味していたのであろう。

＊

ヤマトタケル伝承のうち、熊襲のことについては『倭人・クマソ・天皇』（大巧社、一九九四年）で詳しく論じたので今回はふれない。東国や出雲との関係についても、まだ熟していないのでふれない。のこされた紙数を古墳の説明に集中しよう。

『紀』ではすでに述べたように、伊勢についで墓を作ったのがヤマト（倭）の琴弾原《ことひきのはら》である。琴弾の地名は、『紀』の允恭《いんぎょう》天皇四十二年に、新羅《しらぎ》からの弔使がヤマトの耳成山《みみなしやま》や畝傍山《うねびやま》を愛《め》でたときに、琴引坂があらわれている。そのような土地関係から、ヤマトの琴弾の白鳥陵を御所《ごせ》市の掖上鑵子塚《わきがみかんすづか》古墳にあてる見方が古くから有力である。

御所市にあるとはいえ、畝傍山寄りにあり、しかも小盆地といってよいような閉ざされた景観の変わった立地条件にある。墳丘の長さは一五〇メートルで、周濠のあった痕跡をとどめた中期の前方後円墳である。後円部には竪穴式石室に長持形石棺が安置されていたと伝え、遺物の一部がのこされているが、五世紀の豪華な挂甲《けいこう》や帯金具などが知られている。

一九三八年、この古墳の後円部南側の濠内で、土地の人が頭部を欠失した鳥形埴輪を掘り出した。その後、この古墳から水鳥形埴輪も見つかっているが、古墳のどの地点にあったかはわからない。

断片的な情報を集めると、津堂城山古墳よりは後、峯ケ塚古墳よりは前、年代の見当をいえば五世紀中ごろぐらいかと推定している。いずれにしても、『紀』がヤマトの白鳥陵にしていたのは、掖上鑵子塚古墳の可能性が大きい。

*

記紀の白鳥陵伝説では、(1)屍のない場合でも古墳を造営し、それを管理していたこと、(2)したがって一人物が二ないし三の古墳に被葬者として関与している場合のあることなどを、古墳研究を進めるさいに注意すべきこととして示唆する。

最後に一つの資料を紹介しよう。一九七七年の『文物』第九号に掲載された後漢代の夫婦を合葬した墓室の磚《せん》（煉瓦）の銘文である。場所は遼寧《りようねい》省蓋《がい》県九壠地《きゆうろうち》にあり、磚の一つに「永和《えいわ》五年造作」と記されている。永和五年は一四〇年に当たる。紀年銘をもたない別の磚には、二行になって次の銘文がある（句読点は森博達《もりひろたつ》氏の協力をえて便宜上つけた）。

嘆曰、死者魂帰棺槨、無妄飛揚　行無憂、萬歳之後乃復会。

ぼくの印象としては、〝死なば魂は棺槨に帰るもので、みだりに飛揚してはいけない。（もしどこかへ行ったとしても）憂うことはない。万歳の後にまた会おう〟。

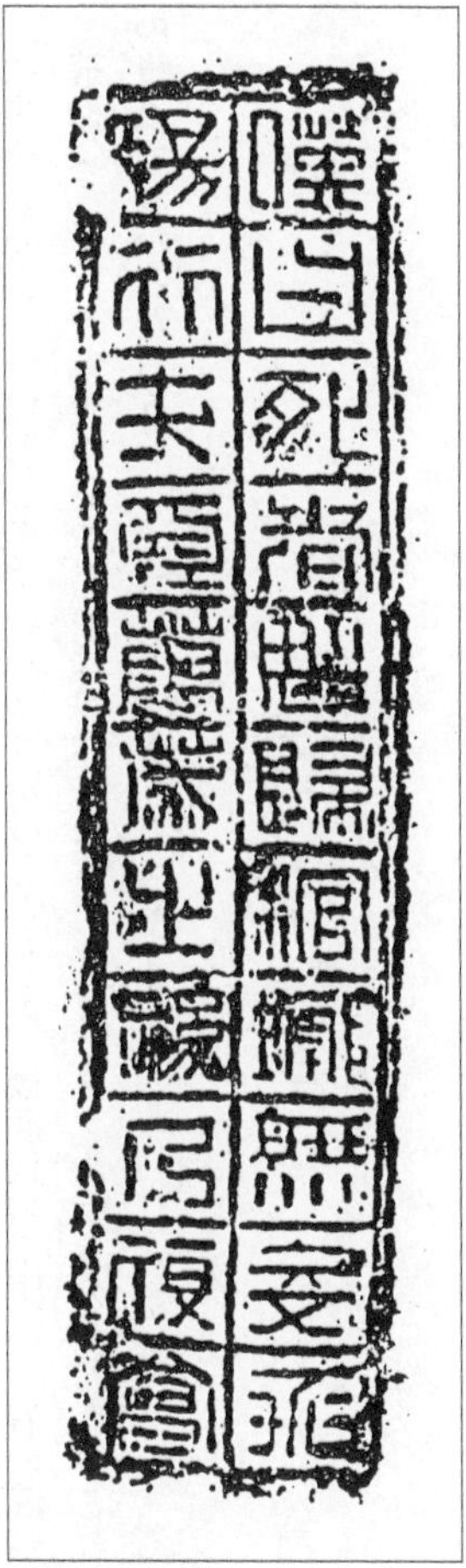

後漢墓の磚の銘文
磚の長さ 36.5 センチ、厚さ 8.5 センチ
（『文物』1977 年第 9 号より）

意味をこのように理解してよいかどうかはともかく、後漢代の中国に死者の魂が棺槨を出て飛揚するという考えがあったのは参考になる。ヤマトタケル伝承の検討も、これから万歳の後までかかるだろう。

第9章　オオタラシ彦の大旅行

一九九九年春から、仕事場を京都市内の繁華街近くに設けた。四条《しじょう》通から北へ御幸町《ごこまち》通を少し行ったところ。そこで仕事場のことを、いつしか「午後はゴコマチにいます」のように呼ぶようになった。

京都の御幸町の由来は、豊臣秀吉《とよとみひでよし》が禁中参内に通ったからだとか諸説あってはっきりしない。要するに近世になってあらわれる地名のようだ。ところが同じ字を書いて、ミユキマチと読ませる地名が、北海道から九州まで日本列島中に数十あり、明治天皇が旅で立ち寄ったことに由来する地名のようである。以前、前田良一《まえだりょういち》氏が、旅をする人としての「明治天皇」を書いていたが、なかなかおもしろかった（『まほら』二〇号、旅の文化研究所）。

前田さんがいうように、御幸《みゆき》とは天子の外出で行幸ともいう。だが、明治天皇の御幸は、それまでの天皇とは桁《けた》はずれの回数と規模でおこなわれた。たしかに「明治天皇は日本全土を視察した史上最初の最高権力者であろう」。ぼくも賛成なのだが、伝承のうえでは、明治天皇に引けを取らないほどの旅をした古代人がいた。前章のヤマトタケルもそうだが、その父のオオタラシ彦（景行《けいこう》天皇）は、旅する権力者として『紀』に強調して描かれている。本章ではオオタラシ彦の旅を扱ってみよう。

＊

『記』では、ヤマトタケルが旅をする人であり、オオタラシ彦は旅をしない人として描かれている。これにたいして『紀』では、オオタラシ彦はよく旅をした。『紀』の順序でみると、三年には紀伊《きい》、四年には美濃《みの》、十二年には、周芳《すおう》（周防）から九州に入って熊襲《くまそ》を討ってている。熊襲を討ったあと、日向《ひゅうが》、筑紫《つくし》、火国《ひのくに》、筑紫後国《つくしのしりのくに》（のちの筑後《ちくご》）をまわってヤマトに帰っている。この九州巡狩については後に述べる。

巡狩というのは、中国の天子が諸国を回って治安や人民のようすを視察することで、巡守とも書く。『紀』では、オオタラシ彦が「筑紫国を巡狩した」と使っている。以下も後に述べるが、オオタラシ彦は、ヤマトタケルの死後に「子をしのぶため、ヲウス命《のみこと》（ヤマトタケル）の平らげた国（東国）を巡狩しよう」として旅をしていて、そこでも巡狩が使われている。『紀』では、ヤマトタケルの子タラシナカツ彦（仲哀《ちゆうあい》天皇）の南国（のちの南海道の一部）行きにも巡狩が使われている。

新羅《しらぎ》の真興王《しんこうおう》は領土を拡張し、太昌《たいしょう》元年（五六八）に家臣や僧とともに領土を巡狩し、各地に記念としての巡狩碑をのこしている。これは伝承ではなく、史実である。

巡狩の二字にこだわると、『紀』でのオオタラシ彦の人物像づくりに、六世紀代の真興王の事績が影響しているのではないかと思う。真興王は太昌という中国風の元号を用いた王でもあるが、『紀』ではオオタラシ彦の即位元年に、「因りて改元す」という注目すべき記事がある。ただし、それに続いての元号らしいものの記述はない。

『紀』の話をつづける。二十五年には、武内宿禰《たけしうちのすくね》を北陸と東方諸国（東国）に派遣して、地形と百姓の消息を視察させている。武内宿禰の北陸と東国への旅も『記』にはない。なお、東国より帰った武内宿禰のもたらした情報のなかに「東方に日《ひ》高見国《たかみのくに》があって、男女とも髪形が椎結《つちむすび》で、文身（入れ墨）をしていて、勇悍《ゆうかん》で、その人たちを蝦夷《えみし》という。土地はよくこえて広く、領土にとろう」という有名なくだりがある。以上は伝承ではあるが、未知の土地についての情報は、もたらされるものではなく、積極的に旅をすることで獲得するものとする点は、オオタラシ彦と武内宿禰の話に共通している。

景行紀での遠い国への旅をした人といえば、ついヤマトタケルが頭に浮かぶが、オオタラシ彦自身も大旅行者であり、武内宿禰も北陸から東国への旅をした。さらに東国に派遣されるヒコサシマ（彦狭嶋）王の子ミモロ（御諸）別《わけ》王もそうだったが、ミモロ別王はその後ヤマトに帰ったのかどうかは、記事のうえからは不明である。

ヒコサシマ王のことを先に書く。この王を東山道十五国の都督《ととく》（中国の魏・晋時代の軍政官、倭王の珍《ちん》、済《せい》、武《ぶ》も称号に用いていた）に任命したが、病気になって死んでしまい、任地へは行かなかった。すると、東国の百姓（人びとの意味）が王の来なかったことを悲しんで、「ひそかに王の屍を盗んで上野《こうずけ》国に葬った」と『紀』に述べている。古墳研究にとって見逃せない話だ。

＊

想像をめぐらすと、次のような状況になる。ヒコサシマ王の古墳がヤマトのどこかに造営されたとして、埋葬施設から遺体を掘り出す。高温多湿の日本列島のことだから、ミイラ化した例は少なく、すぐに骨になる。骨を持ち出し、それを都督のいることになっていたと推定される上野国に、前方後円墳を築いて葬る。もっと厳密にいえば、王の骨があることが前提になって、ヤマトにあるような前方後円墳の造営が可能になる。

このヒコサシマ王の屍を盗んで、上野に葬ったとする話は、前方後円墳が約三百年のあいだ日本列島各地に造営される理由を、一例ではあるがよく物語っている。ぼくの想像をくわえると、具体的な範囲はつかめないものの、東山道十五国の都督の墓だから、それぞれの国にある古墳より規模が大きいはずであり、ヒコサシマ王が健康で任地で暮らしてから死んだのであれば、当然その地位にふさわしい古墳が上野のどこかに造営できたであろう。だから、任命されたかぎりは、任地へ来ることなく死をむかえても、上野にその地位にみあった墓（古墳）を造営すべきだという理屈なのだろう。

　オオタラシ彦は、ヒコサシマ王の子ミモロ別王を東国に派遣し、蝦夷の経営もおこなわせ、子孫は上毛野《かみつけぬ》氏や下毛野《しもつけぬ》氏として繁栄した。志田諄一《しだじゅんいち》氏が説くように、ミモロ別のミモロはヤマトの御《み》諸山《もろやま》（三輪山）に関係があり、ヒコサシマ王やミモロ別王の伝承は、上毛野氏の「墓記」にあって『紀』に採用されたと推定される（「東国の底力の源泉――関東」〈『列島の地域文化』日本の古代2、中央公論社、一九八六年〉）。

「墓記」は「家記」かともいわれているが、持統《じとう》天皇の五年（六九一）に、十八の氏にたいして「墓記」を上進させたことが『紀』にでており、十八の氏に上毛野氏が含まれている。そこに下毛野氏のないことからみて、ヒコサシマ王の屍を上野国に葬ったとする伝承は、上毛野氏のものだったとみてよかろう。

群馬県には、ヒコサシマ王の伝説をもつ古墳は約十基あるけれども、それぞれの伝説の由来の検討はしていない。だが、ヒコサシマ王の実在性や、『紀』にあるようなできごとがあったかどうかは別にして、持統天皇五年の上毛野氏の「墓記」にヒコサシマ王の墓の伝えがあったとしたら、そのころヒコサシマ王の墓として扱われていた古墳が上野にあった可能性は大きい。それが前期古墳なのか、「墓記」の年代に近い終末期古墳なのか、あるいは中期か後期の古墳かは見当がつかない。いずれ考えてみる価値はあるように思う。

＊

オオタラシ彦の九州への旅の動機は、〝熊襲が反いて朝貢しなかった〟ことである。記事のうえでの関係だが、それ以前に朝貢していたかどうかはわからない。要するに熊襲の存在が原因である。そこで、熊襲についての私見をまず述べることにする。

『魏書』東夷伝倭人条によると、女王国とその南にあった男王の支配する狗奴《くな》国とが対立し、やがて交戦状態になり、そのような状況のなか、女王卑弥呼《ひみこ》が死んでいる。

ぼくは東夷伝全体をみても、倭人条の記述が詳細であることと、女王国と狗奴国との対立から交戦に至るまでの経過が、魏との外交関係を通して逐一述べられていることから、当時中国大陸で南の呉《ご》と対立していた魏にとっても、狗奴国の動向が重要な関心事であり、そのことが倭人条の内容を豊かにしたという見通しをもっている。

倭人条には、両国の戦いの帰結を直接には述べていないが、正始《せいし》八年（二四七）に倭は、載斯《さいし》と烏越《うえつ》らを帯方郡《たいほう》に派遣して、「相攻撃する状」を説明している。その情報と願いによって、帯方郡からは張政《ちょうせい》という役人を倭に派遣してきて、魏の皇帝からの詔書と黄幢《こうどう》（棒にふさをつけた旗、皇帝の権限を部下にあたえたしるし）を、卑弥呼にではなく難升米《なんしょうまい》にあたえている。そして、この記事のあとに「卑弥呼以死」の短文が唐突にあらわれ、その唐突さから〝戦死〟とか〝敗戦の責任をおわされての死〟などの推測が生まれる。

難升米は、景初《けいしょ》三年（二三九）の魏への遣使での正使であり、魏の皇帝から女王にだされた詔書（原文と思われる）のなかに「汝大夫難升米」とある。日本についての最古の手紙といってよいこの詔書では、卑弥呼に親しみをこめた「汝」を多用した表現になっていて、「汝大夫難升米」は「あなたの高官（大夫）の難升米」というように、倭の政権内で中国風の大夫という呼称が使われ、中国側も認めたことがわかる。

『紀』の使っている大夫（たとえば垂仁《すいにん》紀二十五年条）に「マエツキミ」のルビをふったり、ヒコサシマ王の官職名の都督に「カミ」のルビを付したりする古典の注釈にであうと、東アジア史的視野が欠けてしまうように感じる。倭人条の「汝大夫難升米」に、「汝のマエツキミの難升米」とルビをうつと、いかに奇妙か。記紀の世界とその時代を、〝日本的〟という大前提で解してよいかどうか、ぼくは疑問に思っている。

話が細かくなったが、倭人条によると、狗奴国との戦いの過程で難升米の存在が大きくなっている。ぼくは、この人物を音韻学から「奴《な》（儺）の升米」の可能性でみる森博達《もりひろたつ》説に魅力を感じている。奴国を北部九州の現在の福岡市から春日市付近に比定することは定説であって、中部九州の狗奴国との戦いの相手にふさわしい。なお、戦争のあいだ督戦の目的で派遣されていた張政が帰国するのは、女王台与《とよ》のときで、『晋書』によれば泰始《たいし》二年（二六六）になる。張政はおそらく伊都《いと》国に滞在したのであろう。倭人条の見聞のうちには、張政のもたらした情報もあったと考えてよかろう。

*

ぼくは、狗奴国の時代の下った姿が、記紀でのクマソだと考えているが、後で述べるようにまったく同じ領域というわけではない。ところが、狗奴国を東海地方に想定し、記紀でのクマソとは無関係とする論者を最近みうける。感想をいうと、これらの論者は女王国の中心をヤマトとする前提での、邪馬台国ヤマト（畿内）説をとっており、その仮定に『後漢書』の「女王国より東、海を度《わた》ること千余里、拘奴国に至る。皆倭種なりといえども、女王に属せず」の文章を接合させるところから、拘奴国東海説がでるらしい。

だが、『三国志』「魏書」が三世紀代での成立であるのにたいして、『後漢書』は五世紀になっての成立であって、王朝の順では後漢→三国であるのに、史書の成立順では『三国志』→『後漢書』になり、原史料の記述を使わずに、『後漢書』の成立時点での政治状況の影響を記述の一部にうけた危険性のある後出の史料を使って、結論を導きだすのは方法として成立しない。

『三国志』「魏書」東夷伝の倭人条では、女王境界（女王国の境界）の尽きる南に狗奴国があるのであって、東ではない。もし『後漢書』の記事から東を強弁しようとするならば、それは〝狗奴国東海説〟というべきである。都合のよい国名だけは『三国志』「魏書」から頂戴し、所在地を割り出すための方向（南でなく東）は『後漢書』からもらうというのは、知的無節操というべきであろう。

＊

オオタラシ彦の九州への旅の話にもどそう。十二年秋七月（景行紀での年次）に、前に述べたように熊襲が反いて朝貢しないことが事件の発端だが、オオタラシ彦たちはすぐに熊襲を討ったのではない。この点にも、先ほどからの狗奴国と熊襲とのつながりが示されているのではなかろうか。丁寧にたどろう。

九月に周芳（周防）のサバ（娑麼）に至った。今日の山口県防府《ほうふ》市の佐波《さば》と推定される。律令時代に周防の国府（府中）がおかれたほどの土地だから、それ以前からも地域の拠点だった。『紀』によると、タラシナカツ彦（仲哀天皇）もここを九州への出兵の根拠地にしたことがある。周防の佐波郷と海産物の鯖《さば》の関係については、『食の体験文化史 2』（中央公論社、一九九七年）で書いたのでここでは省く。

周芳のサバからオオタラシ彦が南方を見ると、人家の煙がたくさんあがっている。そこで「賊がいるに違いない」といいだし、家来を見に行かせると、神夏磯媛《かむなつそひめ》という女支配者がいた。彼女はオオタラシ彦の家来を見て、山から根ごと抜いた賢木《さかき》を船に立て、賢木の枝に、剣・鏡・玉をかけて、船の先端に素《しろ》（白）幡《はた》もたてて、降伏を申しでてきた。

人名や地名からみて周防灘南西岸の福岡県側、つまり律令時代の豊前《ぶぜん》の地域が、このときオオタラシ彦の支配下に入ったとする記述になっているから、熊襲だけが反いて、北部九州はすでにヤマトの支配下だったという状況はまったく語られていない。

『紀』の記述を読みつづけると、豊前の地域を制圧したオオタラシ彦は、仮宮を長峡県《ながおのあがた》にたてた。ぼくは、長峡は細長い海峡、今日の関門《かんもん》海峡のこととらえ、北九州市小倉南《こくらみなみ》区の長《なが》野《の》あたりに拠点集落（門《と》の司《つかさ》の前身）があったかと、遺跡や地名からみている。『紀』は、仮宮をもうけたので、その土地を京《みやこ》と名付けたとつづけている。律令時代の豊前の京都《みやこ》郡は、範囲がやや狭くはなっているが、その遺称とみられる。

豊前を制圧した翌月には、オオキタ（碩田）国、大分に入っている。速見邑《はやみのまち》では、速津媛《はやつひめ》という女支配者が出むかえ、その者の情報によって、付近の山々にいた土蜘蛛《つちぐも》を討っている。ぼくの印象にすぎないが、海岸の港的な土地には女支配者がおり、山間の地には男がひきいる集団が勢力をのばしていて、オオタラシ彦勢力には容易に従わなかったというストーリーになる。

十一月に、日向国《ひゅうが》に到って仮宮をたて、高屋宮《たかやのみや》とよんだ。あくまでも『紀』の記述のうえだが、全体としての日向ではとくに敵対した者のいたようすがでていない。物語のうえとはいえ、豊前や豊後《ぶんご》でも戦をしているのに、ヤマトから遠い日向に、敵対する者がいたとしていないのは何を意味しているのか。

＊

景行紀では、先ほどから説明した地域名について、豊前国、碩田国、日向国、筑紫国、日高見国などと、地名プラス国で一地域名にしていることが多い。これにたいして、熊襲は下に国をつけていることもあるが、クマソだけの表記があり、たんなる地域名ではなく熊と襲（曾）を合わせた複合的な集団名であろう。

複合的な集団名だから、時の流れによって強力に結びついたり、弱まったりする。七、八世紀ごろの隼人《はやと》は、より古い時代のクマ・ソのソの地域が主になった地域的な集団名だとぼくはみている。そうなれば、『三国志』「魏書」の狗奴国の後の姿がクマソというのは多少問題があり、クマ・ソのうちのクマ（熊）の前身が狗奴国ではあっても、ソの地域の三世紀の動向は、倭人条の記述ではおさえられない。

オオタラシ彦は、日向国の高屋宮で、十二月に熊襲攻めの会議をしている。九月には山口県から福岡県東部、十月に大分県と遠征の旅をつづけた（『紀』の記述のうえで）のだから、超人的な行動である。

高屋宮がどこにあったかは不明である。日向国とあるとつい宮崎県という印象をうけるが、八世紀初頭までは大隅《おおすみ》と薩摩《さつま》はまだ国になっていなかったので、景行紀での日向国には、大隅と薩摩の地も視野にいれて検討せねばならない。

手がかりというほどではないが、〝神代三陵〟の一つに、「ヒコホホデミ（彦火火出見）を日向の高屋山上陵に葬った」（『紀』）とあり、指定の経過は省くが、今日では鹿児島県姶良《あいら》郡溝辺《みぞべ》町に陵が治定《じじょう》（指定）されている。

高屋宮での会議で、オオタラシ彦は「噂では襲国にアツカヤ（厚鹿文）とサカヤ（迮鹿文）という勇者がいる。この二人が熊襲の渠帥者《きょすいしゃ》（統率者）で、そのもとにクマソの八十梟帥《やそたける》

（たくさんの勇者）がいる。とても強くて戦争では勝てそうもない。兵を動かさずに平らげたいのだが」というと、一人の臣が「熊襲梟帥に二人の娘がいます。この女を重き幣《まいない》（贈り物）で手なずけ、敵のようすをさぐり、不意をつけばよいと思います」と進言した。

オオタラシ彦は、姉妹のうち姉のイチフカヤ（市乾鹿文）をわざと寵愛《ちょうあい》したら、彼女は家にかえって父に酒を飲ませ、酔っているうちに父の弓の弦を切り、ひそんでいた兵士が熊襲梟帥を殺した。そこで、イチフカヤを不孝だとしてオオタラシ彦は殺してしまい、妹のイチカヤ（市鹿文）を火国造にあたえた（火国造にした、とも読める）。そのあと「ことごとく襲国を平ぐ」とあって、『紀』の記述によるかぎり、オオタラシ彦が平らげたのは熊襲全体ではなく、襲国だった。

襲は曾とも書き、二字にすると曾於《そお》とか贈於《そお》になり、今日も曾於郡がある。だが、古代の襲の範囲は決めがたい。志布志《しぶし》湾に面した大隅半島の付け根の地域と推定されるが、霧島山塊に東襲山《ひがしそやま》、西襲山《にしそやま》の地名があり、『紀』では高千穂《たかちほ》峰か霧島山を日向の襲にあるとしたことなどから、景行紀での襲国の範囲は大隅北部にまでひろがっていたようである。

大隅半島の太平洋側の志布志湾沿岸には、注目すべき古墳群がある。ぼくがここを初めて訪れたのは一九五五年の夏だったが、そのころ抱いていた南九州のイメージとまったくかけ離れたみごとな前方後円墳を目の前にしたときの驚きは、ぼくに考古学からみた地域のすごさを実感させた。

鹿児島県肝属《きもつき》郡東串良《ひがしくしら》町の唐仁《とうじん》古墳群は、肝属川の河口近くの旧砂丘のうえにあって、前方後円墳六基、円墳百三十三基からなる鹿児島県きっての古墳群である（河口貞徳《かわぐちさだのり》『鹿児島日本の古代遺跡38』保育社、一九八八年）。最大の前方後円墳の唐仁大塚古墳は、墳丘の長さ一三七メートルの大古墳で、濠のあった痕跡もある。

墳丘の長さが一三〇メートル級の前方後円墳としては、いずれ先で扱う福岡県八女《やめ》市の岩《いわ》戸山《とやま》古墳の存在が注目される。岩戸山古墳は墳丘の長さ一三五メートル、六世紀の前半に継《けい》体《たい》勢力と大戦争をする筑紫の大豪族の磐井《いわい》の墓で、〝王〟といってよい勢力をもっていた。岩戸山古墳は、後期古墳であるが、前・中・後期をとおして北部九州最大の前方後円墳であり、唐仁大塚古墳のほうが約百年ほど古いと推定されるものの、この古墳の被葬者像を推測するのには参考になる。

唐仁古墳群の北方約五キロの大崎《おおさき》町に、横瀬《よこせ》古墳がある。墳丘の長さ約一三五メートルの典型的な中期古墳で、唐仁大塚古墳が埋葬施設などにかなりの地域色がでているのにたいして、すこぶる「ヤマト・カワチ」的で、最初に見たとき奈良か大阪で中期古墳の前に立っているような錯覚をした。周濠をそなえ、さまざまの埴輪を立てている。

このように志布志湾沿岸には、至近の土地に一三〇メートル級の前方後円墳が二基あって、二基のどちらもが、北部九州の岩戸山古墳の規模に近似していることは見落とせない。まだ学術的データが不足しているとはいえ、唐仁大塚古墳のほうが古く、在地的特色がでているのにたいして、横瀬古墳は、大和か河内から古墳造営の技術者を派遣しないかぎり築造できないという印象をもっている。だから五世紀中ごろには、この地域と大和・河内との関係に変化があったとみなければならない。それはともかく、この志布志湾沿岸の前方後円墳を襲国の首長のものとみるのかどうか（たぶん、そうだろう）で、襲国への理解が大きく変わる。このことの見通しを述べるには、さらにその地域を歩く必要があり、課題としてかかげておこう。

＊

オオタラシ彦は日向国の高屋宮で六年をすごし、土地の佳人とのあいだに皇子も生まれた。ぼくはオオタラシ彦の旅として扱っているが、物語のうえとはいえ、この間、大和の政治はどうなっているのだろう。

オオタラシ彦は日向国の子《こ》湯県《ゆのあがた》にでかけ、「倭《やまと》は　国のまほらま　畳《たた》づく青垣　山籠《こも》れる　倭《やまと》し麗《うるわ》し」の思邦歌（くにしのびうた）をよんでいる。ただし『記』では、これはヤマトタケルが命を落とす直前に、伊勢《いせ》の能煩野《のぼの》でよんだことになっている。

子湯は、児湯と書くことが多い。律令体制での児湯郡、というより三十二基の前方後円墳をはじめ、三百基あまりの古墳で構成される西都原《さいとばる》古墳群の所在地である。西都原古墳群をのこしたのはどのような勢力なのか、古代史ではどう理解したらいいのかは、ぼくのみるところ、戦後の学界は避けて知らぬ顔をきめこんできた。ここにあるメサホ塚古墳は、墳丘の長さ一七六メートルの中期古墳で、九州島最大の古墳であり、大和・河内、とくに河内との関係なしには出現しない。

なお、メサホ塚古墳に接したヲサホ塚古墳は、最近は大型の帆立貝式古墳（円墳に短い前方部をつけた）とみる説が強まったが、陵墓参考地で考古学者の立ち入りが禁止されている現状では、〝前方部の大半を失った大型の前方後円墳〟とする旧説が本当にだめなのかの判断ができない。

記紀での歴史展開によると、日向にいた勢力が武装船団を組んで瀬戸内海を東へ進み、イワレ彦（神武《じんむ》天皇）のとき大和に根拠地を定め、オオタラシ彦の時代に至ったことになっていて、その意味では日向は遠い故郷である。もし『紀』の編者たちがこのことにこだわっていたのであれば、九州で一応の平定事業を終わったオオタラシ彦が、ニニギ、ヒコホホデミ、ウガヤフキアエズのいわゆる神代三陵（『延喜式《えんぎしき》』の用語）に参ってもよさそうであるし、そういう視点にたつと、「子湯県に幸して丹裳小野《にものおの》に遊び」、東の方を見て京都《みやこ》をしのんで先ほどの歌をよんだという流れが気になる。

検討を重ねる必要はあるが、丹裳小野というのが、西都原古墳群とか新田原《にゅうたばる》古墳群などがあるような台地のことで、ここに〃神代三陵〃のどれかがあったとする想定ではないか。そこで先祖の墓に、その人たちの知らないヤマト（倭）の説明をしたというのが「倭し麗し」の歌ではないか。ロマンは消えてしまうが、ヤマトタケルが死の直前に伊勢でよんだとする『記』のストーリーより、史実かどうかは別のこととして、オオタラシ彦が日向の子湯でよんだとするほうが、ぼくには納得できる。国をしのぶ歌というより、ご先祖さまに報告をした国をほめる歌ではないか。

＊

オオタラシ彦の筑紫国の巡狩が始まる。子湯を出発して夷守《ひなもり》についている。石瀬《いわせ》河のほとりに大勢の人が集まっていたが、敵対者ではなく、諸県君泉媛《もろかたのきみいずみひめ》とその一族が大御食《おおみあえ》でオオタラシ彦をもてなそうとするためだった。このあたり巡狩の言葉にふさわしい。

夷守といえば、倭人条で対馬《つしま》国・一支《いき》（壱岐）国・奴《な》国・不弥《ふみ》国に置かれていた卑奴母離《ひなもり》が注目される。倭人条のヒナモリは、辺境に置かれた役人といわれるが、対馬と壱岐はともかく、二万余戸の奴国におかれていることが、辺境説での解釈に無理を感じる。港には火をたく設備をもった望楼があって、それを司る官職という見方もあって、ぼくはそれにも関心をもっている。ヒナモリの役目はともかく、景行紀の夷守は兄夷守《えひなもり》と弟夷守《おとひなもり》がいた。夷守とは書かれていないが、襲国の厚鹿文と迮鹿文も二人、クマソタケルの娘も市乾鹿文と市鹿文の二人、これもメモしておいてよかろう。

日向国の夷守には、のちに馬五疋《ひき》をそなえる駅がおかれており（『延喜式』兵部省）、実際にあった地名で、大淀川の支流の岩瀬川（『紀』では石瀬河）の近く、小林《こばやし》市のあたりであろう。ここから北へ山をこすと、熊本県の球磨《くま》郡、クマ・ソのクマの地域にでる。ということは、大隅は薩摩を含まない日向と熊（球磨）との境に置かれた施設であり、官職だった。あくまで『紀』の物語のうえだが、石瀬河のほとりに集まる人びとを「何人ぞ、けだし賊か」と確認に行かされたのが弟夷守であり、在地の大豪族の諸県君よりもオオタラシ彦たちにとって近い関係で仕える者として描かれている。なお諸県君については、第12章でホムタ別（応神《おうじん》天皇）を扱うときに述べる。

このあと、熊県《くまのあがた》の熊津彦の兄弟のこと、八代《やつしろ》海にでて葦北《あしきた》、不知火《しらぬひ》、玉杵名邑《たまきなのまち》（玉名か）、阿蘇国、筑後の高田、八女、筑後川流域の的《いくは》（浮羽）邑などをへて帰っていて、「日向より至る」とここでも日向を重視している。『紀』の記述では、出発から七年を要している。

オオタラシ彦が大和に帰ってから八年たって、「熊襲また反いて辺境を侵すことやまず」

とあって、そこでヲウス命（ヤマトタケル）の派遣になる。先ほども述べたように、クマソはクマとソの複合した集団名で、今日の鹿児島県東部に求められるソ（襲）は、『紀』の物語ではオオタラシ彦が鎮圧しているので、ここでは海に面しない熊本県山間部のクマの地域が主になっているとぼくは考えている。ヲウス命については、前章でかなりのべたので省くけれども、熊襲の魁帥者《ひとごのかみ》（王といってもおかしくない）の取石鹿文《とろしかや》、別の名川上梟帥《かわかみのたける》をヲウス命が殺害しようとしたとき、死にさいして名を献ってヤマトタケルになったという。

『記』では倭建、『紀』では日本武、その違いよりも、名を献るというのは自分の名を献ったという意味だとみられており、そうなると、どうしてクマソの王が倭建だったのか、ぼくは、男王が支配し女王国と長年戦いをつづけた狗奴国として魏からも意識されていたその後の勢力にふさわしい名と思う。『紀』では、川上梟帥の誅殺《ちゆうさつ》のあと、「ことごとくその党類を斬り、のこる者無し」としている。だが、次章に述べるヤマトタケルの子であるタラシナカツ彦（仲哀天皇）の不可解な死について、『紀』では、「天皇、親《みずか》ら熊襲を伐たんとして、賊の矢にあたりて崩ず」という風聞をのせている。『紀』にのせるぐらいだから、根強い風聞だったとみてよいし、決してオオタラシ彦とヤマトタケルの力によって、熊襲が鎮圧されたというのは実情ではなかったとぼくはみている。

＊

ヤマトタケルの伝承だけにしぼると、『記』と『紀』の記述を総合したり、補完したりして、各人の頭に一つの物語ができる。いや、ぼくの場合でも、今まではそのような錯覚をしていた。ところが『記』では、熊襲を討つのにも、出雲《いずも》や東国の制圧にさいしても、ヤマトタケルが主人公であって、父のオオタラシ彦は旅をともなうような行動をした気配がない。

これにたいして、すでに述べてきたように、『紀』ではオオタラシ彦が九州島を支配するための戦の旅をつづけ、その後で、ヤマトタケルに再度熊襲の討伐を命じ実行させている。『紀』ではそのあと、東の夷、とくに蝦夷を支配下におく軍事行動を命じる。詳しい経過は省くが、駿河《するが》、相模《さがみ》、上総《かずさ》、陸奥《むつ》、日高見、常陸《ひたち》、上野、武蔵《むさし》、甲斐《かい》などで戦や慰撫《いぶ》の旅をつづけ、尾張《おわり》では宮簀媛《みやすひめ》と愛をかわしたあと、伊吹山で命を落とす原因をつくる。以上は、前章で概要を説明した。

問題はここからである。五十二年にオオタラシ彦の皇后、播磨大郎姫《はりまのおおいらつめ》が死んだ。ヤマトタケルの母である。するとその翌年、オオタラシ彦は「ヲウス王（命）の平らげた国を巡狩したい」といいだし、伊勢から東海に入り、上総国から海路（東京湾）で淡水門《あわのみなと》を渡った。淡は安房《あわ》のこと、館山湾《たてやま》とする見方もあるが、ヤマトタケルの事績をしのぶ旅ということを考えると、海神を鎮めるため、ヤマトタケルの妃の弟橘姫《おとたちばなひめ》が海に身を投じた馳水《はしるみず》（『記』には走水の海、浦賀《うらが》水道）のことだろう。

オオタラシ彦は淡水門で白蛤《しろはまぐり》を得た。それを材料にして、膳臣《かしわでのおみ》の遠祖の磐鹿《いわか》六鴈《むつかり》が蒲で手繦《たすき》を作って、料理のしやすい服装をして白蛤を細く切ったナマス（膾）にした。それにちなんで宮中の食膳のことを膳氏が担当するようになったといっている。このことは、「料理人」という項目で書いたことがある（『食の体験文化史』中央公論社、一九九五年）。その項目の目次には「大国主命の料理人」「膳夫と珠と鵜」「食の探求者としての景行天皇」「宰相は料理人」がある。旅好きのオオタラシ彦は食の探求者でもあった。

『紀』によれば、オオタラシ彦は死の二年前に近江《おうみ》国に行って、そこに住んでしまった。高《たか》穴穂宮《あなほのみや》である。このことは『記』にはないが、何とも移動の好きな性格だ。大旅行者の明治天皇が京都ではなく、東京で死んだように、オオタラシ彦も大和ではなく高穴穂宮で死んだと『紀』は結んでいる。

第10章　タラシナカツ彦の死をめぐって

タラシナカツ彦（『紀』では足仲彦、『記』では帯中津日子。仲哀《ちゅうあい》天皇）は、ヤマトタケルの子であり、妻が神功《じんぐう》皇后である。神功皇后は、古代史で謎の多い人物像で、次章で述べる。タラシナカツ彦が神功皇后とのあいだにもうけた子が、実在性がいわれるホムタ別《わけ》（応神《おうじん》天皇）である。ホムタ別については、さらにその先で扱う。

神功皇后も、オキナガタラシ（気長足・息長帯）姫としたほうがよいが、神功皇后というい方があまりにも浸透していて、たとえば西日本に点在する宗教的な山城《やまじろ》・神籠《こうご》石《いし》の名の由来を「神功皇后石」とする伝説があるなど、歴史の接点が見いだせる名でもあるので、そのほうを主に使うことにする。

タラシナカツ彦の母は、ヤマトタケルの妻であり、フタヂノイリ姫（『紀』では両道入姫）といった。フタヂノイリ姫の父はイクメイリ彦（垂仁《すいにん》天皇）、母方の家は南山城《やましろ》の苅羽田（綺、かにはた）で、木津《きづ》川右岸の山城町にあり、『今昔物語』で名高い蟹満寺《かにまんじ》のあたりであろう。蟹満寺は、綺《かに》（蟹）幡《はた》寺とも書く。記紀の世界といえば、ついヤマト中心で物語は展開するが、南山城（現代の土地の表現、奈良時代とそれ以前は山代か山背）も重要で、これからもしばしば歴史の舞台として登場するだろう。

*

タラシナカツ彦が即位したあと、父ヤマトタケルの陵の濠に白鳥を養《か》おうとしたことについては、第8章で述べた。『紀』ではその記事のあと、神功皇后と結婚する前に、大中姫《おおなかつひめ》を妻（妃）にして、カゴサカ（麛坂）・オシクマ（忍熊）の二皇子をもうけたことを述べている。この二皇子の存在が、タラシナカツ彦の死後に皇位継承をめぐる戦となる原因なのだが、ここでさり気なく登場させている。

自分のメモとして書くのだが、戦後の古代史で次第に重要性をおびだした新王朝の始祖としてのヲホド王（継体《けいたい》天皇）も、即位前に越前《えちぜん》にいたころ、尾張連草香《おわりのむらじくさか》の娘の目子《めのこ》媛《ひめ》を妻にして二皇子をもうけていた。のちの安閑《あんかん》天皇と宣化《せんか》天皇である。ヲホド王が河内《かわち》の樟葉《くずは》（今日の枚方市《ひらかた》）で即位したあと結婚するのが手白香皇后《たしらか》であり、ヲホド王とのあいだの子がのちの欽明天皇《きんめい》である。タラシナカツ彦の妻や子をめぐる話と似ている。

この類似点が、どのような意味をもつのかについてはさらに検討せねばならないが、主人公としてのタラシナカツ彦（仲哀天皇）とヲホド王（継体天皇）、その夫にたいして後からの妻ながら皇后の座をしめた神功皇后と手白香皇后、さらに政権の掌握者としての応神天皇と欽明天皇が、それぞれ対比できる。

タラシナカツ彦は、八世紀につけられた漢風諡号《しごう》（仲哀）では二字の一つが「哀」であって、すこぶる存在が弱々しい。だが、今述べたように継体天皇と対比すると、ある種の政権の基盤を作ったという一面があるように考える。

*

しばらく『紀』によって話を進めよう。タラシナカツ彦は、オキナガタラシ姫を皇后（神功皇后）にたてると、その翌月に角鹿《つぬが》へ行って仮宮（行宮《あんぐう》）を作っている。笥飯宮《けひのみや》といった。角鹿は、福井県敦賀市《つるが》、日本海の海上交通の一つの拠点で、笥飯大神を祭る気比《けひ》神社がある。角鹿の重要性はよくわかるのだが、『紀』の話の展開がすこぶる唐突で、「角鹿に幸《いでま》す」といきなりでてくる。すぐ後に述べるように、熊襲《くまそ》との戦にさいして、神功皇后の船団は角鹿から出発していて、そのためにまず角鹿を登場させたかと思うが、やはり落ちつかない。よく考えると、タラシナカツ彦が熊襲の叛《はん》を聞くのは紀伊《きい》国滞在中であり、紀伊（おそらく和歌山市の紀ノ川河口）から船団を出発させ、同じ日に角鹿にいた神功皇后（以下、略して神功とする）に使者をだして「角鹿から出発して穴門《あなと》（のちの長門《ながと》）で逢おう」と連絡している。つまり神功は、ずっと笥飯宮に滞在していたことになる。

先ほどぼくは、タラシナカツ彦が角鹿へ行って仮宮を作ったと書いた。仮宮ということは、どこか（近江かヤマト）に正式の宮があるはずであるし、仮に古墳時代の研究者が「仲哀天皇」とか「仲哀天皇陵」などの文字に接すると、ヤマト政権（朝廷）の一員という先入観で接しそうだ。だが、即位後はヤマトにいたことはなく、死をむかえるのである。

『記』によると、この天皇は「穴門の豊浦宮《とゆらのみや》、筑紫《つくし》の訶志比《かしひの》（香椎）宮《みや》に坐《いま》して、天の下治《し》らしめしき」とある。前章で大旅行者としてのオオタラシ彦（景行《けいこう》天皇）について書いたが、タラシナカツ彦は、ところえぬ流浪の大王だったのである。

先ほど、仲哀天皇と継体天皇の類似点について留意した。継体天皇は、俗に越《こし》の大王とよばれるように、勢力の基盤が越前だった。厳密にいえば、古墳時代にはまだ越の地であり、のちに越前とよばれる範囲の北東よりの九頭竜《くずりゅう》川の流域が、ヲホド王の第一の勢力範囲で、敦賀は越前の西の端である。

そのような違いはあるにしても、『紀』の編者が、もし仲哀天皇と継体天皇との類似点に着目したのであれば、越の地にこだわったのではないか。結果的だが、紀伊国から出発したタラシナカツ彦は筑紫で命を失うのにたいして、越の角鹿から出兵した神功は、幼きホムタ別(応神天皇)とともに近畿入りをはたして勝利者となる。越の角鹿は、その行動をスタートさせた土地なのである。

なお、ヲホド王を夫の死後育てあげ、やがて倭国の大王にまで成長させた越の振媛《ふりひめ》と神功皇后との役割の類似については、網野《あみの》善彦《よしひこ》氏との対談をまとめた『馬・船・常民』(講談社学術文庫、元版は一九九二年)でふれたのでここでは省く。

＊

ぼくはいま、『紀』巻八の仲哀紀によって記述を進めようとしていて、まだ巻九の神功皇后紀によっているわけではない。だが気がつくと、神功が角鹿を出発したあとの行動は、神功が主人公となって『紀』では記述を進めている。つまり、熊襲との戦に近畿とその周辺(タラシナカツ彦の場合は紀伊)を船出したあと、仲哀紀とはいうもののタラシナカツ彦の存在の影が薄くなっている。これはどうしたことであろう。そのことを念頭におきながら、先へ進もう。

神功は角鹿を船で出発したあと、渟田門《ぬたのと》で奇瑞《きずい》にあっている。渟田門については、若狭《わかさ》の常神《つねかみ》半島東方の海や広島県安芸《あき》郡沼田《ぬまた》郷と推定する説もあるが、この場合の渟田門をぼくは出雲《いずも》に想定している（『日本海と出雲世界』）。

古代の出雲の地形が現代とは大きく変わっていたことは、『出雲国風土記』冒頭の「初めは国は小さく作ってあって、作り縫った」とか、「国の余りあれば、国来国来《くにこくにこ》（国こい国こい）」と引き来縫える国」とかの伝承を読んでも注意のいることがわかる。

出雲の古地形としてぼくが注目しているのは、今日の島根半島の南側が、素尊《すそん》水道とよばれることのある、今日の中海《なかのうみ》と宍道《しんじ》湖をつなぐ水域によって、本州島とへだてられていたことであり、島根半島は仮称島根島であった。

出雲の古代文化などと漠然ということが多いけれども、律令時代の出雲国のなかの出雲郡は、この素尊水道西部の両岸、つまり仮称島根島と本州島側にまたがって出雲郡があり、大国主命《おおくにぬしのみこと》を祭る杵築《きづき》大社は出雲郡の仮称島根島のほとりにあった。

出雲国楯縫《たてぬい》郡沼田郷に渟田門を求める説は、喜田貞吉《きたさだきち》氏や藤岡大拙《ふじおかだいせつ》氏がすでにとっておられるが、ぼくも出雲郡の東に接した沼田郷、したがって素尊水道がこの話の舞台とみたい。もちろん話の舞台といっても、伝承上のことである。

渟田門では、神功が食事をしている船のぐるりに鯛魚《たい》（黒鯛）が集まってきて、皇后が酒をそそぐとチヌが酔って浮かんできた。海人たちは大漁をよろこんで、「聖王のたまう魚なり」といったという。

ぼくは、古墳時代に支配者層の人たちが、重要なことをおこす前に、釣り占いをすることがあったと推定した（「弥生・古墳時代の漁撈・製塩具副葬の意味」〈大林太良《おおばやしたりょう》編『海人の伝統』日本の古代8、中央公論社、一九八七年〉）。これは魚をとることで占うだけでなく、獣をとることで占うこともある。それはともかく、渟田門でのチヌが酔って浮かんできた話も、釣り占いだったとみてよかろう。

そこまでは、今までにも考えたことである。では、どうして渟田門でその行為をしたのか。答えは出雲である。しかも、そこは杵築大社の地に近い。もし船団が素尊水道の東の口から西へ向かったとすると、渟田門は杵築大社まで至近の距離である。もちろん、杵築大社の厳密な位置や変遷については細かい検討はいるが、出雲の大神の存在がこの伝承の鍵となるだろう。

タラシナカツ彦は先に豊浦津に着いていたので、神功も豊浦津に泊まった。この日、神功は海中で如意珠をえた。いずれにしても奇瑞を示したのであろう。さらに、港（津）のある豊浦に宮室を作った。それが穴門豊浦宮である。穴門は大きくとらえるとのちの長門、律令時代の長門国には豊浦郡があり、山口県の西端部の広い範囲に及ぶ地域である。

豊浦津については、今のところ考えはないが、もしこの熊襲との戦にさいして、タラシナカツ彦が主導権をもっていたのなら（仲哀紀の記述法は別にして）、豊浦津、ひいては豊浦宮は関門海峡を含む瀬戸内海ぞいにあり、神功のほうに主導権があったのであれば、日本海側ののちの長門の範囲に求めるのも一案であろう。ぼくがなぜこの部分にためらいを感じているかというと、豊浦郡の東に接して大津郡があって、日本海ぞいの良港のある土地であって、考古学的にも注目すべき遺跡があるからであり、さらに現地の検討をかさねてから考えを深めたい。

仲哀紀の関係地名

＊

タラシナカツ彦と神功は、筑紫へ向かって出発した。このあたり『紀』の話が少しおかしいけれども、周芳《すおう》（周防）の沙麼《さば》（山口県防府市佐波《ほうふ》）で岡県主《おかのあがたぬし》の祖熊鰐《わに》がタラシナカツ彦たちを出迎えている。出迎えるというより、服従の儀式をおこなっている。

豊浦津はいずれにしても穴門にあるから、周防よりは筑紫に近いはずであり、これでは一度瀬戸内海を東へ戻ったことになる。それと岡県主の岡は、福岡県の遠賀《おんが》川の流域で、律令時代の遠賀郡、遠賀川の河口の左岸の今日の芦屋《あしや》町に岡湊《おかのみなと》神社が鎮座している。すでに折にふれて例を示したように、八世紀になって地名を好字二つであらわすという流行によって、岡↓遠賀の表記になったとみている。

岡の領域は、北部九州のなかでは、奴《な》国や伊都《いと》国の地域とは考古学的な様相がかなり違っていて、ぼくは北九州とか北部九州の言葉で一括することにためらいを感じている。比較的という前提でいえば、北部九州東地域は親近畿的、親出雲的であり、そのことが宗像《むなかた》神社を考えるうえでも重要である。

北部九州の西と東については、『列島の地域文化』におさめた「考古学から地域をさぐる」で述べたので、ここでは省く。省くけれども、イワレ彦（神武天皇《じんむ》）が日向《ひゅうが》から豊予《ほうよ》海峡を通って瀬戸内海を東進する話のなかで、「筑紫国の岡水門に至る」とわざわざ関門海峡を通って岡に寄港しているのも、伝承のうえとはいえ、その地の伝統的な特色が反映したのであろう。

ぼくは先ほど、「このあたり『紀』の話が少しおかしい」と書いたけれども、地理的な知識の豊かな『紀』の編者が、主要な土地の東西の位置を間違うとは考えにくい。とすると、北部九州東地域の支配者である岡県主が、タラシナカツ彦たちの筑紫入りを同意するさいの一つの儀式を、佐波でおこなう慣例があったのではないか。

第9章で述べたように、オオタラシ彦（景行天皇）が筑紫に入るさいにも、周芳の娑麼（佐波）まで神夏磯媛《かむなつそひめ》が出むいて降伏の儀式をしていた。六〇二年（推古《すいこ》十）、来目《くめ》皇子が撃新羅《しらぎ》将軍に任じられ、二万五千人の軍勢で出発した。ところが二年後、皇子が筑紫で死んだとき、周芳の娑婆で殯《もがり》をしてから、のち河内の埴生山《はにゅうやま》の岡の上に葬っている。筑紫入りをしようとする生者は、ここで儀式をする。逆に筑紫で亡くなった死者も、ここで儀式をする。それが周防の佐波だったのだろう。この問題もさらに展開しそうだが、それはおいて先に進もう。

自分のメモとして書いておくと、岡県主の祖熊鰐が、防府市のあたりでタラシナカツ彦たちを迎えたということは、そのあたりまでが熊鰐の領域かと考えたこともあるが、先ほど述べたように、佐波の地での慣行があったとすると、かならずしも支配が及んでいなくともかまわない。

熊鰐は、佐波へ九尋《ひろ》の船に乗ってきた。舳《へ》に賢木《さかき》を立て、上の枝に白銅鏡をかけ、中ほどの枝に十握《とつか》剣をかけ、下の枝に八尺瓊《やさかに》をかけてきた。この場合の、たとえば白銅鏡が、そのような儀式で船を飾るだけの鏡だったのか、それともその家に伝わる重要な鏡だったかは、わからない。

熊鰐は、このとき広大な魚塩《なしお》の地（海産物のとれる海域）を献上している。その魚塩の地の東を示すのに、向津野大済《むかつののおおわたり》という地名がでていて、豊前《ぶぜん》国宇佐《うさ》郡向野《むかいの》とみる人が多い。だが、先に地名をだした長門国大津郡の向津具《むかつく》（向国《むかつくに》）をぼくは重視している。ここからは、佐賀県の吉野《よしの》ケ里《がり》遺跡の甕棺《かめかん》墓から出土した有柄式《ゆうへいしき》銅剣と同じような銅剣が出土していて、とくに郡の名に大津をとりいれるなど、地形的にも大済にふさわしい。

このあと、海路をとって、山鹿《やまが》岬をまわって岡津へ向かった。山鹿は、遠賀川の河口の右岸にその地名をのこしていて、『紀』の地理的な知識は、ここではしっかりしている。なお岡津までは、潮流のことでタラシナカツ彦の船も神功ののった別の船も、トラブルがあって、倭国《やまとのくに》の菟田《うだ》の人で伊賀彦《いがひこ》という挟杪舎《かじとり》を祝《はふり》として、この海の男女の神を祭ってようやく岡津についた。北九州市には、今日も洞海《どうかい》湾とか洞海港がある。『紀』では洞海の字に「クキ」の発音をあてている。山口から北部九州には、このように古代の地名が発音か字のうえで今日もたくさん残っている。

いまの話に、菟田の挟杪舎がいるのは注意してよかろう。菟田は宇陀、奈良県のなかでは山地形の土地である。三重県の伊賀に境を接しているため、十六世紀末の宣教師も宇陀の地を伊賀だと錯覚したことがあるから、伊賀彦という名はぼくには納得できる。でも、どうしてこういう山地形の出身者が、海上交通の専門技術者の挟杪者（船頭）になったのだろう。ことによると、船に乗って呪術を司る持衰《じさい》（『魏志』倭人条）的な役割をもった人だったのだろう。

＊

岡津にタラシナカツ彦と神功が滞在していると聞いて、伊都（覩）県主の祖、五十迹手《いとて》が船に賢木を立て、上の枝に八尺瓊、中の枝に白銅鏡、下の枝に十握剣をかけて、穴門の引嶋《ひこしま》に出迎えて献上した。引嶋は、関門海峡にある下関《しものせき》市の彦島、ここにも古地名がのこっている。

次章で神功皇后を扱うときに、伊都の五十迹手の存在の重要性を述べる。少しだけ先に説明すると、朝鮮半島への出兵を正当化するための理由付けの鍵が五十迹手にあるのだが、『紀』では、タラシナカツ彦は伊都の県主（実質的には王）とは関門海峡で会ってはいるものの、自らは伊都の領域には足を踏みいれていない。

タラシナカツ彦は、儺県《なのあがた》に移動した。その地は『魏志』倭人条にでている奴国の後の姿、福岡市と春日《かすが》市にまたがる地域であろう。その儺県の橿日宮《かしひのみや》がタラシナカツ彦の最後の拠点になった。

橿日は今日の福岡市の香椎《かしい》、なお橿日（香椎）は、律令時代には那珂《なか》郡（儺県の主要部）ではなく、糟屋《かすや》郡だった。香椎の問題は後に説明する。タラシナカツ彦は、熊襲を討つことを主張する。ところが、ある神（次章の神功紀で正体がわかりだす）が神功に託《かか》って（乗り移る）、次のような言葉をいった。大要だけにちぢめよう。

どうして天皇（タラシナカツ彦）は熊襲にこだわるのか、その国は膂宍《そしし》の空国《むなくに》（獣のうまい肉のないような国）である。軍隊をさしむけて戦うには値しない。その国よりも、いろんな宝のある国が津国（対馬《つしま》のことだろう）の向こうにある。金・銀・彩色がいっぱいの栲衾《たくぶすま》新羅国である。もし、よく吾（神）を祭れば、刃に血をつけなくとも（武器を使わなくとも）、必ず服従するだろう。そうすれば、熊襲も自ら屈服する。もし、吾を祭ろうとするのなら、タラシナカツ彦の船と穴門直践立《あなとのあたいほむたち》が献上した大田とよばれる水田を幣《まいない》（贈り物）にするように。

タラシナカツ彦は、この神の託宣を疑った。疑っただけではなく、高い岡にのぼって海の向こうを眺めたが、国が見えない。しかも「国なんてあるものか。それに自分の先祖の天皇たちは、すべての神を祭ってきた。それより他に神などいるものか」といった。すると神が再び皇后に託って、「水にうつる影のように自分が見ている国を、どうして無いといって、わが言葉を誹謗《そし》るのか。信じないのなら、その国は手に入らないぞ。ただし、神功が妊娠したので、子供には手に入るだろう」。この子供とは後のホムタ別（応神天皇）のことである。

タラシナカツ彦は、それでも神の告げるところを信じずに、熊襲を撃った。『紀』の本文は「不得勝《えかたず》に還る」としているが、一に云わくとして、「天皇、親《みずか》ら熊襲を伐ち、賊の矢にあたって崩ず」とする異なった伝えも記している。根強い伝えがあったとみてよい。

タラシナカツ彦は、神の怒りにふれ、橿日で死んだ。神の怒りということになっているが、神をはずして物語の展開を読めば、熊襲に重点をおくより新羅に目を向けよという時代の声、西日本の新しい動きの代弁者としての神功に対立し、命を落としたということになる。

『紀』のほうの、筑紫の訶志比（橿日）宮でのタラシナカツ彦が死をむかえる件は、『紀』以上にすさまじい内容である。そのことは後で説明する。その前に、橿日について気づいたことを述べておこう。

『延喜式《えんぎしき》』の巻九と巻十のいわゆる神名帳には、政府が何らかの形で祭祀をおこなっている神社を列挙していて、筑前《ちくぜん》国には十九座の神名があげられている。宗像神社、筥崎《はこざき》宮、次章で重要となる住吉《すみよし》神社などの名はあるが、香椎宮はない。神名帳にはないが『延喜式』の式部式には、橿日廟《びょう》があって、特異な扱いがみられる。

神社を廟とよぶ例はきわめて珍しい。『延喜式』神名帳の豊前国宇佐郡の項では、三座の神として、八幡大菩薩《ぼさつ》宇佐宮、比売《ひめ》神社、大帯姫廟《おおたらしひめびょう》神社をあげているが、このなかの大帯姫廟神社と香椎廟の関連に注目している学者（塚口義信《つかぐちよしのぶ》氏）もいる。だが、ぼくにはまだ消化はできないので省く。

香椎廟という表現は、『延喜式』より前にあらわれている。神亀《じんき》五年（七二八）に、大伴《おおともの》旅人《たびと》や小野朝臣老《おののあそんおゆ》らの大宰府の役人たちが、馬で香椎廟に参詣したときの『万葉集』の題詞にその地名がでてくる。三首の歌（巻第六、九五七—九五九）から何かをくみとろうとしたが、香椎潟のある地形だということがわかるだけで、廟を解く手がかりは見いだせない。

これよりあとは、香椎廟という表現をよく見るようになる。天平宝字《てんぴょうほうじ》三年（七五九）には、対新羅政策に関して、大宰帥船《だざいのそちふな》親王を香椎廟に遣わす（『続日本紀』）など、八世紀からは香椎宮といういい方にまじって香椎廟があらわれる。

香椎廟には、廟司がおかれていた。これとは別に守戸一烟もあてられていた（民部式）。守戸といえば陵戸とともに、陵墓の陵守《みささきもり》や墓守のことである。神社に陵戸や守戸をおいた例は、この香椎廟の一例だけであるから、香椎宮には本来墓所的な性格も混じっていて、そのことが香椎廟という言葉を使うようになることと無関係ではなさそうである。

『紀』では、タラシナカツ彦の殯は、屍を海路で穴門へ運び豊浦宮でおこなっているが、

『記』では殯の場所を書いていない。だが、話の流れでは、訶志比宮でおこなわれたようである。推定にすぎないけれども、香椎宮の敷地内にタラシナカツ彦の殯の伝承地があって（あるいは作られて）、それに一烟だけ守戸をおいたということであろうか。

いずれにしても、香椎の地が対熊襲を国策の第一とみる方針から、朝鮮半島、とくに新羅重視の国策に転換したという点での記念すべき土地であり、その転換のためにタラシナカツ彦が命を失った土地でもある。もちろん、記紀での話の展開では、ということである。

＊

タラシナカツ彦が神の怒りにふれ、神功からも見捨てられるようにして、橿日宮で命を落とすようになる『紀』の物語の粗筋を、以上で述べた。

対熊襲（列島内）問題に重点をおくタラシナカツ彦にたいして、対新羅（列島外）問題に重点をおこうとする神功に代表される新しい動向の対立があったと『紀』の編者は描こうとしている。

一つの史料がぼくの脳裏に浮かんだ。「水旱調《すいかんととの》わずして五穀熟《みの》らねば、その咎《とが》を王に帰し、（王を）易《か》えるべきだとか殺すべきだという意見がでる」。これは『三国志』の『魏書』東夷伝夫余《ふよ》条の一節で、倭人条の少し前の部分である。その一節の書きだしは、「旧の夫余の俗

（習俗）としては」であるから、東北アジアの三世紀かそれ以前に、天候（降雨と日照）不順で五穀の収穫が悪いと、王の責任だ（つまり神祭りが悪い）として王をかえるか、ひどいときは命を奪うことのあったことがわかる。

この夫余の旧俗が、もし倭国におよんでいたか類似のものがあったのであれば、タラシナカツ彦は新しい趨勢《すうせい》によって殺されたとみられる。それが、不可解なこの文章のぼくの読み方の試案である。だが、この個所の『記』の描写は『紀』以上にすさまじい。

*

タラシナカツ彦が訶志比宮で熊襲を撃つことで、会議をひらいた。おそらくそれまで神功たちと意見の対立があって、神の判定にゆだねようということになったのだろう。

神判の場（沙庭《さにわ》）での進行役を武内宿禰《たけしうちのすくね》がつとめ、タラシナカツ彦が自ら琴を弾き、神に神が乗り移った。話の展開は『紀』と似ていて、神が「西方に金銀や珍宝のある国がある。その国を帰属させて与えよう」といったら、タラシナカツ彦は「高いところから見たが、大海ばかりで国土はみえないではないか」と神をののしり、琴を弾くのをやめてしまった。神は激怒して「この天下は汝の統治するところではない。汝は一道に向かえ（この意味不明、死の世界へ向かえの意味か）」といった。

神判の行事を進行させていた武内宿禰はうろたえ、「わが天皇よ。どうぞ琴を弾きつづけてください」と強く願ったら、少しだけ琴の音は聞こえたが、やがてその音がしなくなり、室内のあかりをつけると、タラシナカツ彦はもう死んでいた。この後にさらにすさまじい光景がつづく。それにはいるまえに、琴について述べておこう。

先ほどからの説明で、この件の『紀』と『記』の違いに気づくだろう。『記』では琴が使われていることと、それに関連して、神判の情景がかなり克明に示されていることである。男性であるタラシナカツ彦が琴を弾き、その音色にさそわれて、神判の場に神が降臨する。ただし、神の声を聞きわけるのは女性（この場合は神功）である。

＊

琴について書く。ぼくは戦後間もなく、大阪府和泉市の和泉黄金塚《いずみこがねづか》古墳の調査に参加し、遺物よりも遺跡を重視するという方法論の出発点になった（『僕は考古学に鍛えられた』）。このとき後円部に三つある粘土槨《かく》のうちの中央槨の棺外に、鉄の斧や鎌とともに無造作に埋められていたのが景初《けいしょ》三年銘の平縁《ひらぶち》の神獣鏡《しんじゅうきょう》であった。のち、この鏡と大きさや図文がほぼ一致し、銘文にも共通点のみられる三角縁《さんかくえん》神獣鏡が島根県加茂《かも》町の神原《かんばら》神社古墳で発掘されるにおよび、平縁の神獣鏡とはいえ三角縁神獣鏡と同じ性質の鏡（日本列島で作られた漢式の倭《わき》鏡《よう》）と考えるようになった。

この景初三年銘の銅鏡の鏡背には、文様や銘文が鋳出されていて、文様をあらわした内区の上段には、中国の春秋時代の琴の名人である伯牙《はくが》が膝の上に琴をおいて弾く図文がある。伯牙弾琴《だんきん》の故事をあらわしていると解釈されている。主として四世紀の日本の古墳で出土する銅鏡の神獣鏡とよばれるものの「神」のなかには、それほど多くはないが伯牙弾琴の図柄があって、当時の倭人がそういう図柄を理解し、ことによれば伯牙の故事も知っていたと思われる。

六世紀になると、琴を弾く人物埴輪が古墳で出土している。有名なものでも福島県の原山《はらやま》一号墳（泉崎村《いずみざき》）、群馬県の保渡田《ほとだ》遺跡、栃木県の鶏塚《にわとりづか》古墳（真岡市《もおか》）、埼玉県の瓦塚《かわらづか》古墳や埼玉稲荷山《さきたまいなりやま》古墳（行田市《ぎょうだ》）などがあり、ほかに千葉県、埼玉県、京都府、奈良県、福岡県などでも類例は知られている。

注目すべきことは、先ほどの伯牙弾琴の図柄のように男子の膝の上に琴が置かれているものばかりである点である。神功紀では、タラシナカツ彦の死後に武内宿禰が琴を弾くほかに、異説として皇后が琴を撫《ひ》く話はあるが、タラシナカツ彦が琴を弾いたように、埴輪では男子が弾いている。

一九三〇年の発掘ではあるが、栃木県の鶏塚古墳では出土状態がかなり記録されていて、琴を弾く埴輪を理解するうえでぼくには参考になる。男女の埴輪のうち、陰部をあらわにした女性、子守の女など珍しい人物埴輪もまじっているし、どの埴輪のものかはわからないが、本体からはずれた男子の生殖器の埴輪もある。

鶏塚古墳の埴輪群の解釈のなかで、ぼくが注目しているのは、その古墳の被葬者の生涯をあらわしたものかという考え方である。そうなると、この古墳の主が神判をおこなったことがあり、さらに想像をくわえると、神判の場では、ことによると神の言葉を聞く女性が裸体だったのではないかなども頭に浮かぶ。これについては、さらに時間をかけて調べる。なお、この例は五本の絃の琴である。

＊

『記』では、タラシナカツ彦の突然の死のあと、死者を横たえた殯宮（モガリの仮小屋）で、生剥《いきはぎ》、逆剥《さかはぎ》、阿離《あはなち》（田の畦《あぜ》をこわすこと）、溝埋《みぞうめ》、屎戸《くそへ》（神聖な場に大便をする）、上通下通婚《おやこたわけ》（親子間のセックス）、馬婚《うまたわけ》、牛婚《うしたわけ》、鶏婚《とりたわけ》など、人間にとって誰しも罪と思うことを「求」めた。

先日（一九九九年四月二十五日）、映画監督の篠田正浩《しのだまさひろ》さんと大阪で講演をともにする機会があり、控室で記紀の話になったとき、篠田さんは、芸能集団ともよぶべき人びとが実際に演じたのがこの部分だろうという解釈を私的に話された（たしか篠田さんのそういう随筆もあった）。

タラシナカツ彦への神の怒りを鎮めるには、大祓として生きたまま動物の皮を剝いだり、馬、牛、鶏と人間が交わったりなどの想像を絶する光景がくりひろげられた。記紀の世界は、ぼくの推測よりもはるかにすさまじい世界だが、タラシナカツ彦の死にたいしては、人間の悪の限りをつくした行為を演じることで、罪の大祓にしたのであろう。その罪とは、タラシナカツ彦の罪ではなく、タラシナカツ彦を死に至らしめた神功（および武内宿禰）の罪だったのではないか。

第11章　神功皇后をめぐって

オキナガタラシ（気長足）姫は、前章で述べたようにタラシナカツ彦（仲哀天皇《ちゆうあい》）の妻であり、神功皇后《じんぐう》とよばれる（以下、神功と略す）。

妻とはいえ、前章で述べたように、九州行きにさいしては夫と別行動の旅をしており、ぼくの印象では夫との同居の期間があまりないようである。もちろん以上は物語のうえでのことだが、ホムタ別《わけ》（応神天皇《おうじん》）の母は神功で間違いないとして、父は本当にタラシナカツ彦なのか。わからないことの詮議はやめるとしても、ホムタ別を懐妊した直後に、海を渡って新羅王《しらぎ》を屈服させ、凱旋《がいせん》してすぐに筑紫《つくし》でホムタ別を産んでいる。記紀ともに、ホムタ別の生まれた土地を「ウミ」（『記』では宇美、『紀』では宇瀰）といったとしている。

この個所はあとで、さらに検討するが、懐妊が筑紫であっても、神功の胎内で胎児が大きくなったのは大陸の一部の新羅であった。あくまで物語のうえだが、ホムタ別の出生にはヤマトとその周辺が無関係であるだけでなく、母の胎中で成長したのは朝鮮半島であり、胎中誉田天皇《ほむた》(『紀』)という表現がそのことをよく示している。さらに、出生の地は九州島なのである。ホムタ別は次章で扱うので、話を神功に集中しよう。

＊

以下は印象にすぎないが、戦後の古代史では、オキナガタラシ姫の伝承についての研究は多いが、そこで停滞している感がある。さらに進めて、古代史の学者はどう捉えているのだろうか。

『大阪府史』(第二巻、一九九〇年)を見ていると、こんな文章が目についた。「神功皇后伝承を神話として扱う人も少なくない。しかし『記紀』の神功皇后伝承は、政治的作為に満ちた王朝始祖の物語であって神話ではなく、彼女は〈神〉ではない」。これは直木《なおき》孝次郎《こうじろう》氏の執筆になる文章のごく一部で、一部を抜きだすことは筆者の意を伝えないおそれはある。だが、神功皇后伝承を「政治的作為に満ちた王朝始祖の物語」と捉えておられることはわかる。ぼくも直木氏のまとめに基本的には賛成なのだが、なお神功が後世にあたえた影響の大きさをたどる必要を感じる。

一つは、「神功皇后陵」のことである。八四三年（承和《じょうわ》十）といえば、都は平安京だが、半世紀ほど前までの都は平城京だった。その平城京のすぐ北側に佐紀《さき》（または佐紀盾列《たたなみ》）古墳群があって、この古墳群の西よりに神功皇后陵と成務《せいむ》天皇陵がある。九世紀には、どちらの陵（古墳）も盾列山陵とよばれていた。

事件は、承和十年三月に盾列山陵での二度の山鳴りで始まった。翌月、朝廷では奇異のこととして図録を調べてみると、二つの盾列山陵があって、北が神功皇后陵、南が成務天皇陵だとわかった。今までの混乱の原因は、ひとえに口伝《くでん》に頼っていたからだと述べている。

この二つの陵の混乱は、天皇陵古墳の信憑《しんぴょう》性について、正史（この場合は『続日本後紀』）からでも探れる例のひとつで、それぞれ具体的にどの古墳に比定するかについては前に考えたことがある（『天皇陵古墳』の「二つの盾列陵」の項）。

『続日本後紀』が述べている神功皇后陵を、佐紀古墳群のどの古墳に比定するかはここでは省くが、候補となる古墳（五社神《ごさし》古墳、佐紀石塚山《いしづかやま》古墳、佐紀陵山《みささぎやま》古墳）は、四世紀末から五世紀初頭前後の前方後円墳である。十世紀には、神功皇后陵と信じられている古墳があって、その古墳は山鳴りのような奇異で「神功皇后の祟りがあるたび」に朝廷は使者をだして謝っていた。

「先年、神功皇后の祟りがあった折、弓と剣を誤って成務天皇陵におさめたので、今回改めて神功皇后陵に奉った」と述べている。どのような場合に祟りをあらわすのかもさらに検討したいことであるが、神功の実在性は別にして、十世紀に神功皇后陵が特別の存在だったということは指摘できる。政治的作為での人物像であっても、十世紀に特別に意識された人物であった。

神功は後世にも、その存在が折にふれて引き合いにだされている。北条政子《ほうじょうまさこ》は源頼朝《みなもとのよりとも》の妻であり、かつ夫の死後は尼将軍と称されたように、代々の将軍の後見をしたが、嘉禄《かろく》元年（一二二五）七月に死んだとき、『吾妻鏡《あずまかがみ》』は神功皇后の再生としている。応永《おうえい》二十六年（一四一九）、対馬《つしま》に朝鮮の兵船二百隻あまりの大軍が来寇《らいこう》したとき、都では女の武将が活躍して撃退し、それが神功皇后だったという噂がひろまったことを、貞成《さだふさ》親王は『看聞日記《かんもんにっき》』に記録している。室町《むろまち》時代にも、人びとのあいだでは神功皇后の物語が生きていたのである。

記紀を読んだことのある教養人が神功のことを知っていたとして、それが民衆のあいだにひろまったのか、それとも根強い神功への伝承か信仰が続いていたのか、このことも検討に値することだが、話を進めよう。

＊

タラシナカツ彦は、筑紫の橿日《かしひ》において、ある神の託宣を疑い、それが命を落とす原因になった。前章で述べたように、タラシナカツ彦は「自分の先祖の天皇たちは、すべての神を祭ってきた。それより他に神などいるものか」といって、その神をさらに怒らせた。

タラシナカツ彦の死の直後、記紀ともにこの神の正体を明かしている。ということは、タラシナカツ彦は、その神の名を知らないままに他界したということである。

『記』では、底筒男《そこつつのお》、中筒男《なかつつのお》、上筒男《うわつつのお》の三柱の神で、墨江《すみのえの》大神としている。『紀』では、この神の名を知るまでの複雑な神事を述べたあと、「日向《ひゅうが》国の橘《たちばなのお》小門《と》の水底《みなそこ》にいて、水葉も稚《わかやか》に出ている神、名は表《うわ》筒男、中筒男、底筒男の神」としている。

神功はこの神を穴門《あなと》の山田邑《やまだのまち》で祭ったあと、後に述べるように、ホムタ別を擁して瀬戸内海を東へ進む軍事行動をおこし、大阪湾にきたとき「吾が和魂《にぎたま》を大津の渟《ぬ》中《な》倉《くら》の長峡《ながお》に居さしむべし。すなわち因りて往来《ゆきかよ》う船を看《み》ん」という神の意志にしたがって祭った。いわゆる住吉《すみよし》神社である。

ぼくは大阪市で生まれ、堺市やその郊外で子供のころをすごしたから、「住吉さん」は学問的にきちんとみることが無理なほどなじみ深い。なじみ深いといっても、神ではなくて、太鼓橋のある境内や周辺の商店である。

今から考えると、父はぼくが小学校の低学年のころ、仕事がら多少羽振りをきかせていて、三、四人で住吉さんの料亭で芸者をよんで遊んでいた。そこへぼくをつれていき、帰りに籠《かご》に入った焼き芋をもたされた。母への申し開きに使われたようではあるが、住吉さんの焼き芋は今でもよく覚えている。

小学校の五年と六年は、電車で住吉小学校へ通った。そのころ、住吉神社の境内をよく歩いたし、あとで説明する帝塚山《てづかやま》古墳にも登ってみた。中学生になってからも、この付近の踏査をしている。そのころ、母は住吉神社の境内にある小祠のハツタツさんに月詣りをしていた。月詣りの理由は聞いたことはないが、ぼくが辰年生まれということに関係がありそうである。

＊

身近な存在の住吉さんを、記紀に登場する墨江大神、住吉大神としての理解に近づけるのには時間がかかった。考えていることを個条書きにしてみよう。

(1)今日の発音は「すみよし」であるが、奈良時代ごろは「すみのえ」と発音したようである。一九七四年に住吉区から住之江《すみのえ》区が分区され、複雑になった。その結果、住吉神社をまっすぐに海岸にでたところにあった住吉高燈籠《とうろう》が住吉区にはなく、住之江区にあるようになった。なお墨江の地名から、水の澄んだ清江、つまり潟があったことを推定する説はある。ぼくも潟はあったとみているが、海水がとりたてていうほど澄んでいて、まして「水底にいて、水葉も稚に出ている」ような状況は、摂津《せっつ》の海では想定しにくい。

住吉大神は、ほんらい九州島のどこかの海岸にあった神か、それとも最初から難波《なにわ》の住吉の神だったのかはぼくには判断しかねるが、大阪湾の海中の状況と、タラシナカツ彦がいった、先祖の天皇が祭っていなかった神だということを重視すると、記紀が述べるように、難波にとっては新来の神であろう。

(2)大阪湾ぞいの古地形の見方は、この四十年ほどでずいぶん変わった。変わったというより科学的になった。ぼくも地理学の成果を自分なりに消化して、『大阪府史』（第一巻）にできるだけ紹介したし、『前方後円墳の世紀』（日本の古代5、中央公論社、一九八六年）には、日下雅義《くさかまさよし》氏の復元地図をカラーページで掲載した。さらに『巨大古墳』（草思社、一九九五年）では、堺市から大阪市までの海岸の状況に注意した。

かんたんに要点をいえば、堺市から大阪市にかけて上町《うえまち》台地にそって南北に細長い帯状の潟が発達していて、人工的な海への出入り口を砂堆《さたい》に掘り割って設けると良好な津ができる。このような細長い帯状の潟を、『紀』では長峡といったとぼくはみている。

日本海沿岸には潟が多く、古代には港として利用された。だがその多くは、胃袋形の潟であって、大阪湾沿岸の帯状の潟とは形状が違う。だから帯状の潟のなかでの大津の位置を求めるのはむずかしいが、ぼくは堺を第一候補とし、住吉を第二候補としている。もちろんどちらにも潟を利用した津（港）はあった。

重要なのは、それぞれの津から旧大和川の方向、つまり東へ向かって東西の直線道路があったことである。堺からの東への道は長尾街道で、大津道と推定されている。というのは堺にあった大津への道ということであろう。長尾は長峡のなごり、長峡へ至る街道であろう。住吉津から東への道は、雄略《ゆうりやく》紀にみえる磯歯津路《しはつのみち》と推定されている。

先ほども述べたように、帯状の潟を港として維持するのには、たえず人手を加えないと土砂で浅くなる。とくに砂堆を横切る海への出入り口の維持（たえず開いておくこと）には、継続した修理が必要となる。堺の港近くに、式内の開口《あぐち》神社があるのも、このことと関係があるとみている。開口神社は、住吉神社と関係が深く、その外宮ともいわれた。

自然地形を利用する制約を脱して、大工事をして、良好な港を作る。このようにして誕生したのが、上町台地を東西に横切った多目的運河としての難波の堀江（現・天満《てんま》川、大川《おおかわ》ともいう）で、この人工の河口にあったのが難波津であり、江戸時代の各藩の蔵屋敷もこの人工の運河ぞいに集中していた。以上は『巨大古墳』で考えたデッサンである。

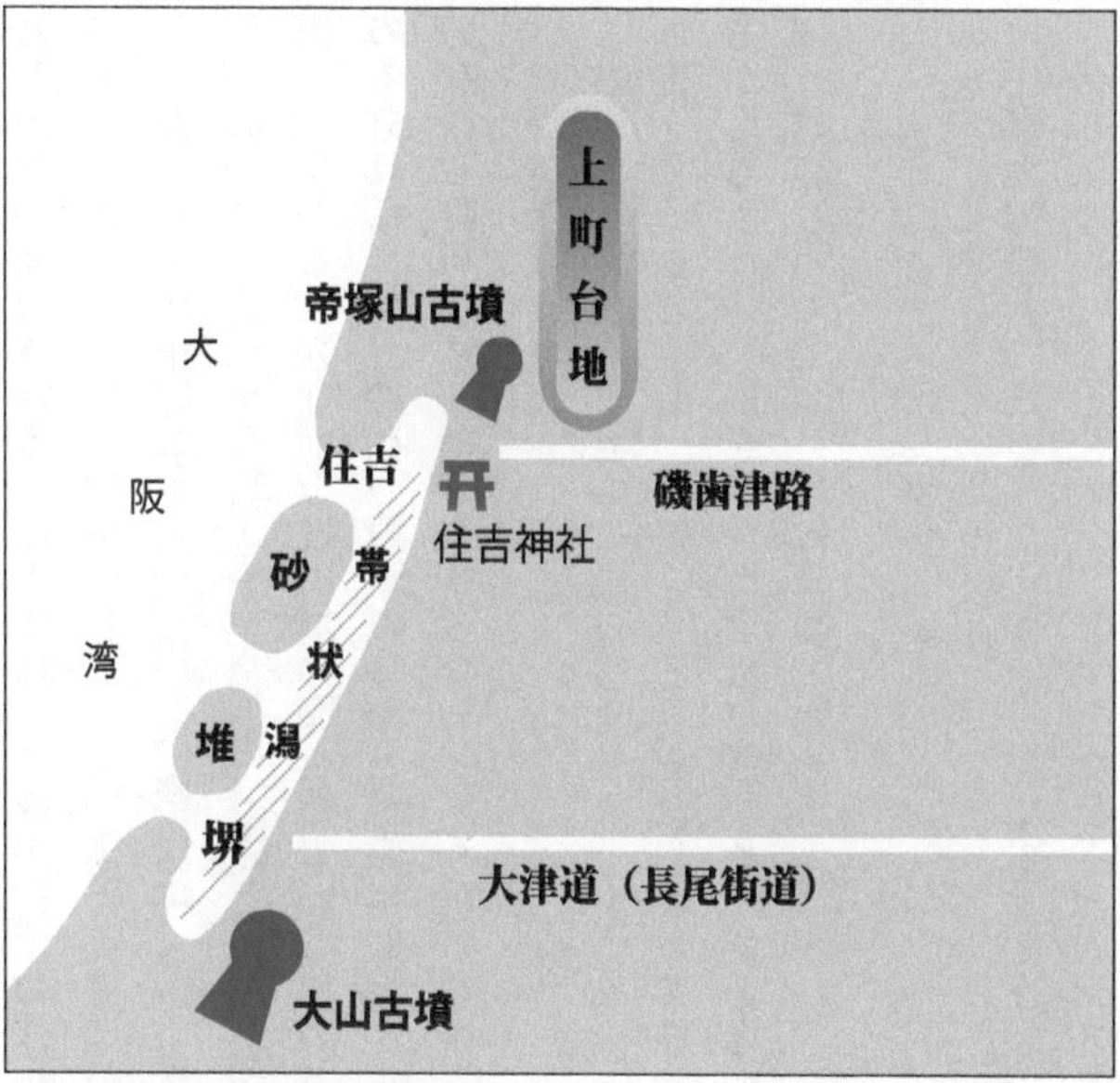

堺から住吉におよぶ帯状の潟模式図

(3)寛政《かんせい》年間（一七八九－一八〇一）に印刷された『摂津国名所図会』は、絵が参考になる。住吉の図は二つあって、その一つは住吉神社の太鼓橋を人びとが渡っているのだが、その下には遊覧の舟が浮かんでいる。この橋のかかっているのが、帯状の潟の残存部と思われる。もう一つは、海のほうから住吉の里を眺めているが、里の北方に帝塚山古墳が描かれている。住吉津を見下ろすような位置にある前方後円墳で、墳丘の長さ約一二〇メートル、もとは周濠があった形跡もある。古墳時代中期の古墳で、住吉神社とどのようにかかわるのかが注目される。住吉には、帝塚山古墳のほかにもいくつかの古墳があったという見方もあるが、その多くは消失していて、まだ実態はわからない。

一九八八年に出版された『新修大阪市史』（第一巻）には帝塚山古墳を含む住吉古墳群の項があって、「住吉大社付近の古墳群」とする挿図では、住吉神社の場所に帝塚山古墳の規模を上まわる壮大な前方後円墳の図をあらわしている。もしこの位置に前方後円墳があったのであれば、住吉神社の鎮座の時期とか様相は大きく違ってくる。ぼくは、現段階では古墳の存在した可能性の指摘にすぎないと思うが、要するに「住吉さん」の学問的な追求はまだまだむずかしい。

住吉についての説明はひとまずおく。というのは、住吉津や住吉邑については、この先で何度か扱うだろうし、うまくするとそれにつれて住吉大神についてももう少し考えが生まれるかもしれない。話をタラシナカツ彦が死んだあとの筑紫にもどす。このあたりは『紀』のほうが詳しいので、それによって進めよう。

＊

住吉大神の名にたどりつくまで、記紀ではどうして話が回りくどいのか、そこに問題はあるだろう。それはともかく、事件をたどると、熊襲《くまそ》国を撃ったり、山門県《やまとのあがた》の土蜘蛛《つちぐも》のタブラツ（田油津）媛《ひめ》を殺している。有明海《ありあけ》に面した福岡県の南部、律令時代の山門郡で、ヤマタイ国九州説の一候補地である。そこに、時代はともかく女支配者のタブラツ媛がいたのである。タブラツ媛には夏羽《なつは》という兄がいて、軍勢をととのえ戦おうとしたという。ヒミコには、佐《たす》けて国を治めた弟がいた。ただし弟の名を『魏志』倭人条は記していない。

『紀』の神功皇后というと、実在性は別にして、四世紀末から五世紀初めの年代が頭にちらつく。一方、倭人条は三世紀代で百年あまりの年代の違いを感じる。それは感じではなく、その通りなのだが、見逃せないことがある。『紀』では神功の三十九年に、倭人条を引用して、倭の女王が大夫難升米《なんしょうまい》を遣わして朝献したことなどを述べている。四十年と四十三年の条にも、倭人条を引用して、外交関係を述べている。さらに六十六年を晋の武帝《ぶてい》の泰初《たいしょ》二年だとして、倭の女王（台与《とよ》か）が貢献したことをも述べている。

ぼくがもっている考古学的な年代は別にして、このように『紀』ではヒミコと神功とを同時代の人とみなしていたのは間違いないから、先ほどの山門県のタブラツ媛とその兄には注意を払う必要がある。

そのあと、火前《ひぜん》（肥前）の松浦県《まつらのあがた》に行き、玉嶋《たましま》の里の小河で食事をした際、針をまげて釣り針にし、飯粒を餌に、着物の糸をとって釣り糸にして、河の中の石に登って祈った。「自分は西方の財《たから》の国を求めようとしている。成功するのなら、魚が釣り針にかかってほしい」。

するとアユ（細鱗魚）が釣れた。『紀』はこのあとに、この国では毎年四月上旬になると女人が年魚《あゆ》を釣っている。今（『紀』の編纂の時点）も続いている。ただし男子は釣っても魚はかからないと述べている。

祇園《ぎおん》祭の山鉾《やまぼこ》の一つ占出山《うらでやま》は別名を鮎祝山《あいわいやま》とか鮎釣り山といって、神功が釣り竿《ざお》を手にして鮎を釣っている御神体（人形）が飾られている。『紀』のこの話にちなんだものである。この話は、典型的な釣り占いではあるが、奈良時代にも唐津《からつ》湾沿岸の松浦では、宗教的な伝統と思うが若い女が鮎を釣る風習があったらしく、それを見に行った大宰府の官人たちの歌が『万葉集』におさめられている。おそらく、そのような土地の風習が記紀の両方に物語として取りいれられたのであろう（『食の体験文化史』）。

このあと、神功は筑紫にもどった。神田を定め、その田に儺河《なのかわ》（那珂《なか》川）から溝を掘って水を引こうとしたところ、トドロキの岡に大岩がよこたわっていて工事ができなかった。神功が剣と鏡を奉って神に祈ると、雷が鳴りひびいて岩がくだけて溝を完成することができた。その溝を裂田溝《さくたのうなで》といったという。二十年ほど前、那珂川町の裂田溝の伝承地を見に行った。掘削がいつまでさかのぼるかはともかく、灌漑《かんがい》用の水路があり、その近くに安徳大塚《あんとくおおつか》古墳という小型の前方後円墳があった。ほかにもいくつかの古墳がある。この地域の開発に関与した人たちの墓であろう。

ところで神功は、どの神のために那珂川の水を引いて神田をもうけようとしたのであろうか。ぼくは『紀』の話の運びから、住吉大神だとみる。那珂川下流の福岡市博多区には住吉神社が鎮座し、『延喜式《えんぎしき》』では那珂郡にあるとしているが、現在の社地が本来のものかどうかは別にして、この神社であろう。

『和名抄《わみょうしょう》』によると、この郡には海部《あま》郷がある。『紀』によると、住吉大神を祭っていたのは阿曇連《あずみのむらじ》であるとしている（神代紀の四神出生章）が、阿曇（安曇）は古代の代表的な海人集団である。余談になるが、阿曇氏は摂津にも居住（移住か）していた。大阪市にあった潟の北端部分を、古代には安曇江《あづみえ》といったし、『紀』の白雉《はくち》四年（六五三）の分注にでている阿曇《あづみ》（あど）寺の発音の変化したのが現在の安堂寺《あんどうじ》町だという説はある。京阪《けいはん》電車の地下工事のときに、北浜《きたはま》駅近くで古代寺院の礎石が出土したと聞いた。古代の難波津に近く、海人集団としての阿曇氏にふさわしい施設であろう。

天平《てんぴょう》九年（七三七）、新羅に無礼のあったことを、伊勢《いせ》神宮、大神《おおみわ》社、八幡（宇佐）、香椎《かしい》宮に幣《ぬさ》を奉って告げたなかに、筑紫の住吉社がある（『続日本紀』）。このころは、筑紫の住吉神社が神功との関係、とくに新羅との関係で重視されていたことがわかる。

＊

これより先、神功は男装して新羅へ出兵しようとした。そこでまず、吾瓮《あへ》の海人《あま》の烏摩呂《おまろ》を西海の偵察に行かせたが、「国、見えず」との報告だった。吾瓮の海人は阿閉《あへ》島の海人のこと、古墳（貝島《かいしま》古墳群）のあり方から、北九州市の藍島《あいのしま》だとみて考えを述べたことがある（『古代日本と古墳文化』講談社学術文庫、一九九一年）。

吾瓮の海人では新羅の状況がわからないので、次に磯鹿《しか》（志賀）の海人、名は草《くさ》という者を派遣したら「西北に山があって、帯のような雲がかかっていて、国のようだ」という。航海の神主には依網《よさみ》の吾彦《あびこ》の男垂見《おたるみ》（小垂水か）を任じた。依網も吾彦（我孫、現在は我孫子）も摂津の住吉郡の地名、奈良時代に摂津国住吉郡に依網我孫忍麻呂《おしまろ》の名が見えるが、この氏は最初から摂津の人かどうかはわからない。このとき、神功は懐妊していた。そこで石を腰にあてて、胎児を保護した。『紀』ではこの石は今も伊都《いとの》（覩）県《あがた》の道の辺りにあるとし、『記』では伊斗《いと》村にあると述べている。

記紀の神功の物語では、表向きには伊都は登場しない。ということは、鎮圧すべき相手のいる土地ではなかったということである。前章で述べたように、伊都県主の祖イトテ（五十迹手）がタラシナカツ彦らを迎えに関門海峡の引嶋《ひこしま》（彦島）まできていた。『筑前《ちくぜん》国風土記』

逸文にもイトテ（五十跡手）のこの話がでている。そこではイトテが、自分はヒボコ（日桙）の子孫であるといっている。

アメノヒボコ（以下ヒボコとする）については、第7章で扱ったように、渡来してきた新羅の王子である。この伝承を信じると、弥生時代の伊都国王の系譜とは別に、古墳時代のある時期の伊都の支配者がヒボコとの関係をとなえていたようである。強弁するようだが、ヒボコと伊都を介して神功が結びつく。応神記には、ヒボコの渡来の経過と子孫のことを詳しく述べているが、ヒボコの五代の子孫タジマ（多遅摩）のヒタカ（比多訶）の子が、神功の母の葛城高額比売《かつらぎのたかぬかひめ》なのである。つまり神功の母方の系譜では、先祖が新羅の王室となり、伊都県主も広義の縁者なのである。

前章で述べたように、タラシナカツ彦の存在を抹殺することによって、新羅にたいする権利を神功が主張できるし、新羅で胎中の期間をすごした応神天皇もその権利を継承できる。もっといえば新王朝の始祖のヲホド王（継体《けいたい》天皇）も、応神の五世の孫ということによって、朝鮮半島での潜在的権利をいえる立場になる。

神功が出産を安全にするために腰に石をあてた話は、『筑前国風土記』逸文に児饗《こふ》の石として伝説をのせている。山上憶良《やまのうえのおくら》は『万葉集』で、「筑前国怡土《いと》郡深江《ふかえ》村子負《こふ》の原に、海に臨める丘の上に二つ石あり」とはじめ、土地の古老から聞いてこの石を詳しく説明し、あとに歌をのせている（巻第五、八一三）。

憶良は、その石が肥前国彼杵《そのき》郡平敷《ひらしき》の石といっている。長崎県の彼杵半島には良質の滑石が産出し、中世に石鍋《いしなべ》を作っているだけでなく、医療用の温石《おんじゃく》にも使用された。憶良は、さらに公私往来する者で、馬からおりてこの石を跪拝《きはい》しない者はいないと述べている。ぼくは、ホムタ別（応神天皇）の誕生の地は伊都ではなかったかと思う。宇美の地名からの手がかりは別にして、さらに検討する必要がある。なお前原《まえばる》市とその近辺には、白木《しらき》神社が四社点在している。新羅神社であり、祭神の伝承（スサノヲの子五十猛《いたける》）はともかく、注目してよかろう。

＊

新羅攻めの話は『記』が簡潔である。仮に神功の時代を四世紀末から五世紀初めとして、倭国が朝鮮半島を軍事的に支配していたことをうかがわせる考古学的な資料はなかろう。だから、記事の簡潔なほうを使う。

神功は、前に述べたように、謎の神の正体が墨江（住吉）大神とわかるとともに、その神の指示によってさまざまの神にも幣を奉り、墨江大神の御魂を船にのせ、マキ（槙か）の灰を瓢簞《ひょうたん》にいれ、箸とヒラデ（平らな器）をたくさん作って、大海に浮かべて渡海した。このとき、大小の魚がことごとく船を負うように浮かべて新羅へ渡した。そこで新羅の国王が天皇のために馬甘《うまかい》となって、毎年馬を船で送ることを約束した。百済《くだら》国は渡《わたり》の屯倉《みやけ》と定め、新羅を守る神として墨江大神を祭り鎮めてから海を渡って帰り、出産の話になる。

『記』のこの個所を率直に読むと、新羅には馬の供給先としての役割、百済には中国への渡航（交易も含め）のための施設（屯倉）を確保するうえでの役割の期待が語られているように思う。倭国にとっては、そのどちらも不可欠のことであり、神功の事績かどうかは別のこととして、当時の倭国の新しい政策の目標であったことは事実とみてよかろう。

神功紀では、新羅との関係を一方的な勝利者の立場にして書いている。そのいちいちを例示するのを躊躇《ためら》うほど、どうして誇張する必要があったのだろうか。それは、どうやら神功の時点での問題ではなく、『紀』の編纂に近いころの要請だったのではないか。

ぼくは二十年ぐらい前からいっているように、朝鮮半島の諸国とは交易や人びとの往来の関係は縄文時代や弥生時代からあったし、古墳時代にはもっと活発になっていた。神功紀の記述が誇張にすぎ、人道にそむく語りのあることから、平和な時代の関係にたいして見る目を曇らしてはいけない。

＊

ホムタ別を出産したあと、神功はヤマトへ向かって船団をひきいて出発した。このとき、タラシナカツ彦の子、カゴサカ（麛坂）王とオシクマ（忍熊）王が神功とホムタ別の近畿入りを武力でもって阻止する行動をおこした。『記』によると、神功は喪船《もぶね》を一つ用意して、「御子はすでに亡くなった」という情報をまいたという。

『紀』によると、カゴサカ王とオシクマ王は、天皇（タラシナカツ彦＝仲哀）の陵を作るということにして、播磨《はりま》の赤石《あかし》（明石）で工事をはじめた。そのため多くの船を使って淡路島《あわじ》の石を運ばせた。それとともに、人びとに武器を持たせて神功を待った。このとき、犬上君《いぬかみのきみ》の祖のクラミ（倉見）別と吉師《きし》の祖のイサチ（五十狭茅）宿禰がカゴサカ王側の味方になった。

ここまでの話で、まず明石をとりあげよう。有名なことだが六四六年のいわゆる大化改新の詔で、畿内の範囲が定められ、「西は赤石の櫛淵《くしぶち》より以東」とある。つまり大雑把にいえば神戸《こうべ》市までが畿内で、明石からは畿外だった。国でいえば、明石が摂津と播磨の境でもあった。五世紀ごろには、もちろん制度としての畿内はない。だがヤマトを取りまく地域の考えはあったとみられるので、原畿内といっておこう。

瀬戸内海を東へ進んでくると、明石海峡で海はせばまり、そこを越すと広大な大阪湾であり、地形的にも原畿内を感じさせたであろう。その明石にタラシナカツ彦の陵を築くという。九州の神功勢力にたいして、カゴサカ王とオシクマ王が原畿内を支配しようとする意志を強く表現したとみてよかろう。

明石海峡を見下ろす垂水《たるみ》丘陵の南端に、兵庫県最大の前方後円墳の五色塚《ごしきづか》古墳（墳丘の長さ一九四メートル）がある。墳丘には、見事なほどの葺石《ふきいし》が使われているが、とくに墳丘上段の葺石は淡路の石だと推定されている。この古墳の被葬者はわからないが、『紀』の赤石の山陵の話は、この古墳の存在から語られたのは間違いなかろう。今日の地名では神戸市垂水区にあるが、明石海峡にある古墳として明石が印象づけられたのであろう。なお古墳と戦、造墓と戦の準備など、関連する問題はあるが、省く。

＊

先ほど、カゴサカ王とオシクマ王側に加担した二人の名をあげた。そのうち犬上氏は、近《おう》江《み》の豪族、ずっと後に遣隋使と遣唐使としての犬上御田鍬《みたすき》を出している。『記』によるともう一人の吉師は、難波の吉師部《きしべ》の祖のイサヒ（伊佐比）宿禰で、クラミ別とともにオシクマ王側の将軍である。後に述べるように、記紀ともにイサヒ宿禰は戦に敗れて死んだとしているが、難波の吉師はその後も勢力を伸ばし、推古《すいこ》朝には新羅や隋との外交で大活躍をしている。摂津に根拠地をおいた豪族で、この氏の特色についてはいずれ先で検討する。

カゴサカ王とオシクマ王は、戦にさいして釣り占いではなく、祈狩《うけいがり》、つまり狩り占いを摂津のトガ（菟餓）野でおこなった。このとき、カゴサカ王は赤い猪にくい殺された。占いでは凶とでたのに、オシクマ王は戦をつづけ、住吉に陣をしいた。物語の展開では、住吉に三神が鎮座するのはこれより後のことである。

オシクマ王側に、熊之凝《くまのこり》という勇者がいた。葛野城首《かどののきのおびと》とも多呉吉師《たごのきし》の遠祖とも『紀』はいう。難解だが、葛野は山城《やましろ》の地名、多呉は越中《えっちゅう》の地名。だとすると原畿内より広く、越《こし》の豪族も参加していたことになる。先にクラミ別やイサチ宿禰が将軍となったあと「東国の兵を起こそうとした」とあるのも、あながち誇張ではなさそうである。

戦の展開をみると、『記』では神功側の将軍は丸邇臣《わにのおみ》の祖、難波根子《なにわねこ》建振熊《たけふるくま》（『紀』では武振熊）である。いわゆるワニ系氏族の一員である。武振熊は『紀』でも戦争の指揮者としてでているが、『紀』では武内宿禰《たけしうちのすくね》が主役になっている。武振熊は、仁徳《にんとく》紀でも飛驒《ひだ》の両面宿《りょうめんすく》儺《な》を伐《う》つときに登場する。ワニ氏は、奈良県北部、滋賀県南部、山城各地に居住した豪族である。

戦の過程では、神功側がフェアではなかった。『記』では、空船を攻めたら、死骸をつんであるはずの喪船から戦士があらわれてオシクマ王側を破り、戦場が山城（京都府南部、当時は山背か山代）にうつると、「神功は死んだ。だから戦う理由はない」と詐《いつわ》って、油断させてから相手を倒し、近江においつめてオシクマ王らを死に至らしめている。『紀』では、宇治（菟道《うじ》）において宇治川をはさんで両軍が対峙《たいじ》したときに、武内宿禰が詐りの話で相手をあざむき、勝利のきっかけをつくっている。このとき、多くの敗走の兵が、栗林（大津市粟《あわ》津《づ》にあったか）で殺され血が流れたので、今に至るまでその栗林で収穫されたクリを宮中には献上しないと述べている。

オシクマ王と神功の戦は、摂津→山城→近江と移動し、山城が主戦場であった。そこは、ホムタ別の五世の孫と称したヲホド王（継体天皇）が越から南下して、根拠地（宮）をおいたところでもある。

『記』では、戦が終わると、武内宿禰がホムタ別をつれて越前《えちぜん》の角鹿《つぬが》にいって、ホムタ別と土地のイザサワケ（伊奢沙和気）の大神（気《け》比《ひ》大神）が名を交換している。この話は応神紀にもでている。角鹿は神功が出発した土地であり、一連の行動の結末の報告でもあっただろう。

*

神功は、タラシナカツ彦の皇后であったとはいえ、その振る舞いは国王そのものである。

『常陸《ひたち》国風土記』によると、今日の県名である茨城の由来にふれて、「茨城《いばらき》の国造の初祖の夕ケコロ（多祁許呂）命《のみこと》は息長帯比売《おきながたらしひめ》天皇の朝に仕えていた」とする伝承をのせているし、『釈日本紀』が引く『摂津国風土記』でも、住吉大神のことに関して「息長足比売天皇」の世に住吉大神があらわれたとして「天皇」扱いをしている。

神功を天皇とする意識は、海外にもあった。一四七一年（朝鮮成宗二）に、中叔舟《しんしゆくしゆう》が王命をうけて撰進した『海東諸国紀』をみると、神武《じんむ》天皇からの代々の天皇の事績に寸評をくわえている。たとえば仲哀天皇の項では、「景行《けいこう》の孫にして、日本武尊《やまとたけるのみこと》の第二子なり。（中略）初めて神楽を作る。百済国始めて使を遣わしてくる（下略）」などと書いている。注目されるのは、その次は「神功天皇。開化《かいか》五世の孫にして、息長宿禰の女なり。仲哀納《い》れて后と為す（中略）。新羅国始めて使を遣わしてくる。三十九年己未、始めて使を漢に遣わす（下略）」と、ここでも「天皇」扱いをしている。三十九年己未は、『紀』が引用した魏へのヒミコの遣使のこと（二三九年）で、中叔舟が『紀』を読んでの引用であることは明らかだ。『紀』を読んでいるのに、新羅での誇張にみちた悪虐の記事を取りあげていない。これはぼくには救いだった。

第12章　応神天皇と日向の髪長媛

ホムタ別《わけ》（応神《おうじん》天皇）は、記紀によると、母の神功《じんぐう》皇后の胎内に宿ったのは筑紫《つくし》である。その直後に父の仲哀《ちゆうあい》天皇は、神の怒りにふれて死んだ。この死にたいするぼくの解釈は第10章で述べた。

神功は、腹に子を宿したまま朝鮮半島に渡海し、目的を達したのち、筑紫に戻ってホムタ別を出産した。出産の地を伊都《いと》とみるほうが、話の流れから理解しやすいことについても、前章で述べた。

『紀』ではホムタ別を、胎中誉田《ほむた》天皇（継体《けいたい》紀六年十二月の条）とか胎中之帝（宣化《せんか》紀元年五月の条）ということもあった。それは、神功の胎中（内）にあったころから、天皇となることが神の意志で決まっていたということであろう。

継体紀六年十二月の条では、朝鮮半島南西部の上哆唎《たり》、下哆唎《たり》、娑陀《さだ》、牟婁《むろ》の四県を百済《くだら》の支配下におくことが問題となったとき、難波《なにわ》にいた物部大連麁鹿火《もののべのおおむらじあらかひ》の妻が夫に意見した。そのなかに、「住吉大神が初めて海表の金銀の国、高麗《こま》・百済・新羅《しらぎ》・任那《みまな》などを、胎中誉田天皇にさずけたのです」とあり、当時の支配者層の妻にも、そのような認識のあったことを示そうとしている。

継体天皇は、『紀』では積極的に朝鮮半島での政策を進めており、考古学資料からもそのことに関連するかと思わせるものがある（先で述べる）ので、継体天皇のころに、胎中之帝とする考え方がではじめていてもおかしくない。

＊

タラシナカツ彦（仲哀）がその存在をまったく知らなかった住吉大神については、前章で少し述べたけれども、胎中にいた子に、倭国王たるべきことと朝鮮半島の領有権を保証できたということに関して、さらにその神の素性を時間をかけて検討する必要をおぼえる。先ほど述べた夫の麁鹿火にたいして、住吉大神の重要性を強く説いた「妻」とは、どこの出自なのかなど、いくつかのヒントはありそうだが、いずれかの機会を待つことにする。

*

ホムタ別は、水野《みずの》祐《ゆう》氏の古王朝・中王朝・新王朝の三区分案を使うと、まさしく中王朝の始祖である。ホムタ別の根拠地（宮）については、『紀』に「難波《なにわ》に幸《いでま》して、大隅宮《おおすみのみや》に居ます」とあるし、ホムタ別の死にさいして、分注で「一に云わく、大隅宮で崩ず」とある。

『記』では、ホムタ別は軽島《かるしま》の明宮《あきらのみや》で政治をとったとしているが、ホムタ別の出自にはとくにヤマトと関係づけるものはなく、また記紀にでているホムタ別の行動範囲から考えても、難波に拠点があったとするほうが納得しやすい。

律令制以前の宮については、いずれ継体天皇を扱うときにもふれる予定だが、ある大王について同時にあった宮を一つだけと考え、クイズのように正しい答えは一つという前提をとるのはおかしいと思う。各地に拠点をもっていて、それを宮と称していたのであろう。そういう意味では、大隅宮のほかにも拠点があってもおかしくはない。

ひとつ気づいたことだが、軽島の明宮は、通説のようにヤマトの高市《たけち》郡の軽《かる》とするのはどうだろうか。というのは、『記』ではただ軽島の明宮とあるだけで、ヤマトとか、まして高市郡とかは書いていない。難波には、八十島《やそしま》とよばれるほどの島もしくは島地形があった。軽島を現存の地名には見いだせないが、これもぼくはメモとしてとどめておきたい。

＊

前章で、大阪市域やその東方にひろがる、古代に河内《かわち》湖のあった河内平野の古地形の理解が、最近の研究で深まったことについて述べ、とくに堺市の百舌鳥《もず》古墳群のある台地あたりから北方へと細長くのびている上町《うえまち》台地の重要性にふれた。宝永《ほうえい》元年（一七〇四）に付け替えられた大和川（新大和川）より北の部分でいっても、上町台地は長さ一二キロ、幅二〜三キロ、まるで岬のような形で、難波宮があった北端では標高約二五メートルもある。まさしく周辺の低地からみると上町《うえまち》である。

次章で仁徳《にんとく》天皇を扱うときに、高津宮《たかつのみや》についてふれるけれども、高津宮は難波宮の下層もしくはその至近の位置にあったと推定され、港的な機能をもった拠点で、〝高い〟という形象は、後世の意識でいう〝上町〟にあるという意味かと考えている。地理学者の日下雅義《くさかまさよし》氏は、河内平野の変遷を長年手がけてきたが、難波の高津宮にあった高臺《たかだい》について、人工的な楼閣風の建物、たとえば高殿《たかどの》という見方をとらず、上町台地そのものという新しい見方を提示された（『平野は語る』大巧社、一九九八年）。

重要な指摘である。高臺の臺は、台の旧字体、日下氏のいうように台地の意味があるし、今日も「高台《たかだい》に登ってみる」というようなときに無意識に使っている。

高津宮の高臺を、普通の字体にすると高台で、まさしく上町台地のこととみてよいが、ここで検討のいるのがホムタ別の大隅宮の高臺である。

上町台地の北東、河内湖が大阪湾へ出る旧淀川ぞいに大隅島があった。安閑《あんかん》紀には、「牛を難波の大隅嶋と媛嶋松原《ひめしまのまつばら》とに放ち、ねがわくは名を後に垂れん」との勅のなかに、大隅島がある。別の機会に述べたように、ここでの牛の飼育は牛乳をしぼって乳製品を作るためのもので、滋養強壮的な意味の乳製品は中国の江南《こうなん》（呉《くれ》）よりもたらされたものだが、それを実用化するのに努力したという意味にとると、先ほどの「ねがわくは名を垂れん」の意味も解ける（『食の体験文化史　3』）。

安閑紀やそれ以降の文献にみえる乳牛牧《ちちうしのまき》のあった大隅島は、今日の大阪市東淀川区大道《だいどう》にあったのは確実であろう。ぼくは以前に書いた『考古学と古代日本』では、この乳牛牧のあった大隅島にホムタ別の大隅宮もあったとする考えをとったし、今でも一案であるとは思っている。ここは島とはいえ、水上交通の要地であり、明治十八年（一八八五）夏の大洪水にも水没しなかったほど土地の条件がよい。またこの大隅島の周辺には、弥生遺跡があったり、銅鐸が出土したりしていて、弥生時代から集落も営まれていた。

『紀』によると、ホムタ別には兄媛《えひめ》という妃がいた。吉備臣《きびのおみ》の祖、御友別《みともわけ》の妹だという。兄媛は故郷の父母を恋しがり、一度吉備へ帰ることになった。このとき、大津から船だちして往く兄媛を、ホムタ別は高臺から見送ったという。

大津は難波の大津とみてよかろう。とすると、この高臺のあった位置は、東淀川区の大隅島では離れすぎているし、日下説のように高臺を上町台地とみると、東淀川区説は成立しなくなる。ぼくは、日下氏の考えに接するまでは、ホムタ別の大隅宮を、安閑紀以降の放牛のおこなわれる大隅島と同一視していたが、これはご破算にしたほうがよい。

ホムタ別は、すでに述べたように胎中之帝であり、それを約束したのは住吉《すみのえ》大神、別の字での墨江大神である。この二つの表記には、ともに「スミ」があるし、とくに墨江大神の江は潟のことと推定されるから、スミという大きな地名があり、オオスミのスミもそれに関するものかもしれない。これ以上の穿鑿《せんさく》は無理ではあるが、上町台地の北端近くに難波宮があり、その下層もしくは至近の地に高津宮と大隅宮があったとしても一向におかしくはない。上町台地は摂津《せっつ》国にあるとはいえ、八世紀より以前（正確な時期は不明）は河内国であり、その意味で、応神・仁徳とその後しばらくを河内王朝ということもできるのである。

＊

ホムタ別にも複数の妻がいた。皇后の仲姫《なかつ》とのあいだにオホサザキ（仁徳天皇）、高城入《たかきのいり》姫とのあいだに大山守《おおやまもり》、ワニ（和珥）の臣《おみ》の祖ヒフレ（日触）の使主《おみ》の娘の宮主宅媛《みやぬしやかひめ》とのあいだに菟道《うじの》（宇遅）稚郎子《わきいらつこ》と矢田《やた》皇女を産んでいる。ほかにも妃と子の記載はあるが、省く。このなかのオホサザキと矢田皇女が結婚することになるし、そのことがさまざまの問題をおこす。それについては次章で述べる。

このうちまずワニ氏の出の宅媛のことから話を進めよう。ワニ氏は、忍熊《おしくま》王とホムタ別・神功の戦いにさいして武振熊《たけふるくま》が活躍している。仁徳紀六十五年の条に、和珥臣の祖・難波根《なにわね》子《こ》武振熊とあるのは、同一人物であろう。武振熊は難波に根拠地をおく部将的な存在とみられる。それにたいして、ヒフレ使主は南山城《やましろ》、おそらく宇治のあたりに古くから栄えた豪族と推定される。宅媛は、『記』ではヤカワエ（矢河枝）比売《ひめ》の名ででていて、話が具体的に展開するので、以下はヤカワエ媛として『記』でみていこう。

ホムタ別は、淡海《おうみ》（近江）へ行く途中、宇治に寄り、そこで名高い歌をよんだ。

千葉の　葛野《かずの》を見れば　百千足《ももちだ》る　ヤニワ（『記』では夜邇波、『紀』では夜珥波）も見ゆ
国の秀《ほ》も見ゆ

この歌は、記紀の両方にでているが、ヤニワの部分を普通「家庭」の字におきかえている。しかしその字面ではどうしても現代の「カテイ」を連想するので、ぼくはヤニワのままにした。

京都盆地の北西にあたる葛野を遠くのぞむと、たくさんのヤニワが見える、国の秀（富）が見えている。

この歌は国讃めの歌だとされていて、その通りなのだが、山城全体を讃めたのではなく、宇治のほうから葛野を遠眺しての葛野を讃めたという点に、ぼくはこだわっている。それは、渡来系の大集団といわれる秦《はた》氏の最大の根拠地である葛野にたいする羨望の歌であり、たんなる国讃めの歌ではなかろう。

ぼくの推定では、葛野、少しおおげさに表現すれば「秦王国」への憧れをあらわした歌があって、それを記紀ではこの応神の個所に配列したのであろう。だから、秦氏の祖の弓月君《ゆつきのきみ》の「来帰」を、『紀』ではいつにしているかには拘泥しない。

『新撰姓氏録』の「左京諸蕃」の最初を例にあげると、「太秦公宿禰　秦始皇《しこうてい》帝三世孫孝武王之後也。男功満王は仲哀天皇八年来朝。男融通《ゆうずう》王（一に弓《ゆ》月《つき》王という）は応神天皇十四年に来朝し、二十七県の百姓をひきいて帰化す。金銀玉帛《ぎよくはく》らの物を献す（以下略）」とあり、他に秦氏は、右京、山城、大和《やまと》、摂津、河内、和泉《いずみ》など『新撰姓氏録』の対象としている畿内のすべての国に分居している。まさしく大勢力であり、弓月君にたいして、融通王あるいは弓月王と王を称していたことも参考になる。

ここでは、葛野の秦氏関係の考古学的遺跡についてはふれないが、古墳でみると、ヤマトの大王家に比肩するほどの勢力があったのは七世紀初頭の前後で、そのころの「秦王国」への羨望の歌であってもよいし、「金銀玉帛」のような財宝の将来（輸入）者としての秦氏への羨望なら、それより以前でもよい。

先ほど、ヤニワを「家庭」の字におきかえることを躊躇《ちゅうちょ》した。よく訳されているように「葛野には家がいっぱいある」というだけでなく、「家と庭」がいっぱいあるということであろう。庭は、神事をおこなう場であったり、庭園であったり、さまざまあるが、たんに住居が密集しているのでは、どうもなさそうである。これもさらに検討するが、仮にお屋敷がいっぱいあるというぐらいの意味にとっておこう。

＊

ホムタ別が葛野への羨望の歌をよんだあと、『記』では木幡《こはた》村でヤカワエ媛と出会っている。木幡は強田《こわた》とも書き、古代の巨椋《おぐら》湖へそそぐ宇治川の河口に近く、北東への陸路をとると合《おう》（逢）坂山《さかやま》をこえ近江に至る古北陸道の要衝であった。平安時代には、藤原北家一門の木幡墓地にもなるが、その墓地が南山城最大の古墳時代後期の群集墳の地に重複して営まれており、六世紀ごろに強大な勢力があったことがわかる。その勢力の候補の一つがワニ氏であろう。

ホムタ別が木幡村に到ったとき、麗美なる嬢子《おとめ》とその道の衢《ちまた》であった。ヤカワエ媛である。『記』は「麗美嬢子」の四字で書いていて、いわんとすることがよく伝えられている。

木幡村の道には衢があった。四方に通じる大通りのこと。村の字を使っているが、『紀』がよく使う邑《まち》に当たるようだ。ここで気づくのは、律令時代の宇治郡には木幡郷がない。だが平安時代以前の木幡は、近世の木幡村よりはるかに広い範囲にわたっていたことが、さまざまの古文献から推定されている。宇治郡には宇治、大国、賀美《かみ》、岡屋、余戸《あまるべ》、小野、山科、小栗の八郷があったが、そのうち大国郷の範囲がよくわからない。ぼくは木幡村の別名が大国郷だったのではないかと、ふと考えた。

ホムタ別は、その麗美なる乙女に「汝は誰の子か」と問いかけた。「ワニのヒフレのオホミの娘、ミヤヌシヤカワエ媛」と答えた。ホムタ別は「明日、汝の家に行くぞ」といった。そこでヤカワエ媛は、ことの詳細を父に伝えた。すると父は、「その人は天皇である。わが子よ、お仕えしなさい」といって、家を餝《かざ》ってホムタ別を迎えた。たいへんなご馳走（大御《おおみ》饗《あえ》）でもてなし、ヤカワエ媛がお酒の相手をした。そのあと、よく知られた歌をホムタ別がよんだ。

この蟹や　いづくの蟹　百伝《もも》う　角鹿《つぬが》の蟹（以下略）

この最初の部分は、まるで今日の居酒屋のやりとりである。大阪弁でいえば、「このカニは、どこのカニや。わざわざ角鹿から手にいれたんか」というようにぼくには読める。まず酒の肴《さかな》を話題にしたあとヤカワエ媛の後ろ姿、歯並み、眉《まゆ》のひき方などをほめあげ、そのあと二人はなるように合わさり（適当な言葉うかばず、一つになる）、生まれた御子がウジのワキ郎子《いらつこ》である。

ウジのワキ郎子については次章でも述べるが、母（ヤカワエ媛）の父（ワニのヒフレのオホミ）の居住地で育ち、そのまま宇治に勢力をはったようだ。一口に「天皇の御子たち」といっても、母親が違うと、果たして幼少期に一堂に会することや、まして一緒の生活をすることなどあったのだろうか。この点、たとえば異母兄弟などといっても、今日の兄弟の感覚とはかなり違ったものだったと推定される。

山代のヤカワエ媛との結婚のあと、『記』では、日向国《ひゅうが》の諸県君《もろがたのきみ》の娘の髪長比売《かみながひめ》を難波に召す話になる。『紀』にもほぼ同様のことがのっているのと、そのほうが人名や地名が詳しいので、『紀』のほうで進めよう。

ある人が、「日向国に嬢子《おとめ》がいます。髪長媛といって、諸県君牛諸井《うしもろい》の娘です。国中での美人です」といったので、ホムタ別は悦んで召そうと思った。使いが行って、二年後に日向から来たので、桑津邑《くわつのまち》に滞在させた。

桑津は、上町台地の東辺に位置し、平野川（旧大和川）が河内湖にでるところにあって、津（港）のつく地形にふさわしい。弥生中期以来の桑津遺跡が名高く、古墳時代にも拠点集落の一つがあったとみてよかろう。すでに市街地になっているが、大塚《おおつか》、赤塚《あかつか》、鑵子塚《かんすづか》などの古墳があった形跡がある。

桑津遺跡の南西部には、七世紀末ごろからの瓦をだす田辺廃寺がある。平城宮出土の神亀《じんき》五年（七二八）の木簡には、摂津国住吉郡に田辺史広《たなべのふひとひろ》なる者がいたことを記していて、この地に渡来系と推定される田辺史一族がいたのであろう。ただし、住吉郡での田辺史氏の居住は七世紀ごろ、つまり田辺廃寺創建のころかといわれているから、髪長媛伝承とのかかわりはなさそうである。

髪長媛の話にもどすが、ホムタ別の息子のオホサザキが、髪長媛を見そめてしまった。細かい話は省くが、ホムタ別は、髪長媛を息子の妻にすることを同意した。のち、髪長媛はオホサザキの妃となり、男女の子を産んでいる。子の一人の大草香《おおくさか》皇子は、別の表記では大日下玉、日下は「ひのもと」でもあり、母の故郷日向の意識との関係も注目される。

髪長媛のことで考古学的に重要なのは、日向の出自ということである。後で述べるように、宮崎県と大阪府とには、中期の前方後円墳の形に類似する場合があって、それらの年代が五世紀代ということもあり、日向から妃が出たという伝承との関連がうかんでくる。

『紀』の異説によると、日向の諸県君牛（ここでは諸井は省かれている）は朝廷に仕えていたが、年老いたので日向に帰っていた。しかし、娘の髪長媛を朝廷にたてまつろうとして、播《は》磨《ま》まで行った。ちょうどそのとき、ホムタ別は淡路島で狩りをしていた。すると数十の麋鹿《おおしか》が海に浮かんできて、播磨の鹿子水門《かこのみなと》に入った。使いをだして見させると、角をつけ鹿の皮をきた人間だった。「誰人《たれ》ぞ」というと、諸県君牛で、娘の髪長媛をつれて来たと答えたという。

すごい話で、解説をつけにくい。話をそのままうけとると、髪長媛も男たちと一緒に鹿の角をつけて、海に浮かんできたことになるのだろうか。海に浮くかどうかは別にして、女のほうが男の居住地へ移って結婚するときに、鹿に仮装する風習があったのだろうか。それはともかく、皇后とか妃といっても、ヤカワエ媛のように父方の家にいて男のほうが来る場合と、髪長媛のように故郷を出て移住する場合の二通りがあったことがわかる。その違いが何を意味するのか、おそらく先学の研究があるだろう。古墳の問題にうつりたい。

*

第9章「オオタラシ彦の大旅行」を書いたとき、宮崎県の西都原《さいとばる》古墳群のことにふれた。『紀』では、オオタラシ彦が日向国子湯県《こゆのあがた》の丹裳小野《にものおの》で、「倭《やまと》は　国のまほらま　畳《たた》づく青垣　山籠《こも》れる　倭し麗《うるわ》し」の歌をよんでいるが、これは国恩《しの》び歌ではなく、遠いご先祖にヤマトがどんな土地かを報告した歌だろうという私説を述べた。ぼくのイメージでは、古墳群のある台地（小野）でこの儀式はおこなわれたというのであろう。そのような解釈にふさわしかった。

その原稿を書いた直後、ひとつのことを思いだした。古墳群のある西都原は、大正のころにも「斎殿原」と書かれていて、先祖である神々への斎場のあった地名としてもおかしくはないと考え、『アサヒグラフ』連載の「今週の調査ノートから」（のち『関東学をひらく』朝日新聞社、に所収）で「日向で作られた国ほめ歌」を書いた。

それを書いてから、宮崎県の考古学者で西都《さいと》市に住んでおられる日高正晴《ひだかまさはる》氏のご意見をうかがった。

⑴江戸時代の文化《ぶんか》十四年（一八一七）の碑に「西都原」の字が刻まれていて、そのころ、東の大和にたいして古代日向を本拠とする国学にもとづく意識がではじめたのではないか。

⑵斎殿原の地名については、永禄《えいろく》元年（一五五八）の「妻宮縁起書」にはでていること。

⑶現在も、西都原古墳祭がヲサホ塚古墳とメサホ塚古墳（以下、古墳を略）を対象にしておこなわれているが、もとは山陵祭といって、中世までさかのぼることは確実である。

以上は同氏の「西都原古墳群の歴史的意義」（『西都原古墳研究所年報』10号、一九九四年）の論文と同氏の手紙から、要点をまとめた。

ぼくも西都原での山陵祭についてはさらに検討をつづけるが、少なくとも中世まではたどれそうであり、全国的にみても、特定の古墳への祭祀がつづけられていた稀有《けう》の例である。先ほどから話が本筋からそれたように思う人もいるだろうが、実はこのヲサホ塚とメサホ塚の二つの古墳、とくにメサホ塚が髪長媛を考えるうえで問題となるのである。

漢字で書くと男狭穂塚と女狭穂塚である。考古学者仲間の会話では、塚をはぶいてヲサホ・メサホともよんでいる。この二基の前方後円墳は、宮内庁が陵墓参考地に指定していて墳丘内部の観察はできないけれども、墳丘の測量図が一九四〇年に刊行された『西都原古墳の調査』（日本古文化研究所）におさめられていたので、ぼくなども早くから学術資料にとりこむことができた。

ヲサホ塚とメサホ塚は、人間にたとえると抱擁しているほど接近していて、全国的にみても特異な古墳である。狭険な土地ならばいざ知らず、広大な西都原での異常接近の背後に、特別の事情がひそんでいることはまず間違いなかろう。

＊

大阪府羽曳野《はびきの》市に誉田山《こんだやま》古墳がある。ホムタ別を葬ったとされていて、ぼくも以前は応神陵古墳とよんだことがある。この古墳は、平安時代には応神天皇の陵としての信仰がうまれていて、限定付きだが信憑性のある天皇陵である。だが誉田山古墳についても、本来の被葬者は別だとする考えがある。

一九六八年に、藤間生大《とうませいた》氏は、文献史料を東アジアでの国際関係に重点をおいて五世紀の大王についての考察をおこない、斬新な試案をだした。ただし古墳名を「現在の允恭陵《いんぎょう》」などにしているので、ぼくがかねがね提唱している古墳名にかえて述べる。藤間氏は、倭王済《せい》の陵を市野山《いちのやま》古墳ではなく大山《だいせん》古墳（現在の仁徳陵）とし、倭王珍《ちん》の陵墓を誉田山古墳にした（『倭の五王』）。結論の当否はともかく、天皇陵を求めるうえでの大胆な研究方法であり、ぼくにも役立った。

藤間説のように現・応神陵（誉田山古墳）が倭王珍である反正《はんぜい》の陵だとし、現・仁徳陵（大山古墳）が倭王済である允恭の陵だとすると、日向の髪長媛との関係を知るうえでの直接資料ではなくなる。

その問題はひとまずおくこととして、少なくとも平安時代から応神陵だとして扱われてきた誉田山古墳について、もう少し紹介する必要がある。それは誉田山古墳にも、異常接近の珍しい実例があるからである。

誉田山古墳は、東方の中堤に接して陪墳指定の二《ふた》ツ塚《つか》古墳がある。陪墳というのは宮内庁の扱いがそうなっているのであって、墳丘の長さ一〇六メートルの立派な前方後円墳である。航空写真や測量図によると、二ツ塚古墳が誉田山古墳よりも先に存在していて、誉田山古墳の内濠と中堤をゆがめる設計になっている。

このことは、誉田山古墳の造営にさいして、誉田山古墳の輪郭を左右対称にできなくとも、先に（せいぜい数十年）つくられていた二ツ塚古墳を破壊することなくのこしたため、二つの古墳が異常接近することになった。

なお、二ツ塚古墳を意図的に陪墳にとりこんだとみる人もいるが、その場合でも、誉田山古墳の設計段階はおろか、古墳をどこにするかの土地選定以前に、すでに二ツ塚古墳が造営されていたことは変わらない。

もし誉田山古墳の被葬者が、平安時代以前にまでさかのぼって〝応神陵〟だったとしよう。ホムタ別の墓である前方後円墳が、もう一つの前方後円墳と不自然なほど近接して造営されていて、それがヲサホ塚とメサホ塚の異常接近を説明するさいに頭の片隅においてよいことになるだろう。

ぼくが初めて西都原を訪れ、ヲサホ塚とメサホ塚の周囲を歩いたのは、一九五一年の夏だった。何とも不思議な古墳だと思った。当時は、ヲサホ塚は前方部が細長い、いわゆる柄鏡《えかがみ》式の前方後円墳（墳正の長さ約二一九メートル）だと推定されていて、その前方部の先端部分がメサホ塚によって失われているとみられていた。だが、近年になって、ヲサホ塚の前方部は本来短いもので、大円墳に方形突出部をつけた帆立貝式古墳（前方後円墳の一種。墳丘の長さ約一五四メートル）とする見方が有力になってきたけれども、いかんせん陵墓参考地であって、そのことの確認ができず、考古学界の混乱の原因となっている。普通の場合なら、前方部の先端かといわれた部分へ、一本トレンチをいれ、それを研究者に公開すれば、結論はすぐにでる。歯がゆいかぎりである。

＊

ぼくの研究仲間に宮川徏《みやかわすすむ》氏がいる。『古代学研究』をスタートさせたころからの友人である。宮川氏は、巨大前方後円墳の多い堺市で育ち、今日も住んでいる。本業は考古学ではないが、前方後円墳の築造企画の復原に取り組み、綿密な研究方法によって、その方面の安定した研究者としてよく知られている。

本章を書くに当たって、宮川氏がメサホ塚（墳丘の長さ約一七五メートル）のことを書いているのをおもいだし、さらに最近の考えもうかがってみた。宮川論文は、「前方後円墳築造企画と技法の伝承性」と題し『橿原考古学研究所論集　八』（吉川弘文館、一九八八年）に掲載されている。

それによると、微細な違いを別にして、堺市の百舌鳥古墳群の二番めの巨大前方後円墳である百舌鳥陵山《みささきやま》（石津丘《いしづおか》古墳ともいう。墳丘の長さ約三六〇メートル。現・履中《りちゆう》陵）を、後円部といい、前方部といい、その形をきちんと二分の一にしたものがメサホ塚である。後円部も前方部も、その形を正確に二分の一にしているのだから、古墳時代の土木技術の高さには驚くほかない。このことは、当時すでにいく通りもの古墳の設計図があったと考えざるをえないことと、その設計図にもとづいて古墳の施工のできる技術集団（土師《はじ》氏）がいたことなどが、頭に浮かぶ。

百舌鳥陵山古墳は、オホサザキ（仁徳天皇）の子のイザホ別（履中天皇）の墓に宮内庁は指定しているが、いわゆる百舌鳥三陵のうちでは、現・仁徳陵（考古学的には大山古墳）より古く、もし記紀での伝承どおりに、百舌鳥野に三陵があるのであれば、百舌鳥陵山古墳が仁徳陵ということも考えねばならない。だから、百舌鳥陵山古墳とメサホ塚を、同じ設計図で造営したことの背景には、それぞれの被葬者が、生前何らかの深い関係にあったことを示唆している。

ヲサホ塚は、すでに述べたように、本来の墳形はまだ確定はしていないが、後円部の直径が一三二メートルある。円墳や帆立貝式古墳の円丘部に比較すると、ぬきんでた規模である。その数値でみると、河内の誉田山古墳（墳丘の長さ四一五メートルないし四三〇メートル、後円部の径二六七メートル）の後円部の二分の一とみる網干善教《あぼしよしのり》氏の指摘がある（「古墳築造よりみた畿内と日向」〈『関西大学考古学等資料室紀要』二号、一九八五年〉）。

宮川・網干両氏の研究をふまえると、応神陵の可能性の高い誉田山古墳、応神の次にくる仁徳陵の可能性のある百舌鳥陵山古墳のそれぞれ二分の一で造営されたのが、西都原古墳群で接近して構築されているヲサホ塚とメサホ塚であることは、見逃せない事実である。

このことは、もちろん断定はできないけれども、『紀』が述べているホムタ別と息子のオホサザキが、諸県君牛とその娘の髪長媛とのあいだで展開した事件とかかわりがあるのではないかと思わせる。この視点でみると、西都原にはじめてあらわれる巨大古墳としてのヲサ

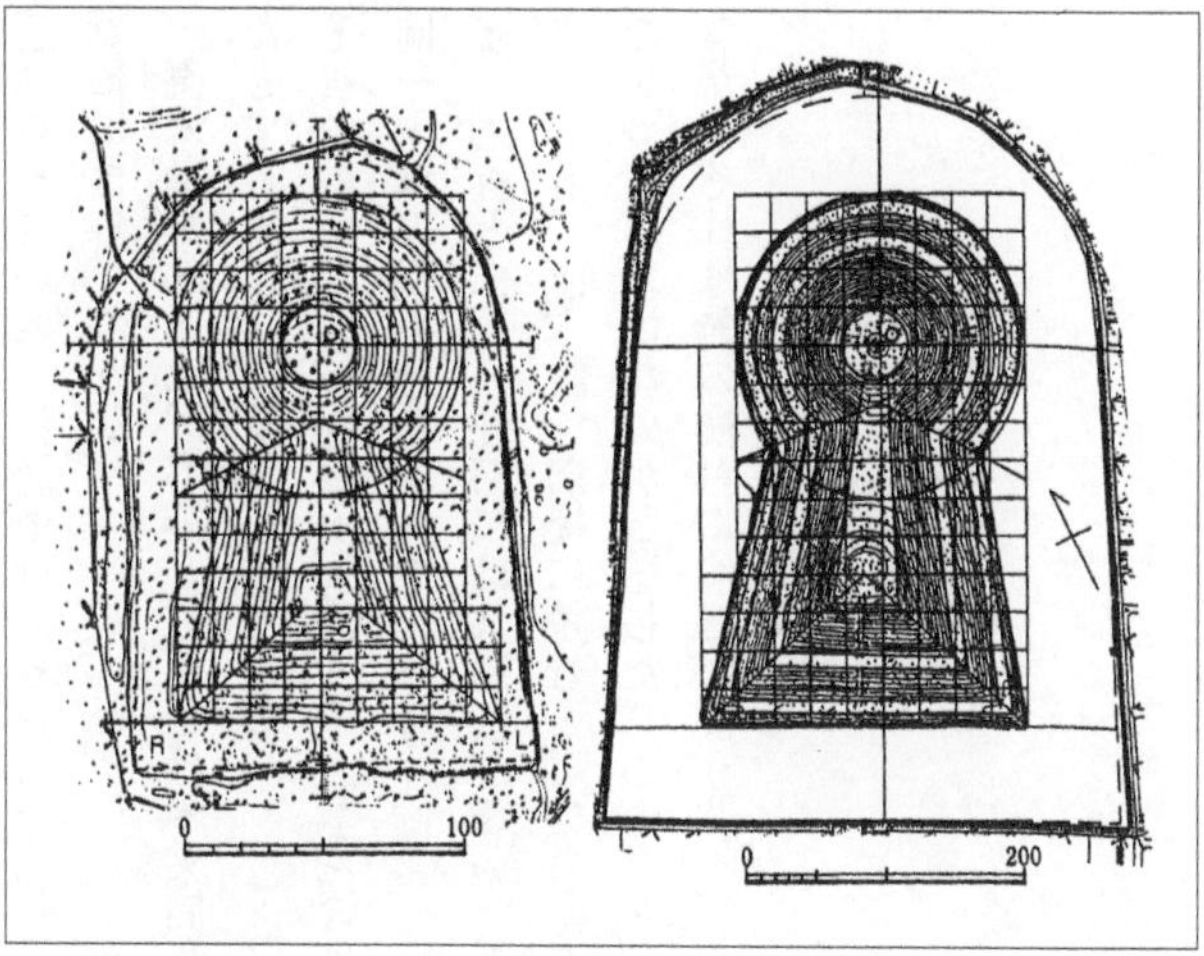

百舌鳥陵山古墳（右）とメサホ塚古墳
両者は480キロも離れているのに築造企画が共通する（宮川論文より）

ホ塚は、諸県君牛の墓であり、たんに娘を妃にだしたから河内の造墓技術で大古墳の造営ができたというだけでなく、ホムタ別の東進にさいして重要な役割をになったがゆえに、このような造墓が実現したのではないかという推測も生じてくる。南九州の鉄製武器と河内・和泉・近江などの古墳出土の鉄製武器の類似の問題もあるが、話が細かくなるのでここでは省く。

＊

髪長媛は、ホムタ別が妃として日向からむかえたのに、太子のオホサザキが「吾に賜わしめよ」とねだって妃にしている（『記』）し、『紀』でも同じ経過が述べられている。物語ではそうなっていても、実際に父の妻（予定者）を、そう簡単に子の妻にできるだろうか。

直木《なおき》孝次郎《こうじろう》氏は、応神と仁徳とは本来同じ一人の天皇であったが、のち説話を二つに分けたとする説（「応神天皇の実在性をめぐって」〈『人文研究』29―10、一九七四年〉）を発表され、それを読んだとき衝撃をうけた。直木氏は、『新修大阪市史』（第一巻）でも、「応神・仁徳同一説は仮説の域を出るものではない」とことわったうえで、「このような推測が可能なほど、応神と仁徳の性格には共通性が多い」と指摘されている。ぼくは髪長媛の問題を考えるさいにも、直木説を前提に読むと、父の妃を子がもらったのではなく、同一人物の妃にすぎなかったのではないかと感じた。このことが、いわゆる応神陵や仁徳陵の問題とどうかかわるか、それは先の検討にゆだねよう。

第13章　仁徳天皇と皇后磐之媛

　オホサザキ（仁徳《にんとく》天皇）は、ホムタ別《わけ》（応神《おうじん》天皇）の第四子だとされている（『紀』）。とはいうものの、前章で述べたように、二人は本来同一人物だったものを、のち説話のうえで二人に分けたという推測の生じる節が随所にある。

　早い話、応神紀には陵の記述がない。オホサザキの時代に、父の陵を造営したとする記述もない。神武《じんむ》天皇から持統《じとう》天皇までの三十九人の天皇のなかで、『紀』に陵の記述がないのは応神天皇だけである。事績の大きさからみると、これは奇妙というほかない。

『紀』の雄略《ゆうりゃく》天皇九年七月の条に、河内《かわち》にあった誉田《こんだ》陵での馬の埴輪と田辺史伯孫《たなべのふひとはくそん》が自分の馬とを取り換えた話がのっていて、今日の誉田《こんだ》山《やま》古墳（誉田御廟山《ごびょうやま》古墳ともいう）を舞台にした物語とみられている。たいていのことにそれなりの辻褄《つじつま》をあわせている『紀』の編者が、どうしていきなりすでに存在しているという形で誉田陵を登場させたのか。本章ではそれ以上の詮索はしないが、心にとめておいてよいことである。

前章で日向《ひゅうが》の髪長媛《かみながひめ》について書いた。父であるはずの応神天皇が、わざわざ自分の妃にするために髪長媛を喚《よ》びよせた。ところがその媛は、子のオホサザキの妻になっている。このことを書きながら、実際の親子ではありえない話だと思った。だが、二人が本来同一人物だったとすると、この妻の問題は解消する。

古墳時代に三王朝があったとする水野《みずの》祐《ゆう》氏は、中王朝を仁徳王朝とよんでいる。とはいえ、記述のうえでは「応神・仁徳天皇以後」とか、「応神・仁徳天皇以下の仁徳王朝」のような扱いがみられ、両者を峻別しにくい天皇と考えておられるようすがうかがえる（『日本古代王朝史論序説』新版、早稲田大学出版部、一九九二年、元版は一九五四年）。

＊

ホムタ別とオホサザキの行動には、たしかに共通性がある。何よりも、それぞれが政権を掌握するまえに、ヤマトもしくは原畿内の支配者が立ちはだかった気配があり、しかも、舞台がともに山背《やましろ》（京都府南部）だったことは見逃せない。

ホムタ別については、第11章で書いた。粗筋をいえば、母の神功《じんぐう》皇后とともに九州から攻めのぼった幼いホムタ別を、オシクマ（忍熊）王の軍勢が明石で待ちかまえた。明石はしばしばふれたように、大化《たいか》二年（六四六年。大化の元号があったか否かは別にして、便宜上使う）の詔ででてくる畿内の西端、つまり原畿内の入り口だった。さらに山背の宇治（菟道《うじ》）、とくに宇治川が戦争の舞台となって、ここで詭計《きけい》をとったホムタ別側が勝利をおさめた。そのあと、オシクマ王側の残兵も逢坂《おうさか》で破られたが、逢坂は六四六年の詔での原畿内の北端である。つまりこの戦は、ヤマト政権の支配する原畿内の争奪として語られていたのである。では、オホサザキの場合はどうなっているのだろう。

＊

『紀』によると、ホムタ別（応神天皇）には皇位の継承者となるような子が三人いた。オホサザキ（母は仲姫《なかつ》）、大山守《おおやまもり》（母は高城入姫《たかきのいり》）、それと前章で述べた山背のワニ（和珥）氏から出た宮主宅媛《みやぬしやかひめ》の子の菟道《うじの》（宇遅、以下は今日流に宇治とする）稚郎子《わきいらつこ》である。

ホムタ別の三人の子供と書くと、つい父の同じ家で育ったかのような現代的錯覚をしてしまうが、これも前章で少し述べたように、宇治稚郎子の場合は、宇治の木幡《こはた》にあったと推定される山背のワニ氏の家で生まれ育ち、その地域の王的な存在になったと推定される。だから少しオーバーに表現すれば、ある段階では宇治王朝（『宇治市史』で使われている言葉）の王的な存在ともみられる。

このような視点にたって、三人それぞれの勢力範囲を推定すると、宇治稚郎子が京都府南部（南山背）、大山守が奈良県北部、オホサザキは難波《なにわ》を中心にした大阪府ということになり、まさに三勢力が鼎立《ていりつ》する様相を呈していたのであろう。なお『記』にもほぼ同じ情勢が語られている。

＊

宇治稚郎子は、百済《くだら》から渡来したアチキ（阿直岐）から経典を習った。この場合の経典は、お経ではなく儒教の書物であろう。『記』によると、アチキは渡来にさいして、牡馬と牝馬、それと横刀と大鏡をもってきている。『記』と『紀』は、このあたりはほぼ同じ内容を語っているが、『紀』によれば、「汝にまさる博士がいるだろうか」との宇治稚郎子の問いにたいして、アチキは「王仁《わに》という者がいます。たいへん優秀です」と答え、それによって百済から王仁が渡来して、宇治稚郎子の師になったという。

『記』によれば、和邇吉師《わにきし》（王仁のこと）は、『論語』十巻、『千字文』一巻だけでなく、その渡来にさいして卓素《たくそ》という名の技術者（手人《てひと》）の韓鍛《からかぬち》と西素《さいそ》という呉服《くれはとり》を同道している。

呉は中国江南のこと、江南系の裁縫の技術者であろう。小さなことだが、アチキはおそらく種馬とみてよい番《つがい》の馬をもってきている。王仁も、技術者と一緒に渡来している。このことは、当時の「博士」の実態を知るうえで、手がかりをあたえてくれる。『千字文』は、梁《りょう》（五〇二―五五七）代に作られた四言の古詩二百五十句、つまり千の文字を集めたもので、江戸時代から、応神天皇のときに王仁がもってくるのは不可能とみる説が大半だった。谷川士清《たにがわことすが》など少数意見では、魏のときにあった幻の『千字文』だという見方もある。調べていて興味ぶかく思ったのは、一九三八年に出版された『東洋歴史大辞典』に、豊田穣《とよだじょう》氏の執筆になる『千字文』についての次のような説明を見つけたことだ。

「我国に渡来したのは応神天皇十六年（西晋の武帝太康《たいこう》六年）と伝えられているが（中略）、仁徳天皇の末年となすべきであろう」

今日の年代観からみて、オホサザキの時代に、梁の『千字文』が成立していたかどうかは別にして、先ほどから気にとめながら書き進んでいる応神・仁徳同一人物説を頭の片隅において読むと、半世紀以上も前に書かれた豊田説に新鮮さを感じる。

＊

王仁について考えよう。『紀』では「書首《ふみのおびと》らの始祖」としていて、「書」は「文」の字でもあらわす。西文氏として、発音は「カワチのフミシ」である。河内国古市《ふるいち》郡古市郷が根拠地で、羽曳野《はびきの》市古市にある河内でも創建のはやい（七世紀代）西琳寺《さいりんじ》が西文氏の氏寺と推定されている。

王仁氏の子孫という河内の文氏については、若い日の井上光貞《いのうえみつさだ》氏の「王仁氏の後裔氏族と其の仏教」（『史学雑誌』に掲載されたものが、一九八二年に『日本古代思想史の研究』〈岩波書店〉に収められた）という力作があり、それを初めて読んだとき、歴史の論文とはこういうものかと驚きを禁じえなかった。ぼくの二十歳代のことだったが、そのころはまだ、のちに井上氏の『日本の歴史』第一巻（中央公論社、一九七〇年）のお手伝いをするなどとは、夢にも思っていなかった。

王仁について、もう少し検討しよう。大阪府枚方《ひらかた》市の藤阪東《ふじさかひがし》町に「博士王仁之墓」と刻まれた石碑がある。十八世紀にたてられたもので、近年、この王仁の墓の伝承地を中心に公園ができた。王仁の子孫の根拠地の古市は、河内でも今日流にいえば南河内、それにたいして枚方は北河内で、丘陵の背をこすと京都府南部（南山城）である。

枚方に王仁の墓があるとするのは、何の根拠もない江戸時代の学者の創作か、それともそのような伝承が生まれる理由があったのか。わざわざここで取りあげたのは、もう気づかれたように、宇治稚郎子の学問の師が王仁だとする記紀の記述が気になるからである。つまり枚方と宇治は、直線距離で一八キロほどのところにあり、ともに淀川水系でつながっていて、地形からみて、枚方は平地にある川ぞいの潟（ひらかた）の意味だろうと、ぼくは推測している。

枚方は百済との関係が深く、奈良時代には、東大寺《とうだいじ》の大仏造立にさいしての黄金を陸奥《むつ》から献上した百済王敬福《くだらおうけいふく》の本貫の地として知られている。さらに百済との関係は、敬福の時代に始まるものではなく、それ以前からあったとぼくは推定している（上田正昭《うえだまさあき》氏との共編『継体大王と渡来人』大巧社、一九九八年）。

『播磨《はりま》国風土記』によると、播磨国揖保《いひぼ》郡に枚方の里があった。どうしてその地名がついたかといえば、河内国茨田《まむだ》郡枚方の里の漢人《あやひと》が移住して、開墾したからだとしている。その文につづく佐比岡《さひおか》の説明でも、河内国茨田郡枚方の里の漢人が来て、この地を通過する出雲《いずも》の国人たちに恐怖をあたえていた神尾山《かみおやま》の出雲の大神を祭って鎮めたという。

注意を要するのは、出雲の国人たちではその神を鎮めることができなかったのを、枚方の漢人が鎮めたというくだりであって、出雲の国人たちがまだ知らなかった新来の信仰（仏教か）で、荒ぶる神を和らげることができたのであろう。茨田の枚方の里の漢人とは、そういう集団だったのである。

王仁は百済から渡来した。枚方の里にいたのは漢人である。ここに接点がえられそうではあるが、まだ食い違う。奈良県生駒市の竹林寺《ちくりんじ》には、奈良時代の僧行基《ぎょうき》の墓があって、そこから「大僧正舎利瓶記」とよばれている一種の墓誌が出土している。その銘によると、行基は俗姓高志《こし》氏で、先祖が百済王子の王爾《わに》であると記している。これによって、王仁は王爾とも書いたことと、子孫に文氏だけでなく、高志氏のいることもわかる。

王仁（王爾）が渡来する前に百済人だったことは間違いなく、漢人とは無縁かと考えそうである。だが延暦《えんりゃく》十年（七九一）に、文忌寸最《ふみのいみきも》弟《おと》や同族の武生連真象《たけふのむらじまきさ》らの上言のなかで、遠い先祖は漢の高帝の後の鸞《らん》という人物からでていて、のち百済に渡ったとする家の由来を述べている（『続日本紀』）。『新撰姓氏録《しんせんしょうじろく》』でも、文宿禰、文忌寸、武生宿禰などは、漢皇帝の後の鸞王の子孫といっている。このようにたどってみると、王仁（王爾）は、百済人でもあるし、遠い先祖でいう場合には、まぎれもない漢人であり、枚方に漢人がいたとする伝承を軽視することはできない。

前にもふれたように、宇治稚郎子は山背のワニ氏の宅媛とホムタ別の子であり、母方の家か近辺で育ったとみられる。そのワニ氏を構成する有力な氏の一つに粟田《あわた》氏がいた。奈良時代に、今日の京都市、とくに東山《ひがしやま》の西麓に根拠地をもっていた。天平《てんぴょう》二年（七三〇）、政府は、五人の者に二人ずつの弟子をとって漢語を習わせている。この五人のなかに、粟田朝臣馬養《うまかい》と文貞之《ふみのさだゆき》ら王仁の末裔や王仁と接触した者の子孫の名が見える。

王仁博士の伝承が事実として、宇治稚郎子に何語で儒教の講義をしていたのだろう。百済の言葉か漢語か。おそらく原典の発音は漢語だったのではないか。それにしても、八世紀になお、粟田の家が漢語を伝えていたのは注目に値する。

＊

ホムタ別とオホサザキの行動の類似性に、もう少しこだわりたい。第11章をおもいだしてほしい。九州から攻めてきたホムタ別の軍隊を迎えうったヤマト（原畿内）の勢力には、二人の王がいた。カゴサカ（麛坂）王とオシクマ（忍熊）王だった。話をわかりやすくするため、以下番号をうって整理する。

(1)ホムタ別に対立する勢力、それを九州からみると東方にあるので、仮に東方勢力とよんでみるが、東方勢力には王位継承の資格と力をもつ二人の王（皇子の敬称）がいた。オホサザキにも、大山守と宇治稚郎子という二人の競争相手の皇子がいた。しかもオホサザキの根拠地が難波であるので、難波からみると、ヤマトの大山守、南山背の宇治稚郎子は東方勢力といってよい。

(2)ホムタ別に対立した二人の王のうち、カゴサカ王は、戦のまえに祈狩《うけいがり》という狩り占いをトガ（菟餓）野でおこなった。この話は、『記』と『紀』の両方にでている。トガ野については、大阪市内とする見方と神戸市内とする見方があるが、『紀』には仁徳三十八年のこととして、天皇が皇后（八田《やた》皇女）と高臺にいたときの、トガ野の鹿の声にまつわる悲しい話がでている。この高臺は、すでに述べたように上町《うえまち》台地とみてよかろう。つまり、カゴサカ王とオシクマ王が祈狩をした場所は、たんに鹿や猪のいる野ではなく、のちにホムタ別やオホサザキの根拠地（宮）がおかれる土地の隣接地だった。

トガ野での祈狩では、『紀』によれば、赤い猪がでてきてカゴサカ王を「咋《く》い殺し、軍士悉《ことごと》く慄《おそれ》る」と書かれている。参考にいえば、「咋う」は「舌つづみを打って物を食べる」である。『記』では、クヌギにのぼっていたカゴサカ王を、怒った猪がそのクヌギの根を掘って、王を落とし、「咋って食べた」としている。

いま述べている本論からはそれるが、『記』と『紀』はともに、祈狩に失敗した王が食べられたと書いている。このことは、古代社会における支配者の運命の峻厳な一面がのぞいている。命を落としたとか殺されたというような、簡単なものではない。

本筋にもどる。オホサザキに対立した大山守と宇治稚郎子のうち、年長者とみられる大山守がまず殺されている。この点、カゴサカ王が最初に対立者から消えるのと共通している。その話にはいるまえに、大山守について少し述べる。

『紀』によると、大山守の政権内での仕事は山川林野を掌《つかさど》ること（『記』では山海の政《まつりごと》）だとしている。山川林野を管掌するといえば、漠然としていた。ところが最近、縄文時代から弥生時代にかけて、山地形から平地にでる境となる谷ぞいの土地で、大規模な仮称水場《みずば》遺構があちこちで見つかりだした。ときには、谷の傾斜角度を同じにするような工事をしていて、ぼくははじめて、山部とか山守部とよばれた人たちの仕事の一端が、具体的に理解できるようになった。

山野を管理し、山や野の幸を入手するというのは仕事のごく一部であって、木の実の加工、木器の第一次加工（主として木のくせを直す）、さまざまな植物繊維の加工など、仕事の内容は多岐にわたっている。それと薬草の入手と管理も重要だった。何でもないことだが、大山守が掌ったものが山林野だけでなく、「山川林野」と川が含まれていることは、最近の水場遺構の重要性にぴたり合致している。

ホムタ別（応神）が亡くなったあと、厳密にいえばまだ次の天皇が決まっていない空白期に、一つの事件がおこった。

ヤマトの三輪《みわ》山の麓に倭《やまと》の屯田《みた》と屯倉《みやけ》があって、出雲臣の祖、淤宇宿禰《おうのすくね》が屯田司《みたのつかさ》を務めていた。そこへ大山守の兄の額田大中彦《ぬかたのおおなかつひこ》が、次のような主張をしだした。「この屯田は本来は山守の地である。だから自分の管轄であるから、おまえはやめよ」

三輪山の西麓には中世に出雲荘とよばれた土地があり、その一部は考古学でいう纒向《まきむく》遺跡にもかかっている。ここに出雲臣が登場する重要さについては、数年前に考えたことがあるので、ここには省く（「出雲の外の出雲」と「出雲へのまなざし」、ともに『考古学へのまなざし』収載）。

事件は結局、オホサザキがのりだし、かつ古くからヤマトの故事に詳しい倭直《やまとのあたい》吾子籠《あごこ》が、淤宇宿禰の主張を支持して決着した。そのため大山守は、遺恨を強めたと『紀』では述べている。

この事件は、倭屯田をめぐっての管轄のトラブルだけではなく、たんなる水田経営の地とするのか、それとも山部や山守部の利益にもつながるような経営にするのかの対立だろう。さらに考えたい衝動にはかられるが、またの機会にして先へ進もう。

倭屯田の問題がおこったころ、先帝の意志によって、宇治稚郎子が天津日継《あまつひつぎ》（皇太子）となり、オホサザキは太子の補輔役になっていた。

大山守は反乱を決意して、数百の兵士をひきいて夜半にたち、明け方に宇治へついた。『紀』のほうでは、あらかじめこのことをオホサザキから知らされていた宇治稚郎子は、粗末な着物姿で、度子《わたしもり》にまじって船にのり、大山守たちを乗せた船を傾けて、宇治川に落としてしまった。宇治川は、オシクマ王とホムタ別の戦でも主戦場になっていて、ここでも話に共通点がでている。

宇治川に落ちて流されている大山守が歌をよんだとして、『紀』に度子の歌をのせている。これはもちろん大山守のものではなく、宇治川の度子をよんだものだろう。なお『万葉集』では、宇治川を氏川と書いたり是川にしたりしている。氏川はわかるとして、是川が宇治川であることのわからない人は、「日本の文字文化を銅鏡にさぐる」（『考古学と古代日本』）参照のこと、私見を述べておいた。

宇治川での戦は『記』にも述べられているが、話の大筋は同じなので省く。『記』と『紀』はともに、大山守を那良《なら》（羅）山《やま》に葬ったとある。宮内庁は、奈良市法蓮《ほうれん》町にある円墳を那羅山墓に指定しているが、前方後円墳のほうがふさわしいようにおもう。

⑶類似点の⑵が長くなったが、ホムタ別とオシクマ王が対立者としてのこったように、オホサザキと宇治稚郎子がのこった。『記』と『紀』は、兄と弟が王権を譲りあったとする物語を展開している。海人《あま》が大贄《おおにえ》の魚をもってきたが、二人とも天皇ではないといって受け取らなかったので、魚は腐り、海人が愁き悲しんだため、『紀』では宇治稚郎子が自殺した（『記』では、早く崩じた）とする結末にしている。

両者の対立が実際にはどのようなものだったのか、武力衝突的なものがあったのかどうかはともかくとして、最後に政権を掌握したのはオホサザキであった。このようにホムタ別とオホサザキの二人が王権の頂点にたつまでの経過や舞台に、類似性のあることを痛感した。

それにしても、九州のホムタ別が東方勢力を制圧し、難波にいたオホサザキも東方勢力を屈伏させた。このことは、伝説上の始祖王の「神武東征」（『日本神話の考古学』）の物語にも共通している。このあたりで、話を次に進めよう。

＊

オホサザキがホムタ別と違っているのは、無類の恐妻家として描かれている点である。オホサザキの皇后のイワノ媛《ひめ》（『紀』では磐之媛、『記』では石之日売）の父は、葛城曾都比古《かつらぎのそつひこ》である。曾都比古は『紀』では襲津彦と書き、朝鮮半島の問題で活躍をする。以下ソツ彦とする。

ソツ彦の根拠地は、奈良盆地の西部の葛城地方であろう。葛城地方には、北葛城郡と南葛城郡があって、奈良県の人は、ホッカツ、ナンカツとよぶことがある。どちらの郡域にも大型古墳はあるが、最近は御所《ごせ》市にある室大墓《むろのおおはか》（宮山《みややま》）古墳を、ソツ彦の墓の候補とみている。墳丘の長さ二三八メートルの巨大な前方後円墳で、奈良県では八番めの規模である。

オホサザキは難波の高津宮《たかつのみや》にいた。その宮の北辺には、後に述べるような旧淀川の本流があり、さらに旧大和川をさかのぼると奈良盆地であった。つまり難波と葛城は一つの水系の河口と上流の関係にあったから、オホサザキ勢力にとってもソツ彦の勢力にとっても、強く結びつかないと勢力の維持がむずかしい。

話は少しそれるが、天皇に皇后や妃を出した家（氏）は、その父をも含んで突然に繁栄するのではないかとおもわれがちである。たしかに、史料的には皇后や妃をだしたことだけが述べられているようだが、実際にはその父なり家が大きな働きをしたり、特別の役割があって、それが妃をだすことにも連なるのではないかと思われる節がある。

イワノ媛の場合にも、父のソツ彦の力と経験、端的にいえばヤマト内にもつ勢力と朝鮮半島での役割が、オホサザキには重要であり、その重要性から娘をさしだすことになるのだろう。細かいことは省くが、先ほどオホサザキは無類の恐妻家だとしたが、その恐妻の中味には、イワノ媛が恐ろしいということだけではなく、その実家の力からの威圧をうけていたのだろう。

オホサザキは、宮廷に仕えていたクガ（玖賀）媛《ひめ》に関心を示した。玖賀は久我とも書き、丹波《たんば》南部の淀川水系の桑田《くわた》の地域とぼくは推定している。だが皇后の妬《ねた》みでクガ媛は国に帰された。こともあろうに、次にオホサザキは、宇治稚郎子の妹の八田《やた》（矢田）皇女を妃にしようといいだした。母は異なるとはいえ、ホムタ別の子、つまり妹である。

皇后が、その話をうけいれるはずはない。だが皇后が紀国《きのくに》への旅をしているあいだに、『紀』によれば「皇后の不在をうかがって八田皇女を娶《め》して宮の中に納《い》れた」。この個所は、

『記』ではずばりと「八田若郎女《わきいらつめ》と婚《まぐわ》った」とある。恐妻家にしては、大胆な行為だ。

紀国から帰ると、イワノ媛は高津宮には寄らずに、次章に述べる人工の運河（堀江）をさかのぼって、「河のまにまに」山代《やましろ》河に入って山代へ行った。「河のまにまに」は、さまざまの河筋をとりながらの意味で、古地形によくあっている。以下が重要だが、山代では筒木《つつき》の韓人のヌリノミ（奴理能美）の家に入っている（『記』）。『紀』のほうでも、ほぼ同じことが語られ、川の名が山背河、今日の木津川のことだろう。そして筒城岡の南に宮室をつくったのが筒城宮だとしている。

この話は『記』のほうにリアリティーがある。韓人ヌリノミは、『新撰姓氏録』によると、河内に「百済国人努理使主の後」とする水海連《あまのむらじ》や調曰佐《つきのおさ》がいるし、平安京の左京にも水海連と同祖の調達がいて、そこでは「応神天皇のときに帰化し、顕宗《けんぞう》天皇のとき絹織物を献上したので、調という氏の名を賜った」としている。そのほか山城の民首《たみのおびと》もヌリノミの子孫としている。

イワノ媛が山代で宿泊したのは、百済系のヌリノミの家、ヌリノミのノミは使主のことである。水海連の名から、河川水運を得意とした家柄、同じアマでも水海の字をあてているのが注目される。ことによると、河川水運だけでなく、河内湖と山代にあった巨椋《おぐら》湖やそれをつなぐ河川水運に従事していたのだろう。それと後にふれるように、絹織物の生産をしていたらしい。

ここで、ヌリノミが百済系の豪族であることにこだわりたい。一つは、ソツ彦の活動範囲が、すでにふれたように朝鮮半島であったことによって、前々からイワノ媛の父との関係でヌリノミと親縁があって、宿泊先に選んだという見方ができる。

もう一つは、高津宮があったと推定される上町台地と百済人の関係である。摂津国《せっつのくに》には百済郡があって、郡域は上町台地南部の天王寺区《てんのうじ》とその近辺に推定できる。渡来人のために設定したというだけでは成立理由を説明できない奇妙な郡で、東部、南部、西部のような小地域名がついている。これは今日的な東部などではなく、百済からの影響の推定される地名である。

摂津国の百済郡については、いつ建郡したかを示す史料はないが、ぼくの推定では、たんに渡来人が集まり住んだというだけではなく、交易などの目的で滞在していた人たちをも含め、自然発生的に成立した百済人の多い土地という意味であって、その発端が応神・仁徳のころにまでさかのぼることも推測される。この推測が当たっているなら、高津宮の南方至近の地は百済人が多数居住する土地でもあって、ヌリノミもそこに関係をもっていたことはありうる。つまり、オホサザキはソツ彦を介さずともヌリノミに関係があって、イワノ媛はそれを利用したことになる。

ヌリノミは養蚕をしていた。最初は匐《は》いまわっている虫が、鼓のような形になり、次に飛ぶ鳥（虫）になる。三回も変わるこの虫を、イワノ媛に見せると媛の気持ちが変わるかもしれないし、オホサザキが会うこともできるだろうとオホサザキに進言し、その通りにしてみた。だがうまくは事は運ばず、オホサザキは皇后のいる家の戸をへだてて、次のような歌をよんだ。

つぎねふ　山代女《やましろめ》の　木鍬《こくわ》持ち　打ちし大根《おおね》　さわさわに　汝《な》がいへせこそ　打ち渡す
やがはえなす　来入《きい》り参来《まいく》れ

難解な歌である。一つはっきりしているのは、奈良時代には山代は野菜の産地で、平城京へ供給していた。それが反映したのがこの歌なのか、あるいはこの歌によって、山代の野菜作りが奈良時代以前にもさかのぼるとみてよいのか。おそらく後者だろう。

前に機会があったので、この歌の大意を次のようにとらえてみた。「山代女の木鍬で育てた大根の葉がざわつくように、あれこれあなたがいうので、大勢でにぎやかにやってきた」（『食の体験文化史』）。ここでは省いたが、もう一つ大根の白い根をよんだ歌があって、それにたいして大根の葉をよんだとみた。最近は産地で葉を切って出荷しているので、葉のない大根しか見ていない人には、この歌はわからないだろう。

イワノ媛は、夫には会おうとはしなかった。イワノ媛は「八田皇女を妃にされたうえは皇后でいることを望みません」と人伝えにオホサザキにいった。名目は皇后でも、実質的な第二夫人はいやだということだろうか。それから数年して、イワノ媛は筒城で死に、乃羅山《ならのやま》に葬ったと『紀』は述べている。

今日、奈良市にある佐紀《さき》古墳群の佐紀ヒシアゲ古墳（墳長二二〇メートルの前方後円墳）がイワノ媛陵に指定されている。その当否を別にして、どうしてイワノ媛を、父のソツ彦の地盤の葛城ではなくて、乃羅山に葬ったのだろう。またオホサザキとの関係を重視すれば、和泉《いずみ》の百舌鳥《もず》に墓があってもよい。乃羅山といえば、反乱ののち殺された大山守を葬った土地である。たしかに、ヒシアゲ古墳を見ると堂々とした前方後円墳だが、史料のうえでの乃羅山には、自分の気持ちのなかにひっかかるものがある。

イワノ媛は、民間からでた最初の皇后である。天平元年（七二九）に、聖武《しょうむ》天皇が藤原不《ふ》比等《ひと》の娘の光明子《こうみょうし》を皇后にするさいの宣命にも、オホサザキ天皇のとき、「葛城曾豆比古の女子《むすめ》、伊波之比売命皇后と御相《みあ》ひ坐《あ》して」と、唯一の先例にしている（『続日本紀』）。ぼくは『記』や『紀』が述べる内容を真にうけて、オホサザキを恐妻家で、イワノ媛を嫉妬《しっと》の多い女として説明を進めてきたが、それは一部の理由であって、実際の軋轢《あつれき》は皇族から皇后を選ばなかったことにあったのではないか。そうだとすると、ホムタ別の子の八田皇女を皇后にしたこと（『紀』）も、個人的な好みだけの問題とはいえない。何だか、男のほうも女のほうも可哀そうになってきた。

＊

イワノ媛が死んだ翌年、オホサザキは八田皇女を皇后にした。だがその二年後に、オホサザキは新しい皇后の妹のメトリ（雌鳥）皇女を妃にしようとした。それが発端となって事件がおこり、結局メトリ皇女は殺されている。

八田皇后がいつ亡くなったのか、どこに葬られたかについて、『記』も『紀』も述べていない。そのことが、明治五年（一八七二）に大きな問題をおこすことになった。

明治五年九月、堺市にある大山《だいせん》古墳の前方部で、立派な石棺が見つかり、甲冑などが副葬されていた。大山古墳は、考古学的な研究方法を貫くためぼくが命名した遺跡名で、宮内庁は仁徳陵といっている。オホサザキを葬った古墳ということである。周濠をめぐらした墳丘の長さ四八六メートルの前方後円墳で、日本列島最大規模であることはよく知られている。ぼくの体験では、「最大規模だから仁徳天皇陵に違いない」という人もいるけれども、学問的には意味がない。オホサザキも被葬者候補の一人にはなるというのがぼくの本音である。

大山古墳の被葬者が疑われだしたのは、最近になってのことで、明治五年のころは仁徳天皇陵だった。その古墳の前方部で、石棺が突然のこととして見つかった。ここでは省くが、明治五年の石棺発見については前に書いたことがある（『巨大古墳の世紀』『巨大古墳――治水王と天皇陵』）。

前方後円墳では、主要な被葬者は後円部に葬られるのが原則である。前方部に埋葬のある場合は、後円部の主人公に従属した人が考えられる。もうおわかりのように、明治五年に仁徳陵の前方部で、ほぼ仁徳のころの石棺が発見されたとなると、誰しも葬所についての記録のない八田皇后に思い当たるだろう。

明治政府にとって、オホサザキは漢風諡号《しごう》の仁徳が示すような人格者であるべきである。母は異なるとはいえ妹を妻にしたのでは困る。その意味で八田皇后の存在をできるだけ話題にしたくなかったようだ。だから、「これは石棺ではなく宝器をいれる石櫃《いしびつ》だ」とか「仁徳の時代にはまだ石棺も甲冑もない」とかの詭弁が教部省の役人からだされた。

大山古墳の前方部の長持形石棺は、大山古墳の時代のもので、おそらく男性を葬ったとみてよかろう。ただし、文献史料で割りだすオホサザキの時代より半世紀あまり新しいとみている。その意味では、八田皇后を葬ったものではない。不可解なことだが、このときに出土したと推定される銅鏡や刀の柄頭は、ボストン美術館の所蔵になっている。おそらく、明治五年に石棺発見を闇につつんでしまった処置に関係して、信じられないことがおこったようだ。それにしても、イワノ媛や八田皇女にとって、オホサザキはどんな夫だったのか。興味ぶかい問題である。

第14章　仁徳天皇と都市づくり

『紀』に描かれたオホサザキ（仁徳《にんとく》天皇）は、治水王といえるほど関係の記事が多い。だが注意しておいてよいのは、その治水事業は大阪湾ぞいの上町《うえまち》台地とその東方の河内《かわち》平野が舞台だったことである。

大阪市と上町台地は、水野《みずの》祐《ゆう》氏の提唱する中王朝にとっては政権の基盤のあったところであり、第12章で述べたように応神《おうじん》天皇の大隅宮《おおすみのみや》があったとみられるし、仁徳天皇の難波《なにわ》の高《たか》津宮《つのみや》もそこにあったか、あったとする想定だったとみてよかろう。

結論を先にいえば、仁徳天皇の十一年のこととしている土木工事は、農業生産力をたかめることだけが目的でおこなわれたのではなく、都としての高津宮の力を強めるための、いいかえれば都市計画的な周辺の整備の記事だったとみている。それは難波の堀江の掘削と茨田《まむだの》堤《つつみ》の築造であり、四十三年の依網屯倉《よさみのみやけ》の記事からも、都の南方に付属して設けられた苑池《えんち》的な場所の存在がうかがえる。まず難波の堀江から考えよう。

＊

大阪市に住む人にとっては、今日でも「ホリエ」の地名は日常会話でひんぱんに登場し、西区には北堀江《ほりえ》や南堀江の地名がある。江戸時代の商人であり、かつ本草学や物産学で名高い木村蒹葭堂《きむらけんかどう》（一七三六—一八〇二）も北堀江の住人だった。だがこれらの堀江は、元禄《げんろく》十一年（一六九八）に、新地開発のため河村瑞賢《かわむらずいけん》が掘った堀川に由来する地名であって、仁徳紀の堀江ではない。

西区の堀江が十七世紀末以後の新しい地名だとしても、仁徳紀にみえる堀江は、その後も堀江もしくは難波の堀江としてしばしば文献に登場している。つまり実在の地名だった。もちろん後で検討するように、仁徳天皇十一年の記事がどこまで史実を伝えているかの問題はあるが、おそくとも六世紀初めには掘削が終わっていたとみられる。

難波の堀江は、仏教史にも登場する地名である。欽明《きんめい》天皇の十三年（五五二）に、百済《くだら》の聖明王《せいめいおう》が金銅の釈迦《しやか》仏や経論を献上してきた。有名な事件だが、これをわが国での仏教の開始とみるのは妥当ではない。それ以前から、仏教はさまざまの形で浸透していて、これも一事件としてとらえるべきである。それはともかく、この仏像のうけいれをめぐって、物部大連尾輿《もののべのおおむらじおこし》や中臣連鎌子《なかとみのむらじかまこ》が反対し、結局、仏像を難波の堀江に流し棄てた。

少しコメントをすると、この事件は崇仏・排仏の対立として説明されることが多い。しかし、欽明天皇の十三年の時点のことではないが、物部氏もその本貫の地である河内の渋川《しぶかわ》（八尾市）に伽藍（渋川寺）を建立しているし、中臣氏も興福寺《こうふくじ》の前身の山階精舎《やましなしょうじゃ》（山階寺）を山城《やましろ》に建立していて、七世紀代には氏寺をもっていた。だから仏教一般の受容のことではなく、聖明王がもたらした釈迦仏が、なぜ問題になったのかの検討がいるとみている。それと六世紀中ごろの上町台地には、物部氏が進出していて、その勢力の及んでいた難波の堀江に流し棄てたとか、さまざま関連することは浮かぶが、難波の堀江が六世紀中ごろにはよく知られた地名になっていたことを指摘しておこう。

＊

仁徳紀の十一年に話をもどす。まず前年に宮室の造営の記事があり、「宮室がことごとく成った」とすることをうけて、オホサザキは次のようにいった。

「この国を視れば、町はずれの沼地（郊沢、郊を田野とする通説はとらない）が広大で、田圃《たんぼ》があまり作れない。また川の水がうまく流れず、川の出口の水はけが鈍い。（そういう地形だから）なが雨になると、海の潮がのぼってきて、人びとは船にのるはめになり、道路は泥だらけになる。原因をしらべて水を海に通わせ、逆流をふせいで田や家を安全にしよう」

このオオホサザキの説明は、上町台地と河内平野の地形の変遷に照合すると、みごとに問題点を描写している。かんたんにいえば、縄文時代には、今日河内平野とよばれている低地に河内湾がひろがっていた。しかも河内湾と大阪湾の間には、第11章でふれたように、堺市のほうから上町台地が北方へとのび、河内湾からまっすぐ西へ、つまり短い距離で川が海へでることを不可能にしていた。

河内湾は、縄文時代晩期から弥生時代にかけて、海への出入り口付近には海水がはいる潟地形となり、面積も河内湾にくらべて少し狭くなってきた。河内潟の時代である。

古墳時代にも、この地形はうけつがれているが、淡水化したので河内湖の時代とよばれる。河内湖には、河内の水だけでなく、近江《おうみ》や奈良盆地の水、さらに伊賀《いが》、山城、丹波《たんば》の一部の水など、淀川・大和川水系の諸河川によって膨大な水が流入する。だが大阪湾への出口は、上町台地と北方の千里山《せんりやま》丘陵との間の狭隘な低地であり、土砂の堆積が進むと、河内湖の排水が鈍化し、湖の周辺が大雨で被害をこうむる。

このような河内湾から河内潟、さらに河内湖への変遷をたどると、オホサザキの言葉として述べられている高津宮より北方および東方の描写は、その通りといってよかろう。ただし、それが仁徳天皇十一年に限定されることか、それとも四、五、六世紀ごろならばどの時点にもあてはまることかは別である。

＊

古墳時代中期の河内平野（住吉大社は参考）

上町台地は、地質学上では、第四紀の大阪層群と上部洪積層からなり、俗っぽくいえば固い地層である。しかも台地の北部は標高二五メートルもあり、その高さが、ほぼ河内湖の水面との差であるから、溢《あふ》れでた水が自然の流路となって、上町台地を横切ることはまずなかろう。

大阪の人に天満《てんま》川とか大川とよばれているかつての淀川の下流部

分が注目される。大阪城や大阪府庁のある上町台地の北端を東西に開削していて、明治四十三年（一九一〇）に新淀川がつけられる以前は、ここが淀川の本流だった。

ぼくは子供のころから、上町台地を横断しているこの川に関心をもち、最初は河内湖周辺の農地を確保し、集落を安全に保つため治水目的で作られた人工の川とみた。その時点では、仁徳紀の堀江の記事とどう対応させてよいか、ためらいを感じていた。

『巨大古墳』を書いた一九八五年ごろになると、治水にくわえ人工の河口港を設けることも兼ねていたとみるようになり、多目的運河として捉えるようになった。

考えてみれば、江戸時代の各藩の蔵屋敷は、大川ぞいの多くは左岸におかれていて、古墳時代に開削して作られた河口港の機能がそのまま継承され、商都大坂の基礎になっている。このころから、大川が難波の堀江のなごりで、仁徳紀の伝承に対比して考えてよいとおもうようになった。

河内平野の変遷については、梶山彦太郎《かじやまひこたろう》氏と市原実《いちはらみのる》氏の多年にわたる研究の蓄積によるところが大である。両氏も大川の存在と役割に注目し、河内湖Ⅰと河内湖Ⅱの時期に分けた。その違いは、大川開削の以前と以後であり、ぼくの考えを付加すると、堀江の開削以後が河内湖Ⅱの時代になる。

古代史でいう応神・仁徳の時代は、考古学的にいえば巨大前方後円墳造営の頂点にあり、その意味では巨大古墳の世紀だった。とはいえ、大地を深く掘って、土砂を移動させた土木工事量の規模では、難波の堀江の開削が他にぬきんでた事業だった。

大阪市中央《ちゅうおう》区法円坂《ほうえんざか》から馬場《ばんば》町の一帯は、孝徳《こうとく》天皇以来の難波宮跡の主要部の所在地であるが、大極殿の基壇が復原されている場所より北方約三〇〇メートル、いいかえれば大川の左岸近くで、一九八七年に倉庫の跡が発掘された。これらは床面積が八七平方メートルから一〇〇平方メートルの大倉庫であるから、発掘当初は難波宮のものかと推定されていた。だが遺構の前後関係や出土した須恵器《すえき》から、五世紀中ごろから後半の時期で、これらの高床倉庫の数は発掘地内だけで十三棟あることがわかった。

大川が掘削された多目的運河であり、その主要な目的が安定した津（港）を設けることにあるとすれば、これらの高床倉庫群は津の付属施設であるとみてよい。さらに倉庫群のあった場所は、上町台地でも最高所で標高二四メートルあって、堀江（大川）の水面との差もほぼ同じぐらいはある。津としては高低差が大きく、高津という表現が納得できる。

このように述べてくると、高津宮とは港の存在を前提にした小都市であり、交易と人びとの往来の盛んな土地であり、その後の難波から大坂、さらに大阪へとその性格が継承されているのに驚くのである。

仁徳天皇十一年冬十月の記事をみると、「宮の北の郊原《の》を掘り、南の水を引いて西の海に入る。因《よ》りてその水を号《なづ》けて堀江という」とある。先ほど述べた郊沢にたいして、運河を掘った宮の北方を郊原とするなど、ここでもわずかの違いが原地形によくあっている。なお南の水というのは、河内湖南部を意識しての記述とみることができ、そのことも加えて考えると、この津の機能のうちの海とのかかわりは別にして、河川交通では旧大和川を通っての河内やヤマトとの関連が重視されているようである。

＊

難波の堀江の掘削によって、港を前提とした高津宮の機能は増大され、内陸部との河川交通もより活発になり、さらに河内湖周辺の農地も安定しだした。農地が安定し拡大するということは、それにともなって、より多くの邑《まち》や村ができるということである。

堀江の記事につづいて、「北の河の澇《こみ》（海水まじりの水か）を防ぐため、茨田堤を築いた」とある。北の河は、河内湖の北方を通って大阪湾に注いでいた淀川の下流であろう。

ぼくも若いころ、茨田堤を灌漑用の貯水池かとみていた。だが河内平野の変遷をたどり、堀江の存在を重視すると、別の見方が生じてきた。というのは、堀江がないころは河内湖の排水状態が悪かった。ところが上町台地の北端を開削して西方の海へ滞水を出すことによって、河内湖の水面が少し下がっただろう。それにともない、古くからの大阪湾への出口（仁徳紀の北の河）から、満潮時には海水が逆流しやすくなる。海水のまじった水は、水稲栽培の敵であり、そういう水が農地へまじるのを防ぐための築堤工事だと推定した。

茨田堤は、門真《かどま》市宮野《みやの》町にある式内の堤根《つつみね》神社の本殿が鎮座する部分で旧態をのこしている。堤根神社の南東約二〇〇メートルの京阪電鉄大和田《おおわだ》駅構内からは銅鐸三個が出土していて、弥生時代にも水の祭祀で埋納したかと推定されているし、堤根神社に接した野口《のぐち》遺跡は、堤根神社に関連した遺跡とみられている。

茨田堤の築造にさいして、仁徳紀は次のような話をのせている。オホサザキが夢を見た。夢のなかで神が教えた。武蔵《むさし》人《ひと》強頸《こわくび》と河内《かわち》人《ひと》茨田連《まむだのむらじ》衫子《ころものこ》の二人に河伯《かはく》（河の神）を祭らすと、必ず（悪水を）塞《ふさ》ぐことができるだろう。そこで二人を探しだして、河の神を祭ることになった。強頸は泣き悲しみながら水に没して死に、堤は完成した。

衫子は、河の神が犠牲として自分を欲するのなら、先にヒサゴを沈めよ。それができないようでは偽の神だといって、ヒサゴを水に投じたが、沈まず浪の上に浮かんできた。衫子は死ななかったが、堤はできた。そこで人びとは、強頸断間《たえま》、衫子断間と名をつけた。

断間とは何だろう。この築堤では、海水まじりの水は遮断し、灌漑用水は導きいれる装置（門）が、堤のところどころに設けられたはずであり、それを断間とよんだと推定できる。でもどうして、この伝説に武蔵人と河内人が対置されて描かれているのだろう。

＊

『記』の仁徳天皇の段には、茨田堤と茨田三宅《みやけ》については、秦人《はたひと》を使って作ったこと、難波の堀江を掘って（水を）海に通わせたこと、および小椅江《おはしのえ》を掘ったり墨江《すみのえ》の津を定めたことがでている。ちなみに、『紀』のほうでは、猪甘津《いかいのつ》に橋をわたし、そこを小橋といったとあるが、上町台地東辺の湖側にも船の停泊のできる津を作り、そこに架橋したのが猪飼野《いかいの》の小橋（椅）であり、これも高津宮の周辺の整備記事である。

そこで話を茨田堤にもどす。『記』では秦人を使って作ったとあるが、『紀』では、先ほどの武蔵人と河内人の話のあとに、この年、新羅人《しらぎ》が朝貢したので、この役、つまり茨田堤の工事に使ったとある。朝貢にきた人たちを労役に使ったというより、持っていた知識を工事にあてたという意味かとおもうが、秦人や新羅人が茨田堤の築堤に関係していることは見逃せない。

韓国の全羅北道金堤郡《ぜんらほくどうきんていぐん》には、『三国史記』や『三国遺事』に碧骨堤《へきこつ》もしくは碧骨池としてあらわれる遺跡がある。ぼくは一九八二年に発掘後五年たった現地を訪れ、壮大な石造の水門遺構を見学したが、そのとき茨田堤との共通性を感じた。それは水田を灌漑するための貯水目的の築堤ではなく、海水まじりの水が水田へ浸入するのを防ぐ施設だと観察した。碧骨堤は四世紀に築造されたと推定されているが、その後何度も増築したり修復したりしたことを示す史料がある。

茨田堤は、百済の碧骨堤に類似点があるし、『記』と『紀』に秦人や新羅人の関与をうかがわせる記事がある。茨田堤のある河内国茨田郡は、渡来系の集団、とりわけ百済との関係の見いだせることは、前章でも少しふれた。

『新撰姓氏録』の「河内国諸蕃」の項に、茨田勝《すぐり》は呉国王から出ていることを述べたあと、「仁徳天皇御世、居地を茨田邑に賜う。因りて茨田勝となす」とある。呉《くれ》は、江南のこと。水稲栽培の故郷ともいえる土地で、この地に海水まじりの水を防ぐ堤があったかどうかは検討をつづける必要がある。

話を元にもどす。茨田堤の造営について、先ほどから述べているように、秦人、新羅人と「人」のつく集団が関与していた。このような呼称にあわせるかのように、築堤での犠牲になる話で登場するのが、武蔵人の強頸と河内人の茨田連衫子である。こだわるようだが、秦人・新羅人・武蔵人・河内人という表現は、たんに武蔵の人という以上の意味のある言葉ではないか。飛驒人《ひだびと》といえば、飛驒の住人なら誰でもよいのではなく、建築の技術者としての飛驒匠《たくみ》のことであろう。先にあげた『記』の「秦人を使って茨田堤と茨田三宅を作る」の文章も、たんに労働力の提供者をいうのでなく、土木技術にたけたスペシャリストの秦人が参加したという意味で読めるとおもう。

茨田堤の工事で二カ所がうまくゆかなかった。おそらく小河川と交差する部分での水門のいる築堤の困難さを述べているのであろう。そこで武蔵人と河内人が河伯にささげる犠牲に指名された。ということは、それぞれの築堤の責任者が武蔵人強頸と河内人茨田連衫子だったと推理してよかろう。

茨田には、呉国王の子孫とする茨田勝もいたが、茨田連は『新撰姓氏録』の右京と山城国の皇別の項に、彦八井耳命《ひこやいみみのみこと》の子孫で茨田宿禰と同祖とある。茨田宿禰は、河内国の皇別の項に、「仁徳天皇の御代、茨田堤を造る」とある。彦八井耳命は、第1章でふれたように、イワレ彦がヤマト入りしたあとの妻、媛蹈鞴五十鈴媛《ひめたたらいすずひめ》との子、政権を弟にゆずった人物だが、母方の家は茨田とは淀川をへだてた三島《みしま》の豪族であり、古くから淀川ぞいの地域にいたとみてよかろう。

先に述べたように、河内平野は、縄文時代以来、湾・潟・湖があるという特異な地形が原因となって、洪水になやまされた土地で、難波の堀江の開削以前にも、治水関連の技術は発達していたことが考えられる。余談になるが、河内に巨大前方後円墳が多いことの理由の一つは、この地での土木技術の発達があったことにあるとみており、「エジプトはナイルのたまもの」ということにならえば、「河内の巨大古墳は河内湖（の治水）のたまもの」ということができる。

河内人という言葉のひびきに、水利工事のスペシャリストの意味をからめるぼくの見方が有効だとすると、築堤には成功したものの自らを河伯に捧《ささ》げた武蔵人強頸をどう理解したらよいのか。名の強頸については、手がかりがないので、武蔵人を検討しよう。

＊

浅草寺《せんそうじ》に注目している。東京の観光地としてよく知られているが、ぼくはこの寺の縁起に注目している。推古《すいこ》天皇三十六年（六二八）に、檜前浜成《ひのくまのはまなり》と竹成《たけなり》の兄弟が、漁撈《ぎょろう》の最中に一体の仏像を網にかけた。それを知った土師真中知《はじのまなかち》が観音像であることを知り、草堂に祭ったのが浅草寺の起源だと伝えている。中世がこの伝説の上限とみる人もいるが、ぼくはご破算にして検討を進めたい。

浅草寺は台東《たいとう》区にあるが、律令体制では武蔵国豊島《としま》郡だった。豊島郡とその東隣の下総《しもふさ》国葛飾《かつしか》郡（今日では東京都）には、元の利根《とね》川をはじめ荒川《あらかわ》や隅田《すみだ》川などの下流がいくつにも分かれた河口があって、それらの河川がもたらした土砂が弥生時代から古墳時代にかけて急速に陸化を進めた。川の流路は安定せず、大雨があると変わるという状況だったが、次第に島地形の連続する地形になった。

難波の別名を八十島《やそしま》ともいい、多数の島からなっているという意識があったように、豊島郡は文字どおり島の豊かな地形だった。このような地形の変遷からみると、『浅草寺縁起』の物語に似たことがあってもおかしくないというのがぼくの注目の発端である。

なお、豊島郡の東にある下総国葛飾郡の大嶋郷《おおしま》については、養老五年《ようろう》（七二一）の戸籍が正倉院に伝えられている。「大嶋郷戸籍」には、甲和里《こうわり》、仲村里《なかむらり》、嶋俣里《しままたり》の住人千百九十一人が記載されているが、嶋俣や大嶋の地名から島状地形のあったことをうかがわせる。ちなみに甲和の現在の地名が小岩《こいわ》、嶋俣の現在の地名が柴又《しばまた》、寅《とら》さんの映画で名高い柴又帝釈天《たいしゃくてん》のあたりが嶋俣里であることが発掘によって明らかになってきた。

武蔵国分寺は東京都国分寺《こくぶんじ》市にある。ここからは、武蔵国の郡名を印した瓦や、ときには人名を刻んだ瓦が数多く出土している。これらは文字瓦と総称されているが、八世紀中ごろの武蔵国を知る好資料である。

武蔵国分寺の文字瓦では、豊島郡白方郷《しらかた》に土師角麻呂《はじのつのまろ》、土師部小君《はじべのこきみ》、土師部勝万呂《かつまろ》の名が見いだせる。豊島郡には湯嶋《ゆしま》郷のように、現代の湯島としてうけつがれている地名もあって、一部の人にある〝江戸（東京）は家康《いえやす》以来〟の思い込みに大修正がいる。それはともかく、土師関係の居住は豊島郡では白方郷である。

『和名抄《わみょうしょう》』では豊島郡には占方《うらかた》郷があることになっているが、武蔵国分寺の文字瓦はことごとく白方郷であるから、『和名抄』の占方郷が間違いなければ、八世紀と十世紀の間で地名に変化があったことになる。いずれにせよ、二字目の「方」は潟であろう。古地形にも合致するし、十二世紀以来の「江戸」の「江」も入り江（潟）の意味、江戸を潟の入り口と解釈してよかろう。それは潟港《せきこう》への入り口の意味だった。

白方郷については、さらに検討はいるが浅草付近とする説が有力だし、ぼくもそう考える。仮にそうでなかったとしても、豊島郡内に土師氏や土師部氏がいたことは間違いない。

土師真中知を土師直中知とする説はあるが、積極的な証拠はない。それは保留しても、武蔵国豊島郡に土師氏と土師部氏が八世紀にいたことは確実である。『紀』の神話に、アマテラスとスサノヲが誓約《うけい》をする壮絶なくだりがあり、スサノヲがアマテラスの玉などをかみ砕いて天渟名井《あまのぬない》にふりそそぎ、その狭霧から生まれたのが天穂日命《あまのほひのみこと》で、子孫が出雲臣《いずものおみ》・武蔵国造・土師連であるとしている。神話の伝承とはいえ、土師氏と武蔵国造が同じ遠祖であることとは手がかりとなる。

畿内での土師氏が、前方後円墳の造営やそれに付随して埴輪の製作にたずさわったことに疑いの余地はない。とはいえ、土師氏のたずさわった仕事を古墳の造営だけとみることはできないし、まして前方後円墳の造営の終わった六世紀末以降の土師氏の性格に、大きな変化があったことは十分考えられる。

先ほど豊島（郡）や大嶋（郷）と難波の八十島を地理的な共通点で対比した。河川の下流部分として、治水問題で早くから苦心をし、災害に立ち向かうことを重ねるうち、それなりの技術の開発があったとみてよかろう。茨田堤の難工事の個所（断間）を担当した武蔵人とは、河川水利に長年とりくんできた集団のことでなかろうか。そこに土師氏が含まれていたかどうかの確証はないが、その可能性はたかいとおもう。宝亀《ほうき》四年（七七三）に、大和《やまと》の佐保川の堤の修理に武蔵宿禰（元は丈部直《はせつかべのあたい》）不破麻呂《ふわまろ》があたっていることも参考になる。

*

仁徳紀では、茨田堤ができ耕地が安定すると、茨田屯倉がたてられ、良米を供給する舂米《つきしね》部《べ》も定められた。それより三十数年のちに、河内人が茨田堤に鴈《がん》がお産をしたといってきた。茨田連の集団のことだろう。

茨田堤の完成は、上町台地にあった都宮の安定と機能の増大を促進させた。猪甘津に橋をかけた翌年の十四年には、大道を京の中に作っている。ここでは高津宮を京と表現している。この道路は、（京の）南門から直線で丹比邑《たじひのまち》に至ったとしている。

大阪市の南部の住吉区庭井《にわい》に依網池《よさみ》がある。宝永《ほうえい》元年（一七〇四）に付け替えられた新大和川の流路で南北に分断されているが、北の池のほとりに式内の大依羅《おおよさみ》神社が鎮座している。

『記』と『紀』には依網池をミマキイリ彦（崇神《すじん》天皇）のときに作ったとしているが、古代最大の狭山《さやま》池の年代が七世紀であったことは、すでに第6章で述べた。

現存する依網池は、面積は広いけれども上町台地上にあって、皿池というか貯水量が面積の割には多くない。この点、子供のころから灌漑用につくられた狭山池などの溜《た》め池を見なれていたぼくの目には、奇妙にうつった。

仁徳紀の四十三年の条に、依網屯倉のアビコ（阿弭古）が珍しい鳥を捕ったとでていて、「自分はいつも網（霞網か）を張って鳥を捕っていますが、この鳥は初めてです。だから献上します」といった。オホサザキは、百済の王族の酒君《さけのきみ》に見せた。酒君はこれより二年前に、葛城襲津彦《かつらぎのそつひこ》が連れてきていた人物である。

「この鳥は百済にたくさんいます。訓練すると人のいうことをきき、す早く飛んでいろんな鳥を捕ります。百済ではクチ（倶知）といいます」と酒君はいった。

『紀』はクチが鷹のことだと丁寧に註記している。そこで酒君にこの鳥を飼わせたら、革紐《かわひも》を足に、小鈴を尾につけて、腕にすえてオホサザキに献上した。オホサザキが百舌鳥野《もずの》で狩りをすると、この鷹は数十の雉《きじ》をとったと話を結んでいる。

ぼくは和歌山市の井辺八幡山《いんべはちまんやま》古墳で、力士像や飾り馬など六世紀初めのさまざまの埴輪を掘ったことがある。そのなかに、本体からははずれていたが、鷹の埴輪があった。鷹匠の腕にとまっていた表現だったであろう。

依網屯倉のこの話から、この屯倉が水田にともなう施設ではなく、依網池の関連施設であったことを示唆している。アビコはこの池に集まる鳥を網で捕ることも仕事に含まれていた。大阪の人はよく知っているが、依網池の近くに我孫子《あびこ》の地名がのこっていて、吾彦山大聖観音寺《あびこさんたいしょうかんのんじ》、通称あびこ観音の節分会は賑《にぎ》やかである。

依網のアビコ(阿毘古)の名は、『記』の開化《かいか》天皇の段にでている。ぼくの印象では、依網池が作られる前から上町台地南部にいた豪族のようだ。

先に紹介した京の南門から丹比邑にいたる大道に相当すると推定される幅一八メートルの古道が、堺市の大和川《やまとがわ》・今池《いまいけ》遺跡で検出され、難波大道と仮称されている。ただし、難波宮時代のものかそれ以前にさかのぼるかはまだわからない。一般論として、道路遺構は出土遺物からは年代を限定しにくい。修理や拡張をした場合、古いものはのこりにくいという傾向があるからである。

この古道が五世紀までさかのぼるとすると、その道のほぼ南端、東西にのびる大津道にいたる直前で、道の西に接しているのが依網池であり、高津宮であったにしろ難波宮であったにしろ、南下する直線道の西に接して依網池と屯倉があった。ずばり考えを述べると、この池は苑池《えんち》の性格が強かった。苑池には、魚が飼われ、鳥が集まる。異国や遠方から客人がきた場合の饗応《きょうおう》の施設は、予想より早くからあったのではないか。

『紀』では、推古天皇の十五年（六〇七）に、河内国に戸苅《とかり》池と依網池を作るとある。第6章で、狭山池の築造が記紀の年代と大きくずれ、樋管に使われている木樋《もくひ》の年輪から推古天皇の二十四年（六一六）が木樋用のコウヤマキの伐採の年であると述べた。依網の水源の上流で、大規模な溜め池が計画されたのにともない、依網池も改修したことを示しているのが推古十五年の記事であろう。

依網屯倉が苑池的な施設として明確にでているのは、『紀』の皇極《こうぎょく》天皇元年（六四二）の記事で、百済から来ていた大使翹岐《ぎょうき》に依網屯倉の前で射猟を見せている。まさに苑池でのもてなしといってよかろう。

＊

オホサザキのことを土木工事にしぼり、高津宮を一小都市とみると、『記』や『紀』の記事で、都市の環境整備に関連したとして解けるものがあるとの見方を述べてきた。そうなると、百舌鳥野の一部あるいは隣接した石津原《いしづのはら》に定めたとする陵についてもふれる必要がある。とはいえ、「仁徳陵」の問題は、天皇陵古墳全体の研究のなかでしかおさえられず、かなりの紙数がいることと、別の機会に執拗《しつよう》に挑んできたので、ここでは省き、石川《いしかわ》の錦織首許呂《にしごりのおびところ》斯《し》について書く。

石川は南河内を流れる川、したがって地域名であるから、氏の名は錦織である。この氏は、古代史ではさほど注目されてはいないが、秦氏と同じように政権の中枢にはあまり参加はしなかったものの大勢力だった。

酒君に無礼があったので、百済王が鉄の鎖でしばって葛城襲津彦に托《たく》して送ってきた。その酒君が逃げて匿われたのが、石川の錦織首許呂斯の家だった。酒君は「天皇はすでに私の罪を赦している。だからあなた（コロシ）を頼ってい（活）きたいのです」といった。「活」はたんに暮らすというより、一旗あげる、のニュアンスか。結局、オホサザキは酒君の罪を赦し、鷹の問題では酒君の知識を活用している。百済王が鉄の鎖でしばって差しだした酒君を、家に匿い、オホサザキに罪を赦させるなどの実力をコロシはもっていた。

錦織を大豪族と考える理由は、律令体制での河内国の郡の一つが錦部郡《にしごり》であることによっている。錦部は錦織に同じ。葛城のように、地名が氏の名になることはよくあるが、氏の名が郡名になることは珍しい。

錦織は、『新撰姓氏録』では百済の近古《きんこ》太王《たいおう》（近尚古王《きんしょうこおう》か）の子孫といい、平安京に居住する三吉《みよしの》（善）宿禰《すくね》も同祖としている。百済系の渡来人であろう。

『住吉神社神代記』には、神社の山を預かる者として石川錦織許呂志の名が見え、コロシが管理する兄山・天野・横山・錦織などの山名をあげている。これらの山の分布からみると、コロシの力は錦織郡だけでなく石川郡にも及んでいたことがわかる。

前章で、難波の百済郡のことや韓人ヌリノミのことから、オホサザキと百済との関係の重要性にふれたが、大和川水系に勢力をはった錦織氏を今後さらに考える必要がある。

錦織氏の末裔は、富田林《とんだばやし》市新堂《しんどう》に、大阪府では四天王寺とともに創建の早い伽藍（新堂廃寺、烏含《うがん》寺か）を建立している。その近くにある終末期のお亀石《かめいし》古墳の横口式石棺の外部に、寺に使われたのと同じ瓦が積んであって、寺の建立者の墓だろうと推定されている。仁徳天皇と錦織氏は、ぼくにとっても新しいテーマ。いつかの機会に深めてみたい。

第15章　仁徳天皇の子供たち

オホサザキ（仁徳《にんとく》天皇）は、磐之媛《いわのひめ》とのあいだにイザホ別《わけ》（履中《りちゅう》天皇）、ミズハ別（反正《はんぜい》天皇）、ヲアサヅマワクゴノ宿禰《すくね》（允恭《いんぎょう》天皇）、住吉仲《すみのえのなかつ》皇子をもうけ、日向《ひゅうが》の髪長媛《かみながひめ》とのあいだに大草香《おおくさか》皇子と幡梭《はたび》皇女をもうけている。本章では、主として帝位についた人たちを素描しよう。

応神《おうじん》天皇の死後に、どの皇子が天皇になるかをめぐってトラブルがあったことについては、第13章で述べた。そのときの皇位継承の候補者は三人だったけれども、仁徳天皇の死後に皇位継承で対立し、さらにそこへ巻き込まれた皇子はやはり三人だった。まず『紀』で話の概略をたどろう。

イザホ別の対立者は、弟の住吉仲皇子だった。地名の住吉を冠していることから、難波《なにわ》を拠点にしていたようだ。仲皇子の側には倭直吾子籠《やまとのあたいあごこ》や阿曇連浜子《あずみのむらじはまこ》らが加担している。浜子はこの事件にさいして、淡路の野嶋《のしま》の海人《あま》を動員していることでわかるように、海人の統轄者であり、難波津に根拠地をもっていた。

倭直はヤマト（倭、のちの大和）の国造ではあるが、イワレ彦（神武《じんむ》天皇）の武装船団の海導者としての任務を果たした人物が始祖だとする伝承をもっていて、奈良盆地に住んでいるとはいえ、なお海の豪族としての伝統をのこしている。仁徳紀にはその六十二年のこととして、遠江《とおとうみ》国で大木が大井河に流れてきたとき、吾子籠を派遣して船を造らせ、難波津に回漕《かいそう》させている。

これらのことを総合すると、難波、とくに住吉津に根拠地をおいた仲皇子を中心にして、倭直や阿曇連などが結束した背景には、イザホ別の海人軽視の政策への不満があったとみてよかろう。

というのは、皇位をめぐっての対立が事件としては解消して五年のちに、筑紫《つくし》の三神が「どうしてわが民を奪うのか。汝に申し訳ないとおもわせよう」と申し立てた。宗像《むなかた》の神である。宗像の神も、海人たちが信仰し、とくに朝鮮半島や中国への渡航にさいしての守護神である。

イザホ別（履中）は、ヤマトの磐余《いわれ》に都をおいた。このことからも、父の仁徳のようには大阪湾にのぞんだ難波を重視しなかった一面がのぞいている。だが、仲皇子との争いがおこった時点では、履中は難波の高津宮《たかつのみや》にいたとして『紀』の話は展開する。事件の説明にもどろう。

先に兵をおこしたのは仲皇子で、イザホ別のいた高津宮を囲んだ。『紀』の異伝ではそのとき、イザホ別は酔っていた。そこで倭漢直《やまとのあやのあたい》の祖の阿知使主《あちのおみ》らが無理やり馬にのせて逃がした。阿知使主は『紀』の伝承では応神天皇のときに集団で渡来した雄族の長で、子孫から坂上田村麻呂《さかのうえのたむらまろ》がでているように武力にもひいでた集団だった。

イザホ別は、河内《かわち》の埴生坂《はにゅうのさか》（羽曳野《はびきの》丘陵の坂）まで来たとき、正気にもどって難波のほうをふりかえると、自分の宮が焼けているのが見えた。倭直吾子籠は仲皇子側について、イザホ別がヤマトへ入るであろうことを予測して、精兵数百で攪食《かきはみ》の栗林で待ちかまえていた。攪食は奈良県南西部の地名であろう。

事件からははずれるが、ここに見える栗林がおもしろい。考古学では縄文時代にすでに栗の栽培があったと考えられており、人工的に栽培したものが林である。自分の備忘としてメモするが、たとえば東大寺の大仏建立にさいして夜国麿《よのくにまろ》が奉加した財物に、「稲十万束、屋十間《ま》、倉五十三間、栗林二丁、家地三町」（『東大寺要録』）と、栗林があるし、熊本県豊野《とよの》村にある延暦《えんりやく》九年（七九〇）の浄水寺《きよみずじ》の「南大門ならびに碑文の開《ひらき》」によると、この寺の財産は水田のほか七カ所の栗林だった。

忍熊《おしくま》王が神功《じんぐう》皇后との戦に敗れるときにも、狭々浪《さざなみ》の栗林が戦場になったとして、そこで血が多く流れたので「今に至るまで、その栗林の菓《このみ》（実）は御所に進めず」と『紀』は述べていた。こだわるようだが、吾子籠が兵を集めた栗林は、誰が経営している土地だったのか。別の機会に検討する必要をおぼえる。

＊

イザホ別と仲皇子の争いにさいして、二人にとって弟にあたるミズハ別の去就が重要だった。さし当たっての難を切りぬけ、イザホ別はヤマトの石上《いそのかみ》に入った。イザホ別には倭漢直阿知使主のほか、平群《へぐり》氏や物部《もののべ》氏が加担していた。その石上にミズハ別がたずねてきた。

イザホ別は「汝に異心がないのなら、難波へもどって仲皇子を殺せ」と弟のミズハ別にいった。ミズハ別はその申し出をうけはしたものの、「イザホ別も仲皇子もどちらも自分にとっては兄だ。誰に従い、誰にそむくのか」と苦しみながらも、仲皇子のようすをうかがった。

仲皇子には、刺領巾《さしひれ》という隼人《はやと》の近習がいた。この人物は『記』ではソバカリ（曾婆訶理）としてでていて、そのほうの話が『紀』よりも事件の流れにリアリティーがある。以下、

『記』によって進める。

ミズハ別はソバカリに、「汝が自分のいうことを聞けば、自分が天皇となったときにはお前を大臣にして、一緒に天下の政治をとろう」ともちかけた。ソバカリが同意したので、さまざまの物を与えた。『紀』ではこの部分を、ミズハ別は錦の衣と褌《はかま》を脱いで与えたとしている。そのあとミズハ別は「では汝の王を殺せ」と命じた。

仲皇子が厠《かわや》に入るのを待って、ソバカリは矛《ほこ》で皇子を殺した。そこでミズハ別はソバカリを連れて兄のいるヤマトへ向かった。大阪府と奈良県との境の大坂の山口へついたとき、そこで仮宮をつくって、その隼人（ソバカリ）に大臣の位をさずけ、百官をして拝ませた。ミズハ別は、ソバカリとの口約束は果たした。ソバカリは歓喜した。すると、ミズハ別はお祝いに大臣とともに同じ器で酒を飲もうではないかといいだした。ソバカリはますます喜んだ。酒器は面《おもて》のかくれるほどの大鋺《おおまり》で、先にミズハ別が飲んだ。つづいてソバカリが飲もうとして、大鋺で前が見えなくなったとき、ミズハ別は剣をとってソバカリの頸《くび》をはねた。次の日、ミズハ別は人を殺したことの祓《はらえ》をすませ、石上神宮に詣ってから履中天皇に事件の終結を報告した。

人をおだてて利用するにも程がある。ぼくはソバカリ（刺領巾）の話を記紀のなかでもっとも陰惨な事件と感じる。でもそれは個人の感情、歴史的にはソバカリ一人の行動に描かれているが、おそらくこのときの皇位継承をめぐって、近畿に移住していた隼人集団がかかわったとみている。古墳時代中期には、九州出自をおもわせる部将的な人物の古墳が近畿にもあらわれかける。ソバカリもそのような人物の一人とみている。

*

仲皇子の事件に関連して、入れ墨のことが『紀』にでている。仲皇子側についた阿曇連浜子にたいして、罪は死に当たるけれども、免じて「墨」の刑にしている。「墨」とは入れ墨のこと、黥面文身《げいめんぶんしん》のうち、この場合は顔面への入れ墨と推定される。というのは時の人が浜子の入れ墨を見て「阿曇目」といったことから想像がつく。

ぼくは一九六四年に、和歌山市の井辺《いんべ》八幡山《はちまんやま》という前方後円墳の調査をした。六世紀初めごろの古墳で、武人埴輪の顔面には入れ墨はなかったが、力士埴輪の顔面には入れ墨があって、この古墳の報告書を書くときに入れ墨の例を集めてみた。大切なことは、関東の人物埴輪の顔面には赤い色で文様が描いてあるものが多く、これは入れ墨ではなく、何かの行事のときの彩色による化粧とみた。

それにたいして、近畿地方の六世紀前半の埴輪には、ヘラで文様を刻みこんだものがあって、なかには目のぐるりに文様を描くものがあり、これを入れ墨とみた。ただし衣服でかくされていることも考慮せねばならないが、黥面だけのものが多いようだ。力士の埴輪では、フンドシと鉢巻きのほかは身につけていないから、黥面だけであるのは確実である。黥面は、浜子に従った淡路の野嶋の海人たちが、本来習俗としておこなっていたのではないかと思う。この事件のころにも、まだそのような習俗があったのか、それとも廃《すた》れかけていたかはわからない。ぼくの推測では、統率者はそのような習俗をやめていたのだが、集団の一員として黥面の刑を科せられたのではないかとみるが、さらに考えねばならない。

この時代、海人だけではなく、飼部《うまかいべ》（馬飼）も黥面をしていたようだ。履中天皇が淡路島へ狩りに行ったとき、河内の飼部が従ったところ、島に祭ってあるイザナキの神が祝《はふり》（神官）にかかって「血の臭さが我慢できない」といい、卜《うらな》ってみると飼部らの黥面の臭気をいやがっているとわかり、以後は飼部らの黥面をやめたという。

後のことだが、雄略《ゆうりゃく》紀には、鳥養《とりかい》の黥面の話がでているが、ここでも刑罰としての黥面を悪行としてとらえている。だから、五世紀後半から六世紀の初めは黥面の衰退しはじめる時期にあたっていたとみてよかろう。このほか、安康《あんこう》記には山代《やましろ》の苅羽井《かりばい》（樺井）の猪甘《いかい》が黥面をしていた話がある。木津川沿岸にいた隼人系の人びとかと考えている。

＊

仲皇子の事件で、しばらく去就を迷ったあと、イザホ別側についたミズハ別が反正天皇である。ぼくの子供のころはハンショウ天皇とよんでいたが、戦後はハンゼイ天皇になった。呉音から漢音の発音にかわったのである。それはともかく、反正天皇の記事は記紀ともにわずかである。

記紀の記載分量からの印象が弱いだけではない。今日、反正天皇陵に指定されているのは堺市の田出井山《たでいやま》古墳であって、墳丘の長さ一四八メートルで、仁徳陵とされる大山《だいせん》古墳や履中陵とされる百舌鳥《もず》陵山《みささぎやま》古墳が巨大古墳の代表例であるのにくらべ、墳丘はたいへん小さい。

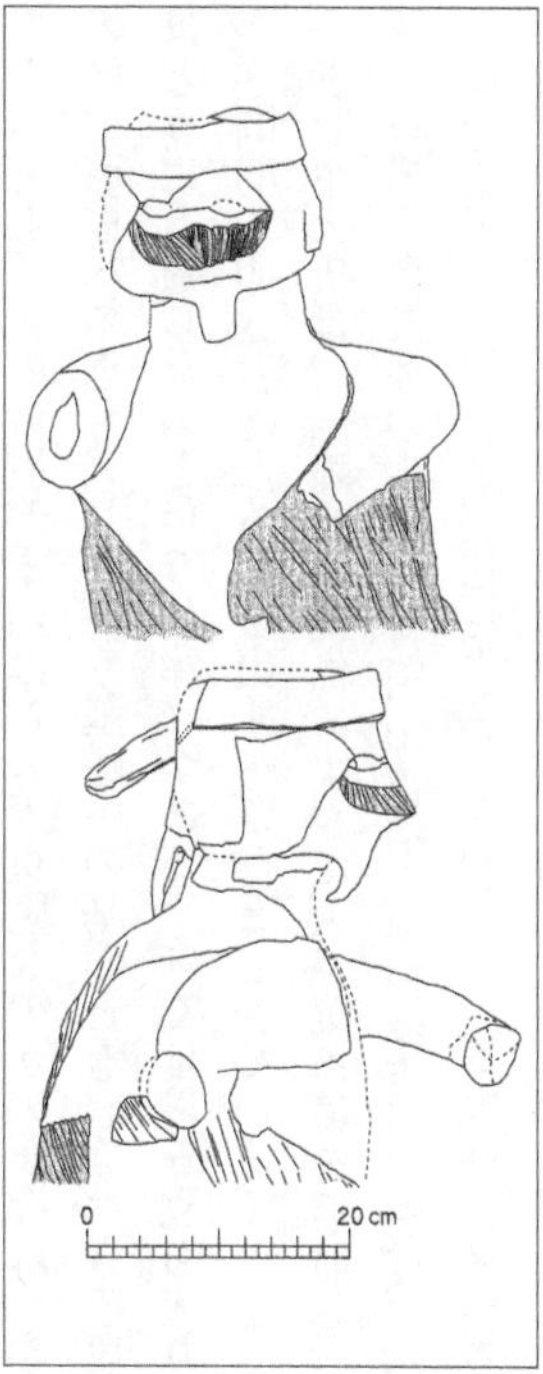

井辺八幡山古墳の力士埴輪の入れ墨
（『井辺八幡山古墳』より）

もっとも、どの古墳が本当はどの天皇陵なのかの研究は、学界では停滞している。というのは、墳丘への立ち入りという基礎中の基礎ともいうべき手段が禁止されていて、これ以上はどうにもならないという歯痒《はがゆ》さがある。ぼくは墳丘立ち入りを拒むのであれば、宮内庁側が学問的な叩き台となる案を出すべきだと思っている。

藤間生大《とうませいた》氏は、国際的な関係によって天皇陵古墳を検討し、考古学的にいう大山古墳（仁徳陵古墳）を允恭の古墳、誉田山《こんだやま》古墳（応神陵古墳）を反正の陵とする私見をだしている（『倭の五王』）。つまり現在指定されている天皇陵では、反正天皇は事績のとぼしい大王という印象をもちやすいが、藤間説ではそのような印象の根底に意味のないことをよく示している。

『紀』の説明では反正天皇の記述は少ない。少ないなかでぼくは二つのことに注目している。一つは都が河内の丹比《たじひ》にあって、柴籬宮《しばかきのみや》といったという点である。河内の丹比は、松原市とその南方の地域だが、いずれにしても難波のような海に面した港のある地形ではない。それと大河川にそった河港のある地形でもない。伝承とはいえ、どうして交通の一見不便そうな土地に都が営まれたのだろうか。

丹比の柴籬宮の伝承地は、松原市上田《うえだ》の広庭神祠《ひろにわのやしろ》（柴籬神社）のあたりとされている。たんなる伝承地ではあるが、最近の考古学的調査の蓄積によって、この伝承地は東西にのびる古代の直線道路としての長尾街道（大津道）に接し、さらに前章で述べた難波大道と大津道との交差点にも近く、大津（堺港）と難波津の両方、さらにヤマトにも通じる要となる地点である。

ここには、弥生時代から古墳時代にかけての上田町《うえだちょう》遺跡があって、一つの邑《まち》があったのは確実だが、そこに宮跡が重複しているかどうかはまだわからない。ただ、前章のタイトルを「仁徳天皇と都市づくり」としたが、大津道や難波大道の初期の姿が、仁徳とか反正のころまでさかのぼるのであれば、反正天皇は広範囲での都市域づくりの完成者といってよかろう。

*

反正紀に反正天皇の治世を次のように総括している。

風雨順時　五穀成熟　人民富饒《ふじょう》　天下太平

いいことずくめだが、どこかで見たような文章だ。前に古墳出土の銅鏡の銘文のことを書いたことがある（「日本の文字文化を銅鏡にさぐる」〈『考古学と古代日本』所収〉）。そのとき、奈良市の大安寺の古墳、大阪の高槻市の土室《はむろ》石塚《いしづか》古墳、豊中市の桜塚《さくらづか》古墳群の一古墳などで出土した大型の獣帯鏡《じゅうたいきょう》の銘文に注目した。これらの古墳の年代は五世紀中ごろから六世紀初め。ということは、こじつけていえば、履中天皇や反正天皇の時代も含まれている。その銘文の一部を示そう。

多賀国家人民息　胡虜殄滅天下復　風雨時節五穀熟

福井県松岡《まつおか》町の泰遠寺《たいおんじ》古墳出土の神獣鏡にも、類似した銘文があり、その一節には、

服之富貴子孫強　長保二親楽未嘗　風雨時節五穀豊　四夷帰化天下平

とある。五世紀末ごろの古墳である。

強弁はさけなければならないが、反正天皇とほぼ同時代の銅鏡銘文に、「風雨順時」にたいする「風雨時節」、「五穀成熟」にたいする「五穀熟」や「五穀豊」、「人民富饒」にたいする「人民息」や「富貴子孫強」、「天下太平」にたいする「天下平」などと、類似した語句のあることは興味ぶかい。興味ぶかいだけでは無責任だから、一歩進めて考えると、古墳出土の銅鏡銘文に類似した語句があるのは動かない事実で、五世紀中ごろから六世紀初めに、近

畿や北陸でそのような文言が流行していたのは間違いない。

　ここで気づくのは、履中天皇の四年のこととして、「始めて諸国に国史《ふみひと》を置き、言事《ことわざ》を記し四方の志《ふみ》を達す」という『紀』の件である。五世紀になると、漢字を使って埼玉稲荷山《さきたまいなりやま》古墳の鉄剣の銘文などがのこされており、そのころ国々に国の記録を書く国の史《ふひと》がおかれていたとしてもぼくには違和感はない。反正紀は短いけれども、さまざまおもしろい内容を語りかけてくれる。

＊

　允恭天皇も仁徳天皇の子、だから履中・反正・允恭と三代の天皇が仁徳天皇の血脈から誕生したのである。この三代は、記紀の記載では比較的記述が少なく、存在感にとぼしい印象をうける。だが中国史書である『宋書』を参考にすると、いわゆる南朝と外交関係をもった倭の五王の時代であり、とくに讃《さん》・珍《ちん》・済《せい》・興《こう》・武《ぶ》の五人の王のうちの済が允恭天皇、興が安康天皇、武が雄略天皇であることは、文献考証のうえではほぼ一致しているとみてよかろう。

　先に藤間生大氏の大胆な仮説でみたように、日本列島で二番めに大きい河内の誉田山古墳を反正の墓、最大規模の堺市の大山古墳を允恭の墓とする見方の成立する余地があるとすれば、記紀での記述のとぼしい反正天皇や允恭天皇の存在が、常識とは違ったものになってくる。

允恭天皇の名は、ヲアサヅマワクゴノ（雄朝津間稚子）宿禰《すくね》、朝津間はヤマトの地名、素朴な疑問だが宿禰のつく大王とは何だろう。こういうことはぼくにとって得意でない分野、とにかくこの人は簡単には書けない長い名であるから、漢風諡号《しごう》のほうを使って以下説明をつづける。

允恭天皇は健康に自信のない人だった。だから仲皇子の事件にさいしては、傍観者の立場をとったらしい。自分でも「わが兄の二天皇は、われを愚として軽んじたし、群卿たちもそのことを知っている」と皇位をつぐにさいして発言している（『紀』）。

応神天皇の子孫に忍坂大中姫《おしさかおおなかつ》（以下、大中姫と略す）という女性がいた。後でも述べるが気性が強く、允恭を天皇に推挙するにさいしても重要な役割を果たした人物である。厳冬のさなか、群臣たちは皇位が空白状態であることを憂いはしたが、どうしてよいか苦しむだけだった。そんなとき、大中姫は水を満たした鋺《まり》を両手で捧げ持って皇子（即位前の允恭）の前に立って、皇位をつぐようにいった。しかし、皇子は背を向けて無言のままだった。

大中姫は四、五剋《とき》（一時間ほど）も鋺を持ちつづけた。風の寒い日だった。腕がふるえたのだろうか、水がこぼれて大中姫の腕の筋肉が凝固してきた。ついに大中姫は倒れた。そこで皇子も承諾した。

すかさず大中姫は群臣たちに、「皇子は群臣たちの申すことをお聞き入れになった。さあ、天皇の璽符《じふ》をたてまつりなさい」といった。要するに、大中姫が宮廷内の進行役を果たす状況が『紀』の記述になっている。こうして允恭天皇が生まれた。

小さなことだが、この場合、どうして大中姫が水をたたえた鋺を皇子に差し出したのだろう。皇位の継承に、特定の井戸の水に新王が手を浸すか口にするというような慣習があったのだろうか。早くそういう儀式をおこないなさいというのが、あの場面なのか。

履中天皇の子の一人に御馬《みま》皇子がいた。皇位継承の混乱にまきこまれ、三輪《みわ》の磐井《いわい》のほとりで捕らえられた。死にのぞんで、磐井を指して「この水は百姓は飲めるが、王者だけは飲むことができない」と詛《のろ》ったという（雄略即位前紀）。

ミズハ別にも瑞井《みずのい》という井戸が、誕生にまつわる話として語られている。この井戸は淡路の御井《みい》（安寧《あんねい》記）のことかとおもうが、王権と水のかかわりとしてこれもメモしておこう。なお女子が両手で器を捧げ持った埴輪が、茨城県鉾田《ほこた》町の古墳や宮城県丸森《まるもり》町の台町《だいまち》一〇三号古墳などで出土している。器を捧げるのではなく、何かの儀式で水を豪族に捧げる仕草であろう。このような聖水捧呈《ほうてい》を大中姫がおこなったと、ぼくはおもう。

*

大中姫は允恭天皇の皇后になった。『記』によると、皇后になった大中姫の名代として刑部《おさかべ》が定められた。大中姫は、元来ヤマト南東部の忍坂に居住地があったとみられるので、刑部は忍坂部のことであろう。刑部設定のことは記紀ともにみえるが、『記』によれば、仁徳天皇はイワノ媛皇后のために葛城部《かつらぎべ》を、次の皇后の八田若郎女《やたのわきいらつめ》のために八田部を設定している。このような名代や子代として設定された話は、記紀ともにすこぶる多いし、ぼくが取りくんでいる関東学関連の資料にも散見する。

たとえば養老《ようろう》五年（七二一）の下総《しもふさ》国葛飾《かつしか》郡大嶋《おおしま》郷の戸籍、これは今日の東京低地、つまり東京都の葛飾区と江戸川《えどがわ》区にわたる地域での千百九十一人の戸籍だが、住人の半数強が孔王部（穴穂部《あなほべ》とみるのが通説、ぼくは興王部《こうおうべ》かとみる）、そのほか三十一人の私部《きさいべ》、二十一人の刑部などがある。

養老五年の段階に、大嶋郷にいた刑部が、仮に五世紀に設定されたとして、そのまま同じ土地にいたかどうかは別にして、住民の半数強を占める孔王部がどこかからの移住とは考えにくい。名代とか子代は、ヤマトの支配の実態を解くのに大きな存在とおもうが、ここでは深入りをさける。なお私部は『紀』の敏達《びたつ》六年に日祀部《ひまつりべ》とともにおかれており、個々の皇后の部を統合整理したものかとみられる。もしそうだとすれば、大嶋郷には新旧両様の呼称がまじっていたことになり、研究のヒントになる。

*

大中姫は、木梨軽《きなしのかる》皇子、穴穂《あなほ》（安康）天皇、大泊瀬《おおはつせ》幼《わか》（稚）武《たけ》（雄略）天皇ら五男四女を産んでいる。自ら病弱といった允恭天皇は、よくはげんだものだ。『記』によると、新羅《しらぎ》から大使の金波《こんは》鎮漢紀武《ちむかむきむ》という薬のことをよく知った人が、允恭天皇の病をいやしたとしている。名のなかの波鎮《はちむ》は新羅の位、だから氏はコンさん、名はカムキムさんだった。

『紀』は大中姫皇后の娘時代のエピソードを、わざわざ書いている。大中姫が母とともに忍坂と推定される場所の家にいて、野菜畠（苑）で遊んでいた。すると馬にのった闘鶏《つげ》国造が、苑の横の小道（径）を通りかかり、かんたんな垣根ごしに話しかけた。大阪弁の感じで訳してみよう。「よう畠を作ってるな、あんたはん」。さらに「ねえちゃん、そのアララギを一本くれや」ぐらいのぞんざいさを『紀』はあらわそうと努めている。

大中姫は、怒りをこらえて一本のアララギを与えた。男は馬から下りもしないで受けとり、「アララギを何に使うのですか」の問いに、「山にさしかかったら、コマバイ（まぐなき）が多いやろ、それを払うんや」と答えた。まぐなき（蠛）はサケノハエともいい、野外調査で顔にまとわり飛び、目に入るので困ったコマバイのことであろう。

大中姫は、応神天皇の子孫である。仁徳、履中、反正、允恭のように応神と仲《なかつ》姫皇后からの血脈ではないけれども、弟媛《おとひめ》とのあいだに生まれた血脈にある。そういう家柄のプライドと、もう一つは闘鶏（都介）という山間部の小盆地への水田地帯から見ての軽視も加味されていたかもしれない。それはともかく、大中姫は心のうちに、このときの無礼は忘れるものかと刻みつけた。大中姫が皇后になるとともに、馬にのったままアララギを求めた男を探しだし、昔日の罪を問うて殺そうとした。

アララギをもらった男は、額を地につけて謝罪した。「臣の罪は、たしかに死に当たります。でも、あの日は、そんなに貴い人とはおもいませんでした」。皇后は、死刑をゆるして、国造の姓を稲置《いなき》におとした。この稲置への格下げの事件は、古代史ではよく知られたことだが、皇后が人に死刑を宣言したり、国造の地位を変更したりする権限があったことに、ぼくは注目している。

大中姫は気性の強い女性として、允恭紀の最初には描かれている。だが允恭天皇の七年ごろから、女性の弱さがむきだしになりかける。

新しい建物の祝いごとがあった。允恭は自ら琴をひき、皇后は立ちあがって舞った。当時は、こういう場面では舞った人がお礼に座の上にいる人に娘子《おみな》を奉るという習慣があったようだ。ところが舞い終わっても皇后は礼言をいわなかったので、再度舞うことになり、やむなく妹の弟姫を奉りましょうといった。

弟姫はたぐい稀な美女、その肌は衣をとおすようだから衣通郎姫《そとおしのいらつめ》とみんながいった。皇后は、衣通郎姫を天皇の妃とすることを望まなかったし、妹もそれを察していた。

天皇は、近江《おうみ》の坂田にいた衣通郎姫を早く召すため、舎人《とねり》の中臣烏賊津使主《なかとみのいかつのおみ》を使者にだした。イカツ使主もなかなかにしたたかで、この交渉は難航すると覚悟し、糒《ほしいい》（乾し飯）をかくしもち、庭に座って承諾をまった。衣通郎姫が食物を与えても食べないで、「このまま帰って死刑になるよりは、この庭で死んだほうがましだ」といって、ひそかに用意した乾し飯で生命をつなぎながら待った。ついに衣通郎姫もイカツ使主に従ってヤマトに行き、ひとまず倭直吾子籠の家にとめられた。イカツ使主は天皇から大いに賞められたという。

天皇は皇后をおそれて、衣通郎姫を宮中には近づけずに高市《たけち》の藤原に建物を造った。藤原宮である。こともあろうに、皇后がのちの雄略天皇を出産している隙に、天皇は初めて衣通郎姫のいる藤原宮へ行ってしまった。皇后は、「私がお産で生死をさまよっている（死生相半）ときに、どうしてこんな日に藤原へ行くのですか」と怒り、産殿を焼き、自殺しようとした。もしその通りにおこなわれていたら、ことによると雄略天皇という人物はいなかったかもしれない。

天皇は皇后にあやまった。でも衣通郎姫の宮へ行くことはやめなかった。姫は姉である皇后の嫉妬をやわらげるため、遠くに住みたいといいだし、河内の茅渟《ちぬ》に宮を造った。宮はのちの和泉《いずみ》の日根野《ひねの》にあったという。ここでの允恭との愛欲の生活は、次の衣通郎姫の歌にもうかがえる。

ささらがた　錦の紐を　解き放《さ》けて　数《あまた》は寝ずに　唯一夜のみ

大意は、「細かい文様の錦の紐をといてしまって、幾夜とはいいません、この一夜だけでよいのです」。もちろん本当は誰の歌かは不明、この歌に答えた允恭の歌もあるが、省く。衣通郎姫が晩年どうなったか、子がいたのかなど『紀』は伝えていない。当然、どこに葬ったかも書かれていない。和泉の日根野にでも墓があるのだろうか。わずかに泉佐野《いずみさの》市日根野の比売《ひめ》神社は、一説に衣通郎姫を祭るという。伝えのように肌の美しい人とすると、美容にはげむ人はお詣りしてもよさそうだ。

ここまで書いて、一つ思い当たることがある。允恭を皇位につけるにさいして大きな力のあった忍坂大中姫は、どこに墓があるのだろう。允恭天皇陵として古市《ふるいち》古墳群の市野山《いちのやま》古墳が指定されている。河内の国府《こう》と接した藤井寺市国府にある。先ほどあげた藤間説は別として、考古学的にはそれほどの矛盾はない。もっと正確にいえば、そうだとしても決定的証拠はない。とはいえ、多くの天皇陵古墳よりも、可能性は高いとみてよかろう。

市野山古墳には、同じ設計図で造営されたとみられる古墳が他に二つある。一つが古市古墳群中の古市墓山《ふるいちはかやま》古墳、もう一つが茨木市の太田茶臼山《おおたちゃうすやま》古墳、つまり継体《けいたい》陵として扱われている古墳である。周知のようにこの古墳は継体天皇の時代よりも古く、継体天皇の真陵は高槻市の今城塚《いましろづか》古墳というのが学界の定説で、太田茶臼山古墳は継体天皇とは別人の墓ということになる。

あくまで市野山古墳を允恭陵とする前提でのことだが、ほぼ同年代、しかもほぼ同一の設計図で造営されたとなると、太田茶臼山古墳の被葬者を忍坂大中姫とする松下煌《まつしたあきら》氏の案も注目される（「忍坂大中姫と允恭天皇——太田茶臼山古墳の被葬者は誰か」〈上田正昭《うえだまさあき》編『古代の日本と渡来の文化』学生社、一九九七年〉）。その場合、もちろん古市墓山古墳にも同じ程度の可能性はいえる。ともかく政治的には強いが、女性としては弱かったのが忍坂大中姫ということだろう。

＊

衣通郎姫についての『記』の説明をみよう。そこでは皇后大中姫の妹ではなく、允恭とのあいだに生まれた子で、名は軽大郎女《かるのおおいらつめ》、またの名が衣通郎女となっている。允恭の子だから愛人関係にあるわけがなく、そのかわり長兄の木梨軽皇子（王）との不倫関係を語っている。同じ父と母から生まれた実の兄妹であるため、軽皇子は皇位の継承者から脱落し、允恭の死後、人望を失って伊予《いよ》の湯（道後《どうご》の温泉）に流され、その地で自殺したとなっている。

木梨軽皇子と「同母妹」（『紀』の用語）の肉体関係は『紀』にもでている。ただし名は軽大娘《おおいらつめ》皇女だが、衣通郎姫ではなく、允恭と大中姫の子にしている。それと伊予へ移されたのは、軽大娘皇女のほうである。

このように『紀』では、允恭の死後も都に皇位継承者として軽皇子がいたことになっていて、允恭の第二子の穴穂皇子と対立し、武力衝突ののち逃げこんだ物部大前宿禰《もののべのおおまえのすくね》の家で自殺している。

この物部大前宿禰は、イザホ別（履中）が仲皇子と対立したとき、イザホ別の支持にまわった男であり、軽皇子が頼って逃げこんできたのに軽皇子を見限って、穴穂皇子に「臣議《はか》らむ」、つまり自分がよいように画策しましょうと約束し、軽皇子を自殺させている。ただし『紀』も異伝として軽皇子を伊予国に流したといっている。要するに安康天皇が誕生したのである。

＊

殺伐としてしかも愉快でない話がつづいた。このまま安康天皇の説明に入ると、さらに不快の念が増すので、允恭の淡路島での狩りのことに話題を移そう。

允恭が淡路で狩りをすると、鹿・猿・猪などが山谷にいっぱいいるのに、一頭もとれない。そこで狩りをやめて卜《うらな》ってみると、島の神（イザナキか）が祟って、「赤石《あかし》（明石）の海の底にある真珠をとって、自分を祠れば獲物があるだろう」という。そこで各地の白水郎《あま》（海人）を集めて明石の海底に潜らせたが、深くて海底まで届かない。

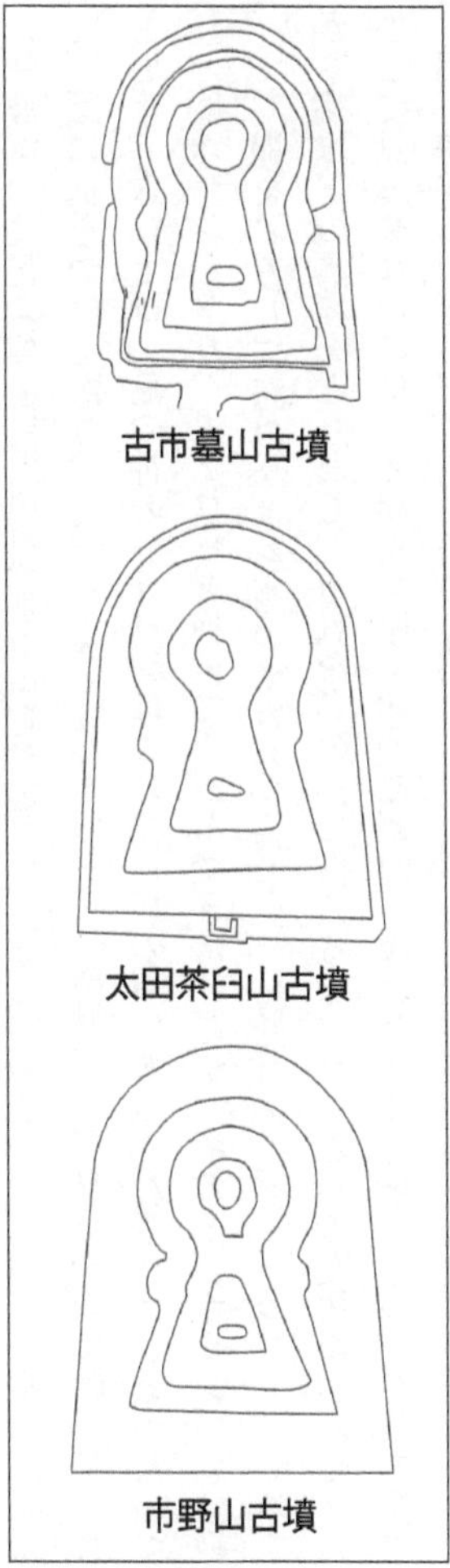

同一企画の3古墳
（上田宏範『前方後円墳』学生社より作成）

阿波国《あわ》の長邑《ながのまち》（徳島県阿南市《あなん》や那賀川町《なかがわ》付近）にオサシ（男狭磯）というすぐれた海人がいた。腰に縄をつけて潜り、しばらくして浮上して、「海底に大アワビがいて輝いています」という。人びとは「島の神のいう真珠はこのアワビの腹にあるのだろう」といったので、もう一度オサシが潜り、大アワビを抱いて浮かんできた。だが、そのときオサシの息は絶えていて、縄をおろして海の深さを測ってみると六十尋《ひろ》（約九〇メートル）あった。そのアワビから桃ほどの真珠をとりだし、それを島の神に供えると、たくさんの獲物がとれたという。

ここで見逃せないのは、オサシを厚く葬った墓が「なお今にこれをたもつ」とある件である。

明石海峡にのぞんだ淡路島側の淡路町岩屋《いわや》に石《いし》の寝屋《ねや》古墳がある。允恭の時代よりは半世紀ほど新しい古墳であるが、いかにも海人の墓をおもわせる環境である。それはともかく、明石海峡に今日アワビがいるだろうか。先日、明石市立文化博物館の山下俊郎《やましたとしろう》さんに、二、三の漁村で調べてもらったら、多くはいないけれども今日でもときどき捕れるということだった。オサシの話は、そういう点でもおもしろい。

第16章　倭王興から倭王武のころ

安康《あんこう》天皇は、記紀のうえでは存在感がとぼしい。前章で仁徳《にんとく》天皇の子供たちにふれたとき、磐之《いわの》媛《ひめ》とのあいだに生まれた男子が、履中《りちゅう》、反正《はんぜい》、允恭《いんぎょう》と三代つづく天皇たちであり、安康天皇は允恭天皇の子である。これにたいして、仁徳天皇と日向《ひゅうが》の髪長媛《かみながひめ》との子が大草香《おおくさか》皇子（『記』では大日下王）であると述べた。話の細かい展開を無視して結論だけいえば、大草香皇子が安康天皇と対立し、ついには大草香皇子の子の眉輪《まよわ》王（『記』では目弱王）によって、安康天皇は殺されることになる。

大草香皇子が冤罪にまきこまれるうえで、押木《おしき》の珠縵《たまかづら》が登場する。大草香皇子が大切にしている珠縵を、安康天皇に献上するための使いの根使《ねのお》主《み》（坂本臣《さかもとのおみ》の祖、のちの和泉《いずみ》国の豪族）

にことづけたところ、根使主はその麗美なることに心を奪われ、つい盗んでしまい、天皇には珠縵をださないでおいた。それもあって、天皇は兵をだして大草香皇子を殺したという話になっている。

大草香皇子が宝にしていた押木の珠縵とは何だろう。『紀』は割注で立縵《たちかづら》とも磐木縵《いわきのかづら》ともいうとしているが、おそらく黄金製もしくは金メッキをした金銅製の冠のことだろう。新羅《しらぎ》や伽耶《かや》の王族級の古墳に多い冠は、「出」字形や「山」字形にデフォルメされた樹木の立飾《たちかざり》をつけていて、その部分を強調すれば押木とか磐木という形容にふさわしいし、それだけでなく、この種の冠にはしばしば勾玉やそのほかの玉を多数取りつけていて、その部分を強調すれば玉縵の言葉がぴったりである。ただし、厳密にいえば珠は真珠で、真珠で飾った冠があったかもしれない。だが、真珠は土中ではのこりにくい。

考古学資料でいえば、新羅・伽耶系のこの種の冠は、日本海沿岸の古墳に五世紀ごろから副葬品として出現しはじめ、六世紀になると日本列島各地の古墳に点々とみられる。奈良盆地では、六世紀後半の斑鳩《いかるが》町の藤《ふじ》ノ木《き》古墳出土の冠が早い例である。このように奈良盆地での出現は、記紀でいう「安康」のころよりは若干年代は下がるけれども、近畿地方全体でみれば「安康」のころには珍しい宝として、黄金製もしくは金銅製の冠は、支配者層の人たちに認識されていたとみてよかろう。

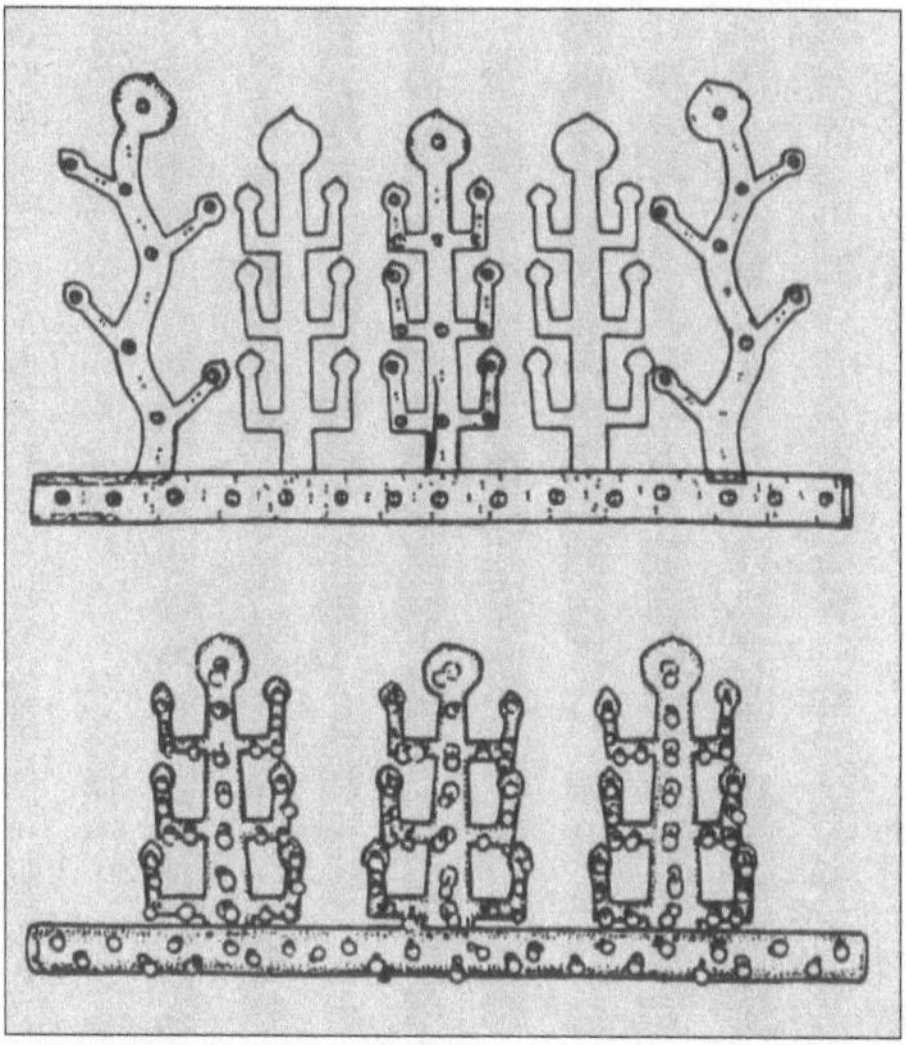

冠の展開図
上は慶州市の金冠塚古墳出土。中央３本が出（山）字形、左右２つは鹿角から変化した形か。下は昌寧・校洞７号噴出土
（『韓国の古代遺跡　新羅編』中央公論社、1988 年、より）

冠を縵の字で表現しようとした例として、『播磨《はりま》国風土記』の冒頭にある、オオタラシ彦（景行《けいこう》天皇）をめぐる滑稽《こっけい》な寸劇ともいうべき高瀬の済《わたし》での事件を想いだす。景行天皇が河内《かわち》国と摂津《せっつ》国（古墳時代は河内国）との間に流れる淀川にさしかかったとき、紀伊《きい》の国人の小《お》玉《たま》という度子《わたしもり》が、「自分はあなたの贄人《にえびと》ではない」といって、オオタラシ彦を対岸へ渡すことを拒否した。なおも乗船をせがむと、「では度の代償（賃《つぐのい》）をだしてくれ」という。そのとき天皇は弟《おと》縵《かづら》を取って舟に投げいれたら、縵の光明炳然《へいぜん》とした輝きが舟中に満

ち、度子も天皇を対岸へ渡したという。光明炳然、つまりきらきらと輝くのは、黄金の冠のことだろう。ただし景行天皇が意味する古墳時代前期には、まだ黄金や金銅の冠はなく、伝承は古くとも道具だては新しいもので置きかえたとみてよい。

＊

大草香皇子と安康天皇とのあいだに、外交政策上での対立があったとぼくはみている。皇子が殺されるとき、難波吉師日香香《なにわのきしひかか》（蚊）とその子が運命をともにして殉死したという。難波吉師（士）は、朝鮮半島との外交関係で活躍する集団で、いち早く新羅や伽耶の文物を摂取することのできる集団であるとみられ、難波吉士集団と親しいことから、大草香皇子の外交的な立場も示唆されている。

安康天皇の次の雄略《ゆうりやく》天皇の時代になって、根使主の不正が明らかとなり、根使主が殺されたあと難波吉師日香香の名誉が回復され、根使主の支配下の人民は二分され、半ばが難波吉師日香香の子孫に与えられ、さらに大草香部吉士の姓をあたえられたという。

ぼくの印象にすぎないけれども、押木の珠縵をさしだすかさしださないかは、大草香皇子の勢力を抹殺するための口実的な事件、外交的対立から作られたフィクションとみられる。

本書では深入りはしないけれども、安康天皇は『宋書』にあらわれる倭王興《こう》であることは定説とみてよい。宋の大明《だいめい》六年（四六二）に、「安東大将軍・倭国王」の爵号をうけており、このことから推察すると、親中国（南朝の宋）政策をとる安康天皇勢力にたいして、親新羅・伽耶などの政策をとろうとした大草香皇子の勢力との対立が、物語の根底にあったようであるし、押木の珠縵が大草香皇子勢力のほうにあったとする話の粗筋も、矛盾していない点は興味ぶかい。

安康天皇は、大草香皇子の死後に大草香皇子の妻だった中蒂姫《なかし》を皇后にした。中蒂姫はイザホ別《わけ》（履中天皇）の子、中磯姫とも書かれている。『記』ではこれらしい女性を長田大郎《ながたのおおいらつめ》女にしていて、中蒂姫と別人か同一人物かははっきりしない。それはともかく元は大草香皇子の妻で、そのとき生まれたのが眉輪王（『記』での目弱王）だった。目弱王の話は『記』のほうに具体性があるので、以下『記』によって進める。

目弱王が七歳になったとき、安康天皇は皇后と高殿風建物にいた。皇后が天皇に、「何か気がかりでもあるのですか」と尋ねると、「目弱王が成人したとき、吾が目弱王の父（大草香）を殺したことを知ると、復讐《ふくしゅう》の心をもつのではないだろうか」といった。そのとき目弱王は、建物の下で遊んでいて、このことをきいてしまった。余談になるが、奄美《あまみ》大島の高床倉庫（高倉）の床下では、大人が立てるほどの高さがあって、そこで脱穀などの農作業ができるし、ベトナムでは高倉の下の空間で土器の野焼きをしているのをビデオで見たことがある。

話を戻すと、目弱王は天皇が寝ているすきをみつけ、傍らの大刀を取って天皇の頸を斬ってからツブラのオオオミ（円大臣）の家に逃げこんだ。円大臣は、葛城《かつらぎ》の大豪族である。

安康天皇暗殺の情報をうけて、允恭天皇の子のオオハツセワカタケ命《のみこと》（大泊瀬幼武・大長谷若建、雄略天皇）は、狼狽《ろうばい》してまず兄たちを疑い、兄の一人を殺してしまった。さらに『記』では別の兄を小治田《おはりだ》（明日香の地名）に穴を掘って生き埋めにした。このあと、円大臣の家を兵士で囲んだ。円大臣も軍隊をそろえてよく戦った。その最中、ワカタケ命は「この家に、わたしが言い交わした乙女はいないか」というと、円大臣が武器を持たずにあらわれ、「わが娘のカラヒメ（『記』では訶良比売、『紀』では韓媛）がお仕えするでしょう。それと五カ所の屯倉《みやけ》（『紀』では葛城の宅七区《いえななところ》）を献上します。だが目弱王が私の家を頼ってきた以上は戦うほかありません」といって矢の尽きるまで戦い、最後は皇子の希望によって皇子を殺し、自分も頸を斬って命を絶ったという。

この話は、葛城勢力の没落を意味しているのだが、関心がつのるのは、娘の名を韓媛という点である。先に大草香皇子が新羅・伽耶勢力との関係の推進者という仮説をたてたが、葛城の円大臣もその協力者とみるならば、娘の名が韓媛であることとの意味は大きい。ことによると円大臣の妻は朝鮮半島から娶《めと》った女性で、二人のあいだの子の名が韓媛だったのかもしれない。葛城の円大臣とは、外来文化をまっさきに摂取する人であるとともに、頼ってきた孤立の皇子をかばいきる律義な人物としても描かれている。

＊

安康天皇が暗殺され雄略天皇が登場するさいの事件を、さらに『紀』によって述べよう。安康天皇が皇位継承の有資格者である大草香皇子（仁徳の子）を抹殺したように、雄略天皇も履中天皇の子である磐坂市辺押羽皇子《いわさかのいちのべのおしは》や御馬《みま》皇子が障害となり、取り除く必要をおぼえた。磐坂市辺押羽皇子は、記紀の個所によって、押磐《おしわ》皇子・忍歯《おしは》王・忍歯別《わけ》王・市辺《いちのべ》王など異なった表記がある。このうち奈良県山辺《やまのべ》郡にあった地名に因んだとみられる市辺王がかんなので、以下は市辺王を使う。

市辺王で気づくのは、忍歯王または忍歯別王の名が、反正をあらわす瑞歯《みずは》別《わけ》天皇と共通した理想にもとづく表記ではないかという点である。王者は歯が美しく、大きくあるはずという想いは、反正の誕生のあとの「生まれながら歯は一つの骨のようだ」（『紀』）とか、「歯の長さが一寸、広さ二分、上下等しく斉《ととの》い、珠を貫いたようだ」（『記』）の文章にもあらわれている。

市辺王についても、死後その屍を識別するのに、「三枝のような押歯」だからわかった

(『記』)という記載からも、歯が人並みでないものだったとする伝承があったようだ。このような考えは、新羅にもあり、聖智《せいち》なる人は多歯であり、歯の長い人が嗣(あとつぎ)となったという(『三国史記』新羅本紀)。

市辺王の異なった名がひろまっているということは、わずかに記紀に名が顔をだす程度の人物とは重要度が違うし、王者にふさわしい忍歯王の名をもつことは、その存在の大きさを示すものとみてよかろう。

『播磨国風土記』には、市辺王の子のオケ(のちの仁賢《にんけん》天皇)とヲケ(のちの顕宗《けんぞう》天皇)が、市辺王の死後に身分をかくして流浪の生活をしていたところ、皇子であることを発見される物語がある(美囊《みなぎ》郡志深《しじみ》の里の項)。このくだりはあとでも述べるけれども、ここでは二人の皇子の父を「市辺天皇」としているし、他にも天皇扱いの記事がある。

余談になるが、考古学者が、いわゆる天皇陵の候補となる古墳をしぼりこむときに、〝ある一時期の天皇は一人〟という前提で、大きい古墳からあてているが、大草香皇子や市辺王のように、大王扱いされていた人物が、同時期に複数いたという状況をも想定してかからねばならない。この点、考古学者はがいして記紀を軽視して、勝手に古墳時代のイメージを作ってあてはめようとしている傾向がある。古墳時代の実態は、記紀を精読して、自分なりに濾過《ろか》してやっと垣間見えてくるものなのである。

＊

『紀』によると、安康天皇は市辺王に国の後事を託そう、つまり次の大王にしようとしていた。先ほどみたように、『播磨国風土記』では市辺天皇といういい方があったことを伝えているし、『紀』にも、即位前のヲケ（顕宗）が父のことを、「市辺宮に天下治《あめのしたしら》し天万国《あめのよろずくにの》万押磐尊《よろずおしわのみこと》」とたたえており、大王位にあったことをあらわしている。事件に話は戻る。先ほどから使っている雄略天皇は市辺王のころはまだ雄略天皇とすべきではなく、ワカタケル（ワカタケ）を使おう。

『紀』の「若建」はワカタケとよんだほうがよさそうだが、埼玉県行田市《ぎょうだ》にある埼玉稲荷山《さきたまいなりやま》古墳から出土した鉄剣の金象嵌銘文《がんめい》の「獲加多支鹵大王」を、雄略天皇とみる多数意見にしたがうと、ワカタケル（ロ）という発音も捨てがたく、以下そのほうを使う。

ワカタケルは、穴穂《あなほ》（安康）天皇が市辺王を後継の大王にしようとしていたか、あるいはすでにそうなっていたことを恨んで、市辺王に使いを出して、狩りに誘った。

「近江《おうみ》のササキ（狭々城）の山君《やまのきみ》カラブクロ（韓帒）が『近江の蚊屋野《かやの》に猪や鹿がいっぱいいて、角や脚が林の枝や木の株のようです』といってきています。ぜひ一緒に狩りましょう」という口上をもたせてやった。市辺王は疑わずに狩りに来た。そこでワカタケルは、

「猪を見つけた」と大声でいって市辺王を射殺した。さらに市辺王の舎人《とねり》が屍を抱いてうろたえていたところを、ワカタケルはこの舎人をも殺してしまった。ワカタケルの決断力と実行力には感心するが、むごいことだ。

『記』にもこの話はある。余談になるが、ササキの山君の祖が、鎌倉時代とその前後に活躍する近江の佐々木《ささき》氏につながるかどうかは興味あることである。『記』のこの個所に、早朝から狩りに行こうとする市辺王を、ワカタケルの従者が、「宇多弖物云王子」と評したとある。ウタテをいうとは、困ったことをいうの意味だが、ぼくが関心をもっているのは、「弖」の字である。

弖は、発音はテ、古代の日本では多用されていて、倭字（国字）の一つとみてよかろう。だが先ほども引用した埼玉稲荷山古墳鉄剣銘文に、「其児名弖已加利」と「其児名半弖比」と、児の名のテヨカリとハテヒとして二度用いられている。弖がいつごろから、どのようにして現れるのか、自分のメモとして書いておく（『アサヒグラフ』連載の「今週の調査ノートから」でさらに追求した）。

市辺王が狩りに誘われ、殺害された近江の蚊屋野は、『紀』には来田綿《くたわた》の蚊屋野、『記』には久多綿の蚊屋野とあって、湖東の蒲生《がもう》郡蒲生町や日野《ひの》町付近に求めてよかろう。日野町寺《てら》尻《じり》の野田道《のだみち》遺跡では、朝鮮半島にあるオンドル遺構をもつ住居址も発掘されていて、カヤ野が伽耶野かともみられるし、先ほどだした山君が、カラブクロという珍しい名であることも、その名のカラ、韓が、伽耶との関係でいえるかどうかだが、蒲生郡での朝鮮半島の文化の影響は、「安康や雄略」のときではなく、もう少し後かもわからない。それでも、珍しい地名が記紀に採用されていることはあるだろう。

市辺王の墓を近江のなかに求める動きは、江戸時代から盛んだった。八日市《ようかいち》市市辺町にある市辺王の墓とされる円墳もその一つであるが、規模が小さすぎる。名神《めいしん》高速道路の工事で一部調査されたケンサイ塚古墳も、その一つである。ケンサイ塚古墳は、蒲生町にあって、滋賀県でもっとも大規模な円墳（直径約八〇メートル、あるいは短い前方部がつくか）だが、埋葬施設（粘土槨《かく》）はあるけれども遺物はなく、ことによると埋葬後しばらくしてどこかへ改葬したことを示しているのであろう。この古墳からは、円筒埴輪の破片がたくさん出土していて、同志社大学歴史資料館で保管している。

＊

ワカタケルは、市辺王を亡き者にしただけではなく、履中天皇の子で市辺王の弟にあたる御馬皇子《みまのみこ》をも殺している。この皇子が戦のすえ捕らえられ殺されるに及んで、三輪の磐井《いわい》の井（井戸）にワカタケルを詛《のろ》ったことについては前章でふれた。

大王の子として生まれたことは、以上みてきた事件で考えると、男にとっては幸いであるというより、生まれながらの不幸をせおったといってもよい。愚鈍ならば生きのびられようが、そうでなければ積極的に他を制しなければ、天寿は全うできない。男子ばかりか女子の例についても、これまでの章でいくつかをみた。

本章の初めに述べたように、安康天皇が殺される原因の一つは、自らが殺した大草香皇子のもとの妻（中蒂姫）を、自分の皇后にしたことに端を発している。俗っぽくいえば、妻の連れ子に命をうばわれたのである。ぼくは安康紀の一節に、当時の女の実態をみて、はっとした。ワカタケルがまだ皇子のとき、亡き反正天皇の娘たちを妻にしようとした。このとき女たちは、「君王はつねに暴《あら》く強く、忿《いか》りがおこると朝いた者が夕べには殺されているし、夕べに会った者が次の朝には殺されていることがよくある。わたしたちは、器量もとりたててはよくなく、人扱いも上手でない。だからいやです」と答え、どこかへかくれてしまったという。女も大変だし、男も大変な時代だった。

＊

市辺王にはヲケ王（顕宗）とオケ王（仁賢）の二王子がいた。父が殺されると、事件にまきこまれないように逃げた。途中、山代《やましろ》の苅羽井《かりばい》で携帯してきた食料を食べていると、顔に入れ墨をした老人が食料を奪った。そのとき「食料はあげるが、おまえは誰だ」と聞くと、「山代の猪甘《いかい》である」と答えた。この話は、木津川の左岸、男山《おとこやま》丘陵ぞいの土地が舞台となっている。この地は中世の隼人《はやと》荘であり、黥面《げいめん》の猪甘とは隼人であろう。王子らは、淀川ぞいのクズハ（玖須婆）で河を渡り、針間《はりま》（播磨）国に至り、シジミ（志自牟、縮見）で身分を隠して馬甘《うまかい》・牛甘《うしかい》として働いて生きのびたという。

『記』によって話を進めよう。のちに山部連小楯《やまべのむらじおだて》が針間国の長になったとき、土地の人シジミ（『播磨国風土記』ではイトミ）の家で新築の祝いの宴があった。酒もでた。宴たけなわになって、舞が始まった。雑用をしていた二人の少年をも舞わせた。兄弟はどちらが先に舞うかをゆずりあい、人びとがざわめいているとき、兄が先に舞った。次に弟のヲケ王が衣服を正して歌うように物語を述べた。文言は略すけれども、格調たかく堂々としたもので、最後に、天の下治《しら》しめししイザホ別（履中）の子である市辺の押歯王の末子である奴《やっこ》だと宣言した。

これを聞いて、小楯は驚き、床より転び落ちるようにして宴に集まった者を外へおいだし、二王子を自分の膝にのせて泣き悲しみ、仮宮を作って駅便《はやうま》をヤマトに派遣した。このときは雄略天皇の死後で、ヤマトには、飯豊《いいとよ》王（皇女）がいた。飯豊王は青海《あおみ》皇女ともいい、市辺王や御馬皇子と兄妹で、二王子が針間国で見いだされたころ大王的存在であり、飯豊天皇であったと『扶桑略記』は記しているし、ぼくもそれでおかしくないと思う。

この事件は、『紀』や『播磨国風土記』にもでていて、話の大筋は同じである。先に、大王の子や皇后といえども、大王の死の後の運命が険しかったことを述べたが、皇子たちもときには豪族や土豪の僕《しもべ》として働くことのあったことを物語風に述べている。それとともに、大王家で身につけた教養についても物語っている。

新室《にいむろ》を祝う宴で、ご馳走づくりのカマドの火たきをしていた少年が強制されて舞った姿に、鄙《ひな》にはない気高さがあって皆がはっとし、そのあと予想もしない出自が語られた。このくだりは、記紀のなかでのドラマ的なおもしろさでは出色のシーンである。

*

ヲケ王とオケ王が市辺王の子であることが明らかになり、ヤマトへ迎えられるときに、小楯たちはヤマトの代表として赤石《あかし》で新大王を迎えた。赤石は明石のことである。明石は、のちの畿内と畿外の境となる土地で、その目で見ると歴史的重要さがわかるが、このときに新王を迎えるのが赤石であったこともその資料となる。

大王には、弟のヲケ王が先になった。顕宗天皇はまず父の骨を探した。父は殺された近江の蚊屋野に埋めてあるはずだが、『紀』によると市辺王の屍は切断され、馬のかいば桶にいれて、地面と同じ高さにして埋めたという。ヲケ王が父の遺骨を探していると、近江の一老婆が知っていて、先ほど述べたように歯の特色で見分け、蚊屋野の東の山に御陵を造って、事件に関与した山君の韓帒の子らに管理させた。

このあと、『記』では難解な説明があり、理解に苦しむ。あえて推理を働かすと、殺された近江の土地にも陵をつくったが、改めて新王の父にふさわしく、まして市辺王が短期間でも大王位にあったならばなおさら、ヤマトの地にも別に陵を築いたというのが、「然後持上其御骨」（しかる後、その御骨を持ちて上《のぼ》る）であろう。上るとは、都への意味かと考える。

先ほど、ケンサイ塚古墳には埋葬施設はあるが、遺物はないという奇妙な事実を述べた。このことは、あのような大古墳としては珍しいことだし、ケンサイ塚古墳が市辺王の墓であるという仮説にたつと、どこかへの改葬ということを示しているという見方もできる。

子の社会的地位の変化によって、父や母の古墳のもよう替えをすることは、日本にも中国にも例がある。欽明《きんめい》天皇は五七一年に亡くなり、ヤマトに檜隈坂合《ひのくまのさかあい》陵（ぼくは五条野丸山《ごじょうのまるやま》古墳に考えている）を造営したが、欽明天皇の妃の一人にすぎない堅塩媛《きたしひめ》の子どもたちが、用《よう》明《めい》天皇や推古《すいこ》天皇になった。こうなると、妃にすぎなかった母を皇后に準じた扱いにしたくなったのか、推古二十年（六一二）に、母堅塩媛のおそらく棺を、ある古墳（のち檜隈陵とよぶ。梅山《うめやま》古墳か）から移して欽明陵へ改葬し、改葬工事をしたあとの陵を檜隈大陵とよび、大がかりな行事をおこなった。さらにもとの堅塩媛の墓を空墓にするための儀式を六二〇年におこなっている。

このように堅塩媛の子が天皇となると、母の古墳での扱いを改め、社会的な存在をたかめているが、ヲケ王が大王になってからの「御骨を求めた」行為は、大王の父にふさわしい古墳造営をおこなった記事とみてよかろう。

＊

ぼくが今述べている「安康」とか「雄略」とかの時代は古墳時代である。あえて三区分すると中期の後半であろう。ということは、このころの大王の古墳は、まず堂々とした前方後円墳か円墳であろう。前に『古墳から伽藍へ』（図説日本の古代5、中央公論社、一九九〇年）でたくさんの例をあげて説明したように、ワカタケル大王のときには、中国の南朝との関係であろうか、支配者の墓に大円墳が採用されていたとみられる。このことは、三百年あまりに及ぶ前方後円墳の歴史のなかでは、例外的な時期である。

ヲケ王は父を殺したワカタケルを怨《うら》んだ。死後とはいえワカタケルの霊に復讐をしようとして、ワカタケルの陵を破壊させようとした。このとき兄のオケ王が、「陵の破壊は人にやらせるのではなく、自分の手でやりましょう」と申し出て、古墳の隣接地を掘って「終わりました」と報告した。それがたいへん早かったので、ヲケ王があやしんだところ、オケ王は「少しだけ隣接地を掘りました」。するとヲケ王は、「父の仇《かたき》に報いるためには、古墳（陵）全部をこわさないと駄目だ。どうして少しだけ掘ったのか」と詰問した。兄は、「父の怨みのためということは十分わかるけれども、ワカタケルは自分のオジ（従父）でもあり、大王でもあった。その人の墓を破壊すれば、人の誹謗《ひぼう》をうけるでしょう。だから形式上の破壊でとどめました」といい、ヲケ王も、「たしかにそうだ」と納得した。そのあと間もなくヲケ王は亡くなり、兄のオケ王が次の大王（仁賢）になったという。

ヲケ王が即位すると、もう一つ復讐をした。それはヤマトからの逃走生活のはじめに、山代で食料を奪った猪甘を見つけだすことだった。その男を探しだし飛鳥《あすか》河の河原で斬り、さらにその一族の膝の筋を断った。

ぼくは前に「近畿地方の隼人」を書いたことがある（大林太良《おおばやしたりよう》編『隼人』社会思想社、一九七五年）。そのとき、南山城の猪甘集団についてもふれたが、先ほどみたように、ヲケ王は即位後に猪甘の族の「膝の筋を断った」の個所の意味が気になった。

これに関して、ここでの猪甘とは、今日の食用ブタを飼育する人たちではなく、重要な祭事にさいして、国家や豪族が神にささげるための犠牲獣を飼育する集団とみている。ニワトリ、イノシシ、ウマが祭事の大小に応じての犠牲獣であり、それを大切に育ててこそ、神は大事をききとどけてくれるということであろう。

高句麗《こうくり》の瑠璃王《るりおう》は、二人の部下を坑に投げこんで殺している。どうしてこのような刑をあたえたかというと、祭天に用いるイケニエのブタ（豕、猪のこと）が逃げた。逃げたのでつかまえて、刃物で脚の筋を切断してこれで大丈夫となった。ところが王は、祭天のイケニエに傷をつけたとして部下を殺したのである。犠牲にささげる前に、血を一滴でも出してはいけないのだろう（『三国史記』高句麗本紀）。

この二つの話を総合すると、猪甘集団に猪の飼育技術として腱《けん》を切断することがあったのかと思われるし、そのこととよりすぐられた犠牲獣との関係など、さらに考えねばならないことはあるが、この山代の猪甘のことは具体性をもった話だとみられる。

＊

この章では、倭王武《ぶ》と推定されるワカタケル（雄略天皇）のことを主に書くつもりだった。だが、ふだんよく目にする書物では、倭王興とみられる安康天皇への関心が、雄略天皇にくらべ極端に低いように感じたので、予定よりも安康天皇など悲運の王に筆を走らせてしまった。

これは古代史だけのことではない。安康天皇は、陵も雑な扱いを受けている。というのは、宮内庁は奈良市宝来町に陵を指定しているが、その土地の字名が「古城《ふるしろ》」であることに示されているように、戦国期の城砦跡を誤認しているようである。古墳を後世の城郭に利用した例は各地にあるが、この場合は逆であって、城砦跡を後世になって天皇陵として利用しているのである。伝安康陵古墳でもなければ、安康陵古墳ともよべない。

ぼくは安康天皇陵は、堂々とした前方後円墳だったと推定している。第4章で現垂仁《すいにん》陵に指定されている奈良市の宝来山《ほうらいさん》古墳の被葬者は垂仁ではなく、本来の垂仁陵は大和《おおやまと》古墳群のなかに求められそうだと述べた。そうなると、宝来山古墳も安康陵の候補となるが、墳丘内への立ち入り観察が不可能な現状では、これ以上の絞りこみはできない。

＊

葛城の円大臣の娘の韓媛について、先ほど母が朝鮮半島系の人ではないかとする仮説をだした。ワカタケルは韓媛を妃の一人にして、のちの清寧《せいねい》天皇とワカタラシ姫（別の名は栲幡《たくはた》姫）を生んだ。少しワカタケルをめぐる女性について述べよう。

ワカタケルは、百済《くだら》から池津《いけつ》姫を召したところ、石川楯《いしかわのたて》という男性と先に男女の仲になってしまった。そこで怒ったワカタケルは、男女それぞれを四つ又の木に張りつけて、焼き殺してしまった。

すごい話だが、この事件から気づくことは、葛城の円大臣だけではなく、そのころの支配者層の人たちのあいだに、大陸の女を妻とする流行があったのではないかということである。たんなる流行ではなく、交易などの点での実利をともなう縁組みだとみられる。

もう一つは、石川楯についてである。石川は南河内を流れ大和川に合流する川とその流域の地名、第14章でふれたように、石川流域には百済系の有力な渡来集団がいた。錦織《にしごり》氏であり、石川錦織となのることもある。

ぼくの推測だが、河内の錦織氏の若者が石川楯であり、その若者のために百済から呼びよせたのが池津姫であろう。百済には、碧骨《へきこつ》池という大池が築かれていたことについても、すでに述べた。ことによると、名の知られた碧骨池に因んだ人名かもしれない。要するに、石川楯の妻となるべき女を、ワカタケルが横取りしようとしたというのが真相かと思う。雄略紀には、百済王が「昔女人を貢いで采女《うねめ》にしていた」とあるが、真相の追究はぼくの領域をこえている。

ワカタケルは、猛々しいけれども、ユーモアを感じさせることもある。以下は泊瀬《はつせ》(長谷)の朝倉《あさくら》宮での話であろう。宮の中をワカタケルによく似た幼女が歩いていて、それが家来のあいだで評判になった。物部目大連《もののべのめのおおむらじ》が、「きれいな女子《おみなご》ですね。古《いにしえ》の人はいいました。(そういう人は)お母さん似かと。でも誰の女子でしょう」。ワカタケルは「どうして自分に聞くのか」というと、「あの女子の歩く姿は天皇（ワカタケル）そっくりです」。ワカタケルは、「皆はよくそういうけれども、あの女子の母とは一晩しか接していない。一晩では女を産めないはずだ。だから違うと思うのだ」。こういう下ねたの会話を正史にのせるとは、『紀』は、何でも書くものだ。

解説すると、このワカタケルの子だと噂がたった幼女の母は、春日和珥深目《かすがのわにのふかめ》の娘でニックネームが童女の君で、妊娠したころは采女として仕えていた。その采女に、一晩だけワカタケルのお手がついたということである。

先ほどの会話をつづける。目大連、「一晩だけの関係はわかりますが、『幾廻喚ししや《いくたびめ》』」。するとワカタケルは、「七廻喚しき《ななたび》」。目大連はあきれはてて、「妊娠しやすい女は、男の褌（フンドシ）にふれただけで妊娠するといいます。まして一晩中おはげみになったのに、疑うほうがおかしいですよ」。ワカタケルは、その幼女を皇女にし、母を妃に格あげした。母の童女の君というニックネームは、この幼女の話題からついたものだろう。『紀』には、これに類する話がほかにもある。自分でその個所をさぐりあてる楽しみに、紹介はひかえる。

＊

韓媛が産んだ栲幡は、伊勢《いせ》大神の祠に仕えた。この皇女がある男性との関係を疑われ、五十鈴《いすず》河のほとりで自殺し、そのさい神鏡を埋めてしまった。この栲幡皇女の埋めた神鏡については、「海人文化の舞台」（海と列島文化8『伊勢と熊野の海』小学館、一九九二年）で考えを述べたのでここでは省く。それはともかく、ここにも悲劇の女性がいた。

死に至る悲劇とは異なるけれども、次も女性にとっては好ましい話ではなかろう。イナベのマネ（韋那部真根）という木工（工匠）がいた。石を台にして木を削るが、終日仕事をしても鉄の斧の刃を傷つけたことがない。それを見てワカタケルは「斧を石にあてることがないか」と問うと、マネが「ない」とだけ答えた。これに立腹したワカタケルは、采女をよび集め、衣服をぬがせ、タフサギ（著犢鼻・ふんどし）姿にして相撲をとらせた。それを見てマネもつい手元が狂い、刃を傷つけた。マネはあわや一命を奪われかけたが、その技術を惜しむ声が多く、処刑寸前に許されたという。

この話は、まったくのフィクションだろうか。それとも女の相撲もあったのだろうか。大阪府の太田《おおた》房江《ふさえ》知事が土俵にのぼりたいといって、話題になった。相撲は男のものとして、日本の伝統といえるかどうか。ワカタケルは気になる話題をのこしてくれたものだ。

第17章　伊勢と出雲での二つの発掘

本書も終わりに近づいてきた。この章では継体《けいたい》王朝のことを述べる予定だったが、二〇〇〇年十月、三重県松阪市の松阪宝塚《まつさかたからづか》一号墳で出土した船形埴輪を見学したとき、一般論として記紀に描かれている年代について考えさせられることがあったので、印象の強いうちに感想を書いておこう。

松阪宝塚一号墳は、伊勢《いせ》最大の前方後円墳で、墳丘の長さが一一一メートルある。三重県は、伊勢と伊賀《いが》の二つの国からなっているが、面積が狭く、海にも面していない伊賀に大きな前方後円墳が三つもあるから、三重県全体でいえば松阪宝塚一号墳は四番めの規模である。伊勢最大の一一一メートルの前方後円墳を大阪府の誉田山《こんだやま》古墳や大山《だいせん》古墳に比較するとさほどの大きさとは感じない。ところが試みに朝鮮半島に目を転じると、慶州《キョンジュ》市にある新羅《しらぎ》最大の双円墳がちょうどそれくらいの規模である。だから極端に大きい墓を造る倭国の風習を別にすると、松阪宝塚一号墳は新羅最大の王陵クラスということができ、その古墳の被葬者を豪族あるいは伊勢の王といってもよい。

松阪宝塚一号墳の年代は、五世紀初頭ごろ、本書に登場した大王にあえて対応させると、応神《おうじん》ぐらいであろう。応神のころに伊勢最大の前方後円墳を造営できたということは、在地勢力が強大であったとみてよかろう。

松阪宝塚一号墳には、片方（北側）のくびれ部に造り出し状の突出部が設けられていたが、松阪市教育委員会の調査によって、まるで長崎の出島《でじま》のような構造であることがわかった。つまり陸橋によって古墳本体とつながっている方形の島といった感じであった。これは偶然ではなく、海に雄飛した王者の奥津城《おくつき》にふさわしい造形とみている。

この出島状の突出部に接して船形埴輪が置かれていた。今までに全国で船形埴輪は約三十例出土しているが、いずれも船の本体だけを表現したもので、船の構造を知る資料にはなっていた。

今回の船もそうだとみているが、大半は準構造船である。準構造船というのは、丸木舟の両舷側の外側に板を継ぎ足して、容量を高め波を除《よ》ける工夫をしたものであり、概していえば漕《こ》ぐ船であり、ごく小さな補助的な帆は別にして、帆走にはふさわしくなかった。

松阪宝塚一号墳の船形埴輪は、死後の世界へ旅立つ船とみるより、王者の海での巡行のようすを表現したものとみている。死後の世界にたいする考え方というような一般論ではなく、この被葬者の個性というか、生前の個人の物語と強く関係していそうである。

巡行にさいして、船を飾った剣を舳先《へさき》近くに立て、そのあと今回具体的な使われ方のわかった仮称「石見型立物《いわみがたたてもの》」（今回の発見まで石見型盾《たて》とよばれていた）を二つ立て、船尾に近く王者の座った空間の上にはキヌガサがかかげられている。キヌガサは、埴輪に多く見られるが、最近はカヤやモミでつくった笠の骨が各地で出土している。笠の骨のうえに、絹を張っていたのであろう。二つの立物の中間にもう一つ、何かを立てた痕跡があり、流し旗か小さな帆があったのだろう。

説明が長くなったが、第9章や第10章でもふれたように、『紀』にでている豪族が船を飾りたてるようすでは鏡が重要な役割を果たしているし、今回のような「石見型立物」らしいものを見つけることはできない。ぼくの考えでは、大王や豪族（各地の王）が巡行そのほかのハレの場での船を飾ることとの伝承はあっただろうけれども、何を使うかなどの細部では、記紀の成立の時期での価値観でおきかえられたものがあるのではないかということである。

つまり記紀を下敷きにして考古学を研究するのには限界があるということであって、考古学のフィルターをとおしてから記紀を史料にするのがよいと痛感した。

「石見型立物」と仮称したものはどんな物だったのだろう。それを墓にいれるため美しい石(碧玉の一種)で模造することがある。ぼくは四十年ほど前、堺市百舌鳥《もず》古墳群の百舌鳥陵《みささき》山《やま》古墳(現・履中《りちゅう》陵)の陪墳、七観音《しちかんのん》古墳(七観《しちかん》古墳とは別)から出土したものの図面を、土地の所有者のお宅で作ったことがあり、のち『大阪府史』第一巻に紹介した。高さ約一四センチで、今回の立物とそっくりである。年代は、この船の埴輪とほぼ同じであろう。

このような石製品はそのころ「琴柱《ことじ》形石製品」とよばれていたが、琴の絃《げん》の下におく琴柱とは関係なく、石見型立物と同じとみられている。起源は古墳時代前期までさかのぼり、権威を象徴する威儀具であろう。

この仮称「石見型立物」は、六世紀前半になると単独で埴輪に作られ、大古墳だけでなく小古墳にも立てられることが多いから、四世紀から五世紀前半のように支配者層だけの威光の象徴ではなくなったとみられる。なおこの種の立物は、六世紀末には見られなくなることと、関東には使用例がとぼしいことの二点は注意しておいてよい。それと韓国の光州《クアンジュ》市の月《ウォル》桂洞《ゲドン》にある六世紀初頭の前方後円墳で同形の木製品が出土していることも、留意しておいてよかろう。

古墳に立てるために作られた埴輪では、片一方(俗にいう表面)だけが表現されているが、

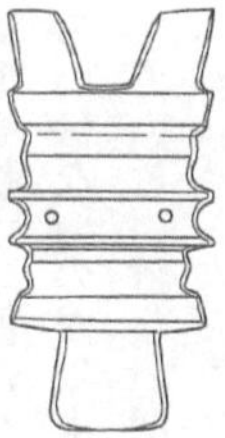

七観音古墳出土の
石製模造品
（高さ約14センチ）

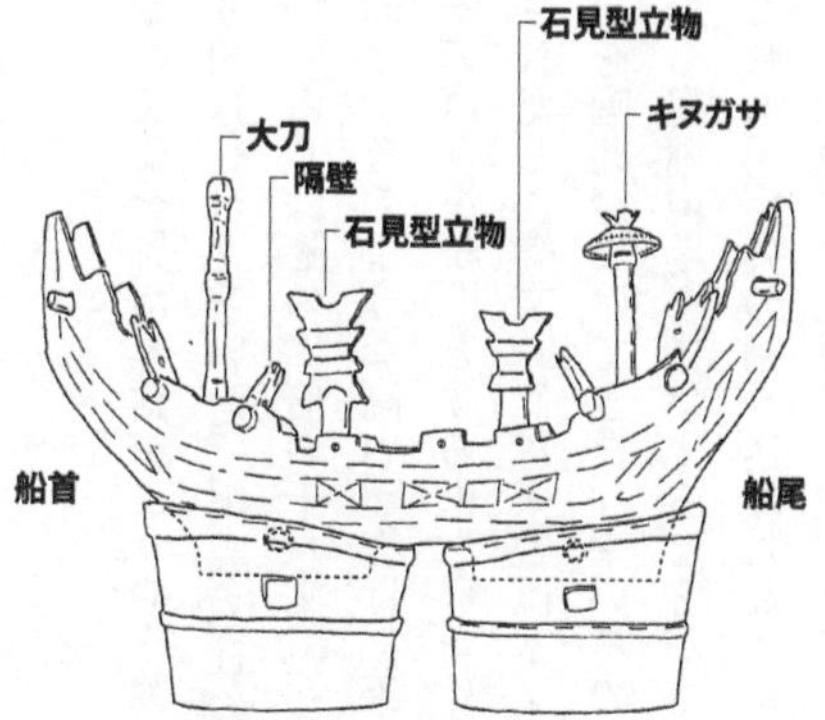

松阪宝塚１号墳出土の船形埴輪
（松阪市教育委員会の資料をもとに作成）

これは盾でも靫《ゆき》でも同じで、ときには人物埴輪の首飾りも背後は省略されていることがある。その意味で先ほどの七観音古墳の石製模造品が、立体的な形状をよく表している。

ところで実物の大きさについてだが、橿《かし》原《はら》市の四条《しじよう》古墳は焼き物の埴輪とともに仮称「木の埴輪」があって、そのなかに高さ一・一三メートルの「石見型立物」があった。これも古墳にいれるために凹凸などを簡略化した木の模造品だが、大きさはほぼ実物を表しているとみてよかろう。それによって今回の船の立物の高さも想像できる。実物は、木で枠組みを作って、錦のような織物あるいは鹿の皮などで飾ったのだろうか。

この「石見型立物」の仮称をもつ威儀具が、記紀を細かく点検するとそれらしいものがあるのか、あるいはないのかによって、ぼくは記紀に語られている「年代」をさぐる手がかりになると感じている。難しいが、ぼくの新しい研究課題を共有してもらうため割りこんで先に書いた。

＊

船の埴輪を見た興奮がようやく鎮静したとたん、出雲《いずも》大社の境内で巨木柱が発掘されたという知らせがとどいた。出雲大社の本殿は、現在は高さ八丈（二四メートル）の豪壮な建物だが、古くはその二倍の十六丈（四八メートル）、あるいはさらにその二倍あったという伝承があり、そのような高い建物は「天下無双の大廈《たいか》」の表現で通用していた。

その高さを疑問とする人もいたけれども、ぼくは二十年ほど前から日本海沿岸で次々に発見されだした縄文時代以来の巨木文化からみて、その伝承は技術的には十分ありうるとする意見を唱えつづけてきた。幸いその発表に関連した仕事も入ってきたので、新聞発表の前々日から発掘現場を見学することができ、新しい学問的刺激にひたった。

これも予定外の割り込みになったが、出雲大社、ひいては古代出雲のことは、本書の前に書いた『日本神話の考古学』や、本書第6章にも関係するので、感想を述べておこう。

第6章での要点を述べよう。皇子ホムチワケ（ホムツワケ）は成長しても言葉を話せない。父のイクメイリ彦（垂仁《すいにん》）がなやんでいると、ある神が「自分の住居を天皇の御舎《みあらか》（宮殿）のように修理すれば、子は話せるようになるだろう」と夢のなかでいった。どの神かを占わせると、出雲の大神の祟りが原因とわかり、ホムチワケを出雲へ行かせて大神の宮を拝ませたという。

出雲の大神を拝んだあと、ホムチワケが仮宮を作って滞在したのは肥河《ひのかわ》（斐伊《ひい》川）のなかということであり、そのことからこの説話の出雲の大神は、今日の出雲大社の位置（または至近の土地）に祀られていたとして語られているとみることができる。今回の発掘で、巨木柱とは直接の関係はないが、四世紀代の勾玉や手づくね土器などの祭祀遺物が出土していて、古墳時代前期にすでに聖地であったことがわかる。そのころ社殿といえるような建物があったかどうかは今のところは不明である。

斉明《さいめい》天皇の五年（六五九）、「出雲国造に命じて、神の宮を修厳せしむ」という記事が『紀』にある。この神の宮を、出雲東部の熊野大社とみる説もあるが、ぼくは先ほども述べたように、出雲大社が現代に至るまで一貫している特異な点は建物の壮大さへのこだわりにあり、ホムチワケの物語でも「天皇の宮殿のように修理すること」を要求した神としてあらわれていることから、出雲大社とみてよかろう。

斉明天皇は、飛鳥《あすか》の地に数々の石造物をともなう大きな土木工事をし、時の人に「狂心《たぶれごころ》の渠《みぞ》」を造ったと誹《そし》られた女帝である。だが「唖《おし》にして語ること能わず」（天智《てんじ》紀）の状態にあった孫の建王《たける》が八歳で亡くなったとき、斉明天皇がたいへん悲しみ、自分の死後には必ずわが陵に合わせ葬れと命じたのが六五八年、つまり出雲に神の宮を造った前年であり、言葉の話せない建王の死と神の宮を修厳したこととは関係しているとみられる。

＊

出雲大社の話から少しそれる。斉明天皇が孫の建王の死にたいして自分の陵に合葬することを群臣に命じた。遺言（詔）である。飛鳥の地で、斉明天皇関連かと推定される遺跡が今年（二〇〇〇年）発掘された新亀石《しんかめいし》のように次々に発見されているとなると、この遺詔の合葬された古墳についても検討してみてよかろう。

明日香村越《こし》の通称真弓《まゆみ》の丘に牽牛子塚《けんごしづか》古墳がある。この古墳は八角形の墳丘かと推定されているが、凝灰岩の巨大な一枚岩を加工した横穴式石室を埋葬施設にしており、石室が整然と二つ並んでいる。

巨岩を加工した石室というけれども、石舞台《いしぶたい》古墳の横穴式石室のようにいくつかの巨石を組み合わせたものではなく、一つの巨岩を刳《く》り抜いて二つの横穴式石室を作ったという、他に例のないものであり、設計にさいしても二つの石室が並ぶ点が大前提になっている。この石室には、数十枚の麻布を漆でかためた夾紵棺《きょうちょかん》（漆棺）がおさめられていて、その漆棺を飾った亀甲形の金具も多数出土している。

一つの横穴式石室に、二つの家形石棺が置かれていて、〝合葬〟を思わせる例は他にいくつかあるが、この古墳のように、巨岩を刳り抜いて二つの横穴式石室を接近させて作った例はないし、埋葬後の状況を復原すると、一つの巨岩のなかにおさまった二つの棺は、石室の入り口を重さ約一一トンの巨石で閉塞されることによって、侵されない死後の空間となるはずであった。

感想をいえば、心ない盗掘者によって、棺の破片や金具が何度も持ち出され、博物館などに陳列されていることは、学問のためとはいえ墓を造った人の遺志をふみにじったものである。「永遠の眠りについた」などと比喩《ひゆ》的にいうことはあっても、実際には可能ではない。

ぼくの考えでは、この古墳は斉明天皇と建王の合葬のため、つまり先に掲げた女帝の遺詔にもとづいて築造されたとみてよかろう。斉明天皇は、六六一年に筑紫《つくし》の朝倉宮《あさくらのみや》で亡くなった。しばらくして朝倉山の上に、大笠を着た鬼が天皇の喪のようすを見ていたという。おそらく天皇の遺骸は、柩《ひつぎ》におさめて瀬戸内海を海で運んで、ヤマトに葬られたのであろう。

斉明天皇の死後、子の中大兄《なかのおおえ》が政権の中枢を占めた。天智天皇である。ヤマトの軍勢が百済《くだら》の白村江《はくすきのえ》で大敗したあとの六六七年に、斉明天皇の遺詔とは齟齬《そご》するようだが、『紀』は斉明天皇と間人《はしひと》皇女を小市岡上《おいちのおかのうえ》陵に合葬したことを述べている。間人皇女は孝徳《こうとく》天皇の皇后、母は斉明天皇、つまり天智天皇の妹ということである。

今回は出雲大社のことを飛び入りで書くことになり、それに関連して斉明天皇の大土木工事好みにふれる必要から陵のことにも及んだ。一人の天皇とか大豪族に二つの古墳があることはまれではないと思うし、何らかの事情で別の古墳を作ってそこへ改葬することもあった。それはともかく牽牛子塚古墳のたぐいまれな大工事をおもうとき、斉明が被葬者の第一候補となるであろうことを述べて、この項は終わりたい。

*

出雲大社に話を戻す。九七〇年に源 為憲《みなもとのためのり》が作った平安貴族の子弟の教科書の性格をもつ『口遊《くちずさみ》』に出雲大社の大建築が登場することは名高い。この本は子弟の教養書ぐらいと読まずに軽視する人もいるようだが、ぼくの知らないことがいっぱいつまっている。

「父、己、子、これを三族という」ぐらいから「和太《わた》、河二《かに》、近三《きんさん》、これを仏という」になるとかなり難しい。「太郎《たろう》(第一)の大和《やまと》は東大寺の大仏、第二は河内《かわち》の知識《ちしき》寺の大仏、三番めの近江《おうみ》は関寺《せきでら》の大仏」となると知る人は少ないだろう。

有名な「雲太《うんた》、和二《わに》、京三《きょうさん》、大屋《たいおく》の誦《しょう》という」のは、「和太、河二、近三」に類した誦である。今日でも暗誦の言葉があるように、声を出してとなえて暗記することであるから、これは十世紀の常識とみてよかろう。

大屋とは大建築である。その第一が出雲国の城築《きづき》（杵築）明神の神殿であり、第二が大和国東大寺の大仏殿であり、三番めが平安京の大極殿だった。ちなみに大仏殿の高さは約四七メートルあったというから、出雲大社の神殿がそれよりたった一メートル高いだけの四八メートルならば、果たしてこういう流行語になったかどうか。ぼくは四八メートルはおろか、さらに壮大な、文字通り天に聳えるような大廈があったとする検討もいるとみている。

高さだけでいえば、そのころ東大寺には約一〇〇メートルの七重塔が建っていた。だが、塔は東大寺の中心となる建物ではなく、この暗誦は平安京の大極殿のように中心となる建物でいっている。平安京には東寺や西寺があり、江戸時代（寛永《かんえい》二十年〈一六四三〉）に再建された東寺の五重塔でも高さ約五五メートルある。おそらく平安時代の都には、四八メートルをこす塔はいくつもあったであろうが、いずれもお寺の中心となる建物ではなく、比較の単位にされていない。

少し丁寧にぼくの認識の過程をたどろう。四十年ほど前は、縄文時代や弥生時代の人びとが利用できた柱は、直径二〇センチもあれば太い部類だと信じられていた。だから、そのころ各地に建てられた復原住居を見ると、主柱といっても直径一五センチぐらいで、ぼくもそれに見慣れていた。見慣れるということは、「知識」の一部にされかけていた。

こわいもので、復原住居が歴史教育の役に立つかというと、今の例のようにある種の常識、固定された考えを知らず知らずのうちに流布する役目、つまりマイナス面の効果もあるわけである。だから、学問的にまだ解明されていないものを、無理に形にすることにはぼくは慎重でありたい。

縄文時代や弥生時代の木の技術が、現代人の想定していたような〝原始〟的なものではないことが、三十年ほど前から学問の試練のなかから見いだされてきた。今回は丁寧に説明を進める。日本の古代建築は、瓦が登場し屋根の重量が増加すると、柱の下に大石を置いて支えた。七世紀ごろになっての礎石《そせき》の出現である。

ところが伝統的な日本列島の建物は、地面へ垂直に穴を掘ってその穴へ柱を立てるか、大きめの穴を掘ってそこへ柱を立てて土をつめて固く埋めるかのどちらかであり、それらを掘立柱といい、その技法によったものを掘立柱建築とよんだ。出雲大社の神殿も掘立柱建築の仲間である。

ところで問題は、発掘で掘っ立て柱建築があらわれても、柱そのものが一部であろうと腐らずにのこっているのは、百に一つぐらいの割合であり、大部分は柱穴だけがのこっている。

もっとも、柱のなくなった柱穴も二つに分類される。それは建物が朽ち果てたり火事で焼失したりして柱がなくなった場合と、移転にさいして柱を抜き去って移転先に移築する場合である。

静岡市の弥生時代の登呂《とろ》遺跡は、川の氾濫で土砂が堆積してムラを放棄したようすがうかがえるが、災害のおさまったあと、ムラ人は家の主柱だけを抜き去り、どこかで再利用したとみられている。この例のように柱は大切にされているから、木を伐採した年と、建物の年代にずれのある場合もある。このあたりは、頭のトレーニングになるので、しっかりと勉強してほしい。

考古学者たちが発掘現場で試行錯誤を重ねるうちに、たんなる穴に見えても、ゴミ穴や墓穴と、柱が立っていてそれがなくなったいわゆる柱穴跡の区別ができるようになってきた。すると、常識よりはるかに太い柱を立てたに違いないとみられる柱穴が各地で見つかりはじめた。

柱穴でいえば、石川県野々市《ののいち》町に御経塚《おきょうづか》という縄文後期の遺跡があり、ここで二百近い巨木柱の穴が見つかったが、一九七三年の発掘当時は正体不明の穴とみられていた。ところが、それより七年たった一九八〇年に、その遺跡から近い金沢《かなざわ》市新保本《しんぽほん》町のチカモリ遺跡で、三百あまりの巨木の柱の根の部分が、方形や円形になって並んでいるのがあらわれ、御経塚遺跡の正体不明の穴も巨木柱の柱穴とみてよいことがわかった。

今はかんたんに述べているけれども、チカモリ遺跡で巨木を使った円形や方形の建物もしくは構築物があらわれたとき、共伴する土器の年代どおりの縄文時代晩期のものとは、なかなか認められない状況があった。先入観がここでも災いしたのだった。だが、それも幸い短期間で終わり、やがて〝日本海沿岸の縄文の巨木文化〟として認知されるようになった。なお、チカモリ遺跡の巨木は直径六〇～七〇センチのクリが多く、太いものは縦に材を半截《はんせつ》して使っていた（『新・日本史への旅　西日本編』朝日新聞社、一九八七年）。

チカモリの巨木柱は、地面より下の部分だけが残っていて、本来の建物もしくは構築物の高さは不明である。とはいえ遺存した材の量からみて、大きな屋根があったかどうかには疑問があり、先ほどのように構築物という表現をぼくは使っている。ストーンサークルならぬウッドサークルも想定しているし、建物部分の割合の小さな望楼も考えの一つにいれている。チカモリ遺跡の巨木柱の一つに、根元に近く目途穴《めどあな》とよばれる貫通した穴があるのには驚いた。そのころ、目途穴のある材は、律令国家になって人民を動員して建造する国府や国分寺あるいは平城京などで必要な材木を、遠隔地から、しかも多数の人々を使役しての運搬にさいして必要な綱をゆわえる装置とみられていた。それが縄文時代晩期にある。

その目で検討すると、以前に出土していた新潟県青海町《おうみ》の寺地《てらじ》遺跡のクリの柱根（直径六五センチ）にも目途穴はあった。寺地遺跡は、縄文中〜晩期の硬玉ヒスイを加工したところとして注目されている。

寺地やチカモリの発掘は、考古学としては避けて通れないことだが、巨木遺構に最初に遭遇したときはかなりの部分で暗中模索となることはやむをえない。ぼくも最初にカマド塚古墳という火葬古墳にぶつかったときは、手さぐりで進めた。でも、少しずつ掘っては考える、それを繰り返して進めると、そのうちに正体がわかってくるものだ。

幸い能登《のと》半島の石川県能都町で真脇《まわき》遺跡が発掘され、巨木遺構があらわれたときには、縄文時代、とくに日本海沿岸地域には巨木遺構があることは予測されていたから、暗中模索とはいえいくらかの明かりは見え、数々の巨木遺構が明らかとなってきた。

真脇の発掘のころになると、縄文社会の交易で、寺地のヒスイの玉や蛇紋岩の硬い斧、真脇のイルカの脂などのように、それぞれの土地での特産品が動いていることも見えだしてきた。ぼくはのちにそれを「一村一品運動の源流」というサブタイトルの地図に作ったことがある（図説日本の古代2『木と土と石の文化』中央公論社、一九八九年）。巨木文化を支えた背後の豊かな生産力と活発な交易活動が、視野に入りだしたのである。

日本海沿岸地域で、縄文時代に巨木文化があり、『口遊』にうかがえるように平安時代には出雲大社の巨木の神殿があったとしても、なおその間に資料の空白の期間がある。だが、その空白も次第に埋まってきた。

＊

鳥取県羽合《はわい》町の東郷湖《とうごうこ》（元は潟）のほとりに長瀬高浜《ながせたかはま》遺跡がある。日本海沿岸には、古代には点々と海への出入り口をもつ潟があって、そこに各地の交易や政治の核となる港（潟港《せきこう》）があったことは、十回にわたっておこなった富山市主催での「日本海文化を考える富山シンポジウム」で明らかとなった。長瀬高浜も、砂丘の下に埋もれていた、弥生時代から古墳時代にわたる潟港にのぞんだ集落遺跡だった。

この発掘は、現在は奈良県桜井市に勤務をかえている清水真一《しみずしんいち》氏が担当し、ぼくも発掘現場を何度か見学した。ところが、普通の住居址ではない大型建物跡があらわれ、四本の巨木柱の柱穴跡があり、清水氏は集落のシンボル的な建物と考えた。ある新聞社から「出雲大社の神殿の原型とみてよいか」という問い合わせがあり、その旨のぼくの談話もだした。古墳時代前期にも巨木建築はあったのだ。

そのころから、ぼくは鳥取県淀江《よどえ》町角田《すみた》遺跡から出土した弥生土器の絵画に注目し、何度も現地を訪れた。詳細は省くが、舟で漕いでいく方向に高い建物が描かれ、さらにその背後に大きな建物や樹木がある。弥生時代は水稲栽培の社会であることを強調するあまり、この望楼風の高い建物も米を貯える高倉とみる意見が多かったが、ぼくはこの絵画は仮称淀江潟にあった港の風景を描いたものだととらえ、稲穂もしくは米を貯える高倉説を否定し、港のシンボル的な望楼とみた。

長瀬高浜遺跡の大型建物は、地面部分での平面形はよくわかるが高さは不明、それにたいして角田遺跡の弥生絵画は、高さの比率はわかるが、実際の長さは不明、そこで二つの資料を総合する試みをおこなった。すると、長瀬高浜遺跡の大型建物は高さ二〇～二三メートルと計算できた（『考古学と古代日本』二六七ページに図解）。

一九八六年、復原された北前船が日本海沿岸の主要な港を航行するイベントがあり、それにあわせて同年五月三十日に石川県輪島《わじま》市で、NHK文化講演会として「日本海文化の発見」を話す機会があり、そのとき縄文時代の巨木文化から弥生時代や古墳時代をへて出雲大社の神殿までのつながりを話した（『NHK文化講演会　17』日本放送出版協会、一九八八年）。

このようにたどってくると、出雲大社の神殿がもと四八メートルあったことがわかったとしても、ぼくには予測されたことが裏付けられたのである。余分のことだが、出雲大社境内での巨木柱の発見を報じる新聞記事のなかで、「信じた学者感激」というのがあったが、信じたのではなく、学問的推論でそうなったのであり、不愉快だった。

＊

日本海沿岸地域で巨木文化が認識される経過を、さっとみてきた。こうなると、一九九四年におこなわれた青森市の三内丸山《さんないまるやま》遺跡の巨木柱遺構の発掘は、知識が集積された時点でのことであることがわかるだろう。遺構の年代の縄文中期には、遺跡近くまで海域が入りこみ、入り江を見下ろす丘のほとりにこの遺構はあったと推定している。柱を据えるきちんとした穴を掘り、そこに直径八〇センチほどのクリの巨柱を合計六本立てた、ぼくの推定では望楼風建物である。

同じ年の九月十五日におこなわれたシンポジウムで、藤田富士夫《ふじたふじお》氏がこの望楼風遺構をも含んで、柱と柱の間隔に三五センチ単位の物差しが用いられていることを発表し、司会の任にあったぼくはとりあえず「縄文の類物差し」とよんだが、やがて「縄文物差し」の名で使われるようになった。それとシンポジウムに参加した建築学の宮本長二郎《みやもとながじろう》氏から、縄文中期にすでに建築のスペシャリスト（工匠）がいてもおかしくないという発言があった。ぼくも賛成だし、縄文文化見直しを支える一つの見方となった。このシンポジウムは『アサヒグラフ』臨時増刊『三内丸山遺跡』（一九九四年、のち同別冊『三内丸山遺跡と北の縄文世界』一九九七年、再録）に全文掲載されたが、その時点ではまだ望楼の復原案はできていなかった。

三内丸山遺跡の望楼風遺構で、一つ想い出がある。この発掘現場を司馬遼太郎《しばりょうたろう》さんもご覧になり、九四年八月十三日付の葉書をもらった。この文章の一部はすでに紹介させてもらったが、重要なのでもう一度引用する。

「小生は多少方角オンチです。三内丸山人にも小生のような人がいたでしょう。漁の帰途、夜になって方向を見うしなったとき、もし望楼に焚火がもやされていたら、どんなに心強いでしょう（後略）」。司馬さんは、三内丸山の人びとを、「思いやりの採集時代の人々」という表現でこの葉書をしめくくっている（『司馬遼太郎の遺産「街道をゆく」』におさめた筆者の「倜儻不羈の人」）。このように三内丸山遺跡の六本柱の建物を司馬さんは「望楼」ととらえていたのだった。

岩手県の室根《むろね》村の室根神社に、二つの櫓《やぐら》を建てる祭りのあることは耳にしていた。祭礼の日には行けなかったが、終わってしばらくして現地を訪れ、いろいろな資料をいただいた。櫓は二つ、丁寧にいえば本宮と新宮の御輿をのせる仮宮で、松の丸太（柱）をおのおの六本ずつ立て、本宮が二丈五尺五寸（約七・七メートル）、新宮はそれより二尺（約六〇センチ）低い。この仮宮は、御輿をのせる約二時間の役目のために建てたもので、あくまで仮宮である。でもどうしたわけか、三内丸山遺跡の復原された巨木柱の建物はこの室根神社の仮宮に似ている。
ぼくの感想では、三内丸山遺跡の巨木柱の遺構は、司馬さんがいみじくも指摘されたように望楼とみてよいし、屋根はあったであろう。巨木を使い、しかもそれを据える穴の深いことからみて、高さも復原の約一四メートルではなく、そこへ上屋と屋根のある二〇メートル近いものだろう。もっと率直な感想をいえば、現在の復原は〝縄文文化見直し〟以前の縄文文化へのイメージで作られていて、せっかくの発掘された事実が生かされていない。だから屋根のない中途半端なただ高さがあるだけの建物になった。これでは、巨木を運んできて作った縄文人の意気込みや目的にせまれるものではない。出雲大社での巨木柱が見つかったのを契機に、再検討の必要があるし、よい機会だと思っている。

*

肝心の発掘であらわれた出雲大社の遺構について述べる。巨木柱の見つかったのは、現在の本殿の真南約五〇メートルほどのところ、楕円形の大穴を掘りその北寄りに三本のスギの巨木をまとめて据えてあった。一本の巨木の太さは約一・四メートル、だから三本ひとまとめの柱の束《たば》(これで計算上の一本)の直径は約三メートル、つまり一丈近くあり、大社に伝わっていた「金輪造営図」に記されていた内容と符合した。

根元には金輪で固定した形跡は今のところ見当たらず、柱のもっと上部で金輪でしめていたのではないかと推測されるが、いずれにしても神社の伝承が間違っていないことに驚いた。「金輪造営図」ではこのような巨柱が九本（元の柱の数は二十七本）あり、今回見つかったのは宇豆柱《うずのはしら》とよばれる棟持ち柱に相当する部分とみられている。

楕円形の穴にたいへんな重量の巨柱を建て、その周囲を塊石や河原石で積石塚のように固めている。年代は平安時代末に廃絶されたというから、『口遊』にでてくる神殿かその後ぐらいのものであろう。今まで巨木を見慣れていた目にも、格段の違いと重量感がみなぎり、この巨柱で支えられた神殿の並々ならぬ高さが想像できる。

補記1

校正の最終段階で、出雲大社の境内で中心の柱と南東の側柱が発掘されたとの新聞報道があり、平安時代の神殿の実態がさらに確認された。

補記2

その後の発掘の進展によって、この神殿の年代について鎌倉時代説が有力になったと仄聞《そくぶん》している。

第18章　越と継体・欽明王朝

この章で本書は終わる。ぼくは記紀の研究者ではまったくない。だが弥生時代や古墳時代の考古学では、記紀の物語る時代とかなり重複があるはずだ。一方は、陽があたっている右側の窓から屋内を見たのにたいして、もう一方は、陽のささない左側の窓から同じ屋内を見たときのように、印象は大きく違う。印象は違うけれども、同じものを見ているはずである。これを心にとめて自分なりの調節を試みたのが本書であった。

戦後の古代史で明確になってきたことの一つが、継体《けいたい》王朝を新王朝としてとらえる考え方だ。この場合、王朝の定義が曖昧だとかいって、問題にせまることをしない人は、自分がそのことに立ち入ることを避けているだけであって、日本古代史、ひいては日本歴史の骨組みのうえでも継体王朝の問題はすこぶる大きい。

必要なことを抜き出そう。武烈《ぶれつ》天皇は、第16章で述べたオケ王（仁賢《にんけん》天皇）の子だが、『紀』によれば、「元より男女（の子）無くして、継嗣絶ゆべし」の状況があり、後で述べるようにヲホド王（継体天皇）の登場となる。

ここで重要なのは、仮に武烈天皇に子がなくとも、すでに多くの例で見たように、当時の大王は皇后のほかにも複数の妃をもうけることが普通で、しかも概して多産の傾向があり、オオタラシ彦（景行《けいこう》天皇）の場合は、記紀ともに男女の子が八十人いたと述べていて、いずれにしてもかなりの多数を意味している。

仮に一人の大王に十五人ぐらいの男女の子がいて、その子たちも同じぐらいの数の子をもうけたとすると、四代めには千人をこすだろう。ましてヲホド王について『紀』が「ホムタ（誉田）天皇（応神《おうじん》）の五世の孫」と述べる五世となると、もう鼠算《ねずみざん》的な数字になっていて、いくらでも候補はいたはずである。ということは、ヤマトやカワチなどには、大王の候補者は大勢いたのに、「継嗣絶ゆべし」という事態になった。それは奇妙なことである。つまり水野祐《みずのゆう》氏の提唱する中王朝（応神・仁徳《にんとく》王朝）の系統では、大王候補はいない（出せない）情勢がおこっていたのである。では、どうしてこのような国内情勢がおこっていたのかである。

応神・仁徳王朝の政治基盤は、ヤマトとカワチだった。大和という地域をあらわす文字は、八世紀以前にはなかったので、ここでは河内ともどもカタカナにするが、のちの「畿内」といってもよい。それと高校の日本史の教科書では五世紀の重要事件として、倭の五王と中国・南朝の外交関係をあげている。

*

倭の五王のうち、対応の確実なのは、倭王済《せい》の允恭《いんぎょう》天皇、倭王興《こう》の安康《あんこう》天皇、倭王武《ぶ》の雄略《ゆうりゃく》天皇であることはすでに述べたし、南朝も宋が相手国だった。この南朝は、江南に中心領域のある国家で、巨視的にみればやがて没落する。南朝は宋の三つあとの陳《ちん》のときに滅亡している（五八九年）。つまり応神・仁徳王朝は、極端にいえばやがては滅亡する地域勢力と外交関係をもち、新興の、しかも徐々に勢力をひろげる北朝とは無縁だった。

ヲホド王は、後に述べるように、日本海沿岸の越《こし》から現れた新王朝の始祖である。越は、歴史的地域としてはすこぶる広大で、福井県東部（のちの越前《えちぜん》）から最初は山形・秋田まで及んでいた。越の範囲の東限は、越後《えちご》（新潟県）と思われやすいが、八世紀初頭に越後国から出羽《でわ》国が分立するまでは、今日の秋田市あたりまでが越の範囲だったとぼくはみている。

日本海沿岸地域は、西方が出雲《いずも》世界、中央から東方にかけてが越世界で、中間にまだ名称はつけられないが但馬《たじま》、丹波《たんば》（丹後《たんご》も含む）、若狭《わかさ》があり、さらに越の北部は、蝦夷《えみし》との雑居地帯で、秋田市あたりをすぎると蝦夷世界になるというのがぼくの描く地域像である。

ヲホド王を生みだした背景の越世界とは、海を通じて朝鮮半島や中国大陸の情勢が、北（東）からも南（西）からも入ってくるところであり、そのような国際的感覚が応神・仁徳王朝系の大王では倭国をきりもりはできないという気運をおこさせていたのだろうとぼくは推測している。

だから、ヲホド王が実際にホムタ天皇（応神）の五世の子孫だったかどうかの詮索はさほどの意味がなく、むしろ東アジア世界のなかでの倭国の趨勢を見きわめることによって継体王朝の出現は理解できるとみている。ヲホド王は、日本海沿岸地域や九州など海に面した地域の人びとが必要とした倭国の新しい大王であり、それ以前の王朝からの大王はもはや必要なしというのが真相と考えている。

ことわっておくと、応神・仁徳王朝系の人びとのなかにも、朝鮮半島との外交を重視する人はいた。第16章で述べた大草香皇子《おおくさか》はその代表例だし、大草香皇子を支えた難波吉師日香香《なにわのきしひか》や葛城《かつらぎ》の円大臣《つぶらのおおおみ》などもそうだったが、いずれも抹殺されている。

*

『紀』によれば、ヲホド王の父は近江《おうみ》のヒコウシ（彦主人）王、母は越前の九頭竜《くずりゅう》川流域の豪族（三尾《みお》氏か）の娘のフリ（振）媛《ひめ》である。近江の高島郡の三尾の別業にいたヒコウシ王にむかえられ、今日流にいう嫁入りをしている。ぼくは、ヒコウシ王は琵琶《びわ》湖西岸の高島郡の人とみているが、この場合の別業の意味が未解決である。高島郡は、古代に製鉄の盛んな土地で、マキノ古墳群のような大群集墳があって、すでに六世紀に製鉄が開始されていたことは推測されるが、すでに知られている製鉄遺跡は八世紀のものであり、今後に問題をのこす。

『紀』によれば、ヒコウシ王は若死にをした。そのためヲホド王は、フリ媛の実家のある越前の高向《たかむく》（今日、福井県坂井郡丸岡《まるおか》町に高向神社がある）の邑《まち》で養育されることになった。そうしてヲホド王が五十七歳のとき、武烈天皇が死に、倭国の大王となることを要請する使者が三国《みくに》へきたことになる。

ところで、九頭竜川下流に、中・近世に港町として名高かった三国町がある。三国町には、古代には仮称三国潟という潟があって、そのほとりの春江《はるえ》町井向《いのむかい》からは三個の銅鐸が出土していて、その銅鐸の一つ（一号鐸）には、港の風景が鋳出され、三艘の舟が描かれている。

銅鐸絵画で、舟の絵のあるのはこの一例だけで、いかにも海の生活と密着した日本海沿岸らしい特色を示している。

継体大王を生みだした勢力が、九頭竜川の水運と仮称三国潟を利用した津（港）で日本海に雄飛していたことは推察されるし、後に述べるように、継体大王を葬ったとみられる大阪府高槻市の今城塚《いましろづか》古墳の円筒埴輪に、図案化した帆船の記号がつけられているのも、継体王朝の特徴の一つを端的にあらわしているとみている。

*

三国について考えよう。『紀』では、フリ媛のいた土地を三国の坂中井《さかない》とし、さらにヤマトからの使者がきたとき、ヲホド王が「胡床《こしょう》に踞坐《あぐら》して、陪臣を斎《ととの》え列《つら》ね、すでに帝が坐《いま》すが如し」だったと描かれているのも三国だった。この三国は、三つの国の意味ではなく、国に美称をつけた美（御）国のことであろうとは多くの人が指摘するとおりである。

司馬《しば》遼太郎《りょうたろう》さんの「街道をゆく」の『越前の諸道』（朝日文庫、元版は一九八二年）のなかでも、継体天皇紀にはヲホド王の出自をいうのに越という文字を避け三国にしていることに着目し、三国は御国であろうと述べておられる。おそらく継体王朝のときに、元の根拠地の福井平野一帯を美国とか御国の美称でよんだのであろう。なお司馬さんは、その個所で「むろん、継体天皇のときに漢字はなく、あるのは音のみである」としておられるのは、それが執筆された一九八一年ごろの常識で、今日では「むろん、継体天皇のときには漢字はあった」。学問は、日進月歩というほどの速度ではないにしても、十年一昔というか、それぐらいのスパンではぎくと動く。それにしても、御(美)国といういい方が生まれたのは、河内や山背《やましろ》入りしてからの継体のときか、あるいはその子たちのときなのかは、さらに考えねばならない。

＊

ぼくは継体王朝問題を考えるのに二つの幸運に恵まれた。一つは、先ほどもふれたように、高向は丸岡町にある。この丸岡町とは、ひょんなことから振媛文学賞の選考委員を引きうけ、そのあと日本一短い手紙のコンクール「一筆啓上賞」の選考委員を十年間つとめるなどで縁ができ、それにともなって九頭竜川流域地帯をしばしば訪れる機会が生じた。

九頭竜川流域の松岡町、丸岡町、金津《かなづ》町にかけての山地の頂に、前期、中期、後期の前方後円墳が点々と築かれていて、それらを実見するにおよび、フリ媛の父方の実家の勢力を古墳におきかえて実感することができた。これが幸運の一つだった。これらの前方後円墳では、規模(大きさ)だけではなく、用いられた石棺や出土遺物からもその家の背景を推察することができるようになった（『倭人・クマソ・天皇』『古墳から伽藍へ』）。

その要点は三つになる。

⑴この地域での首長クラスの前方後円墳には、五世紀になると舟形石棺が採用されている。この種の石棺は北部・中部の九州で流行しているもので、九州と北陸とが相互影響していた節がある。だから、近畿入り以前のヲホド王勢力は、イワイ（磐井）に代表される北部・中部の九州勢力と親しい関係にあったこと、ひいてはいわゆる継体・磐井戦争は、近畿入りをしてからのヲホド王（継体）勢力とのあいだに生じた新たな国際関係をめぐっての軋轢《あつれき》だと推察される。

⑵ヲホド王より一世代ほど前と推定される（ことによると振媛とその父ぐらいの年代か）二《に》本松山《ほんまつやま》古墳は、山頂に築かれた墳丘の長さ約八三メートルの前方後円墳だが、二つの石棺があり、その一つは舟形石棺である。遺物には甲冑などの武具、刀剣などの鉄製武器とともに、歩揺《ほよう》をつけた金銅の冠と銀メッキをした銅製の冠が出土している。このような冠は、朝鮮半島南部の新羅《しらぎ》や伽耶《かや》の支配者のあいだに流行したもので、冠着用の風習の最初のころに出現したのが二本松山古墳である。ちなみにヤマトでのこの種の冠の出現は、二本松山古墳より百年ほどのちの奈良県斑鳩《いかるが》町の藤ノ木《ふじのき》古墳の冠である。このことは、ヤマトの支配者が新羅・伽耶の風習の流行に拒否的な姿勢を長くつづけたことにもよるとみている。さらに今後

の発見例にまつことにする。

それはともかく、九頭竜川流域の勢力が、いち早く仮称三国潟の港などを利用して新羅・伽耶の文物をとりいれていたことがわかる。おそらく、冠のような目立ちやすい文物のほかにも、当然さまざまな知識や技術も受けいれていただろうし、これについては後でふれることになるだろう。

(3)九頭竜川流域の古墳群は、手《た》繰ケ城《ぐりがじょう》山《やま》(松岡町、墳丘の長さ一二五メートル)、六呂《ろくろ》瀬《せ》山《やま》一号墳(丸岡町、一四〇メートル)、六呂瀬山三号墳(丸岡町、八五メートル)、石舟山《いわふねやま》古墳(松岡町、八〇メートル)、二本松山古墳(松岡町)などの変遷をとげている。

これらの古墳は平地での一〇〇メートル前後の前方後円墳と違い、すこぶる見晴らしがよい高所に築かれており、また、墳丘の長さが示すイメージ以上の労働力が造営にかかっている。とくに石棺を山頂まで曳きあげるのには、特別の小道をつくっているといわれているから、それだけでも前方後円墳一基の造営にかかるほどの労働力である。

結論的にいって、日本海沿岸地域で、古墳時代の前期、中期、後期をとおして継続した政治勢力の存在が推定されることと、古墳造営にかけている労働力が抜きんでているということである。このことを、ヒコウシ王勢力の首長の墓と推定される滋賀県高島郡高島町の鴨稲《かもいな》荷《り》山《やま》古墳に比較すると、こちらは古墳の造営しやすい平地にありながら墳丘の長さは約五〇メートルと小さい。ただし遺物は、金銅の冠や沓《くつ》があるなど、新羅・伽耶の流行によった王者の盛装である。鴨稲荷山古墳の被葬者を、ヒコウシ王もしくは継体に妃を出した近江の高島の豪族の墓と推定はできるが、フリ媛の実家の力に較べると見劣りがする。『紀』が描くように、ヒコウシ王の死後、フリ媛がその実家でヲホド王を育てあげたというのは、古墳の比較からもぼくはうなずける。

ついでに述べると、夫の死後に母が息子を育て、育てたばかりか倭国の大王につかせたという点では、第11章で述べたオキナガタラシ姫（神功《じんぐう》皇后）とホムタ別《わけ》（応神天皇）の先例がある。このような状況の類似も、『紀』では先に述べたようにヲホド王を誉田天皇（応神天皇）の五世の孫とした一つの理由かもしれない。ただし、実際にそうした伝承があったのなら、応神から継体までの間の人名を記すのが普通だが、ただ五世の孫とだけあるのは、造作された記事だからという見方もあるようだし、ぼくもそう考えている。

応神天皇が中王朝の始祖であるように、継体天皇も水野説での新王朝の始祖である。物語のうえとはいえ、始祖は強力な母によって育てあげられた。ただ、神功皇后と違って、フリ媛はヲホド王が即位したあとどこで生活したかなどについては『紀』では語られていない。ぼくは、フリ媛は九頭竜川ぞいのどこかの前方後円墳にねむっているように感じる。古墳とは人の死に居《お》るところ、ぼくの希望をいえばそっとしてあげてほしい。学者の発掘したいという欲望など、墓の主の願望にくらべると理由のとぼしいもの、ついでにいうと、ぼくは土木工事などで破壊されかけた古墳をやむなく発掘しただけである。それでも百基をはるかにこした。

＊

継体問題を考えるにさいしてのぼくの幸運の第二は、同志社大学が京都市内の今出川の校地のほかに、京田辺市に新キャンパスを計画したこと、そのために南山城へひんぱんに行く機会ができた。さらに新しい校地が開設されるとともに、その土地にふさわしく「南山城の古代」という総合科目を作り、そのためにも継体関係の『紀』の記事について土地勘をともなったチェックをし始めた。このことが、どのように役立ったかについては適宜述べる。

ヲホド王は、五〇七年に倭国の大王となることを要請された。これは『紀』の文章ではということで、実際は武力をもっての南下だったのかどうかはまだわからない。『紀』の記述で注目されるのは、近畿入りの行動を開始する前に、すでに知りあいであった河内馬飼首《かわちのうまかいのおびと》荒籠《あらこ》に使者をだして意見を聞き、そのあと決断している。

ここで馬について述べる。考古学的にみて、日本列島での乗馬の風習は五世紀には始まっているが、急速に普及をはじめるのは六世紀になってのことである。つまり、部将クラスの人だけが乗馬しているのと、騎馬隊が行動するのとの違いであるが、後者のあらわれる六世紀前半とは、別の表現にすると継体王朝であり、先に述べた帆船とともに馬を、戦闘など多方面に利用したことも継体王朝の特色である。

そのような視点にたつと、河内馬飼は、時代を先どりした産業をおこなう豪族であり、その根拠地は生駒山麓の東大阪市付近と想定されているが、馬を飼育する牧の分布からみると、樟葉《くずは》あたりまで勢力をのばしていた可能性が大きい。枚方《ひらかた》には牧野《まきの》という地名がある。牧野車塚《くるまづか》古墳があり、平安時代には楠葉牧として知られるようになった。ヲホド王は、荒籠の勢力下もしくはその隣接地の樟葉に宮をもうけたのである。

樟葉でヤマト側の代表者としての大伴金村《おおとものかなむらの》大連《おおむらじ》は、跪《ひざまず》いて、天子の鏡と剣の璽符《じふ》をたてまつっている。この記事を文献史学の学者は即位の儀式とみているが、この記事以前に大王が即位の儀式として鏡や剣を用いたことはなく、類似の行為は第10章でみたように、豪族が降伏もしくは服従を誓うときの儀式である。ぼくはこの個所も、旧勢力ともいうべきヤマト側の降伏もしくは服従の儀式とみている。

樟葉宮のある枚方市は、数回のシンポジウムなどでよく知った土地の一つである（上田《うえだ》正昭《まさあき》氏と共編『継体大王と渡来人』大巧社）。すでにシンポジウムで指摘したことだが、継体問題に関連していくつか述べよう。

高向や三国が九頭竜川ぞいにあるように、樟葉は淀川ぞい、さらに二番めの宮のある山背の筒城《つつき》も淀川上流の木津川左岸にある。ちなみに同志社大学田辺校地内に、筒城宮の石碑が移築されている。ただし、実際の宮の場所はもっと木津川ぞいと推定しているが、縁あって石碑を校内に保存したのである。

先ほど述べたように、近畿入りしてからの継体ゆかりの地域でぼくが日常生活をおくれたのも、土地への観察を深めるうえで幸運をもたらした。

その一つが宮（都）と川の関係に気づいたことである。当時の中国や朝鮮半島での国都は、ほとんどが大河のほとりにある。黄河《こうが》と洛陽、長江《ちょうこう》と南京《なんきん》（建業《けんぎょう》）、鴨緑江と集安、大同江《だいどうこう》と平壌、白馬江と公州《こうしゅう》や扶余《ふよ》、洛東江《らくとうこう》と高霊《コリヨン》などその例はすこぶる多い。

このことは、新しい国際関係に目ざめていたヲホド王の一つの実践だとみているし、別の意味では、淀川水系を重視した桓武《かんむ》天皇の長岡京や平安京の先取りともいってよかろう。

大きな川ぞいに都をおくということは、当然河川交通があったからである。ぼくの観察では、海ぞいに潟が点在していて、それが港に利用されているように、大きな川ぞいには胃袋状にいりこんだ江《え》（潟と同じ）があり、船の停泊地に利用されていたようである。推定筒城宮の近くにも、木津川左岸に江があって江町《えまち》の地名をのこしており、その周辺から弥生土器や六世紀ごろの須恵器《すえき》が出土しているし、樟葉のある枚方も、平地にあるカタ（潟）かとみている。なお潟に方の字を用いることは、関東でいえば浅草西方の白方《しらかた》もしくは占方《うらかた》も地形からみて潟の存在が想定される（『アサヒグラフ』別冊『関東学発見』朝日新聞社、二〇〇〇年、参照。のち『関東学をひらく』）。

室町時代のことを参考に書くと、天竺《てんじく》人で聖《ひじり》という名の商人がいた。どんな素性の人かは不明だが、楠葉の女性を妻にしている。おそらくこの女性も貿易に関係した人であろう。二人のあいだに生まれたのが遣明船貿易で活躍する楠葉西忍《くすはさいにん》入道で、このように樟（楠）葉は淀川ぞいにある利点を生かして、中世にも天竺の商人が住むようになる土地なのである（『枚方市史』六巻、一九六八年）。このような樟葉の交易上での拠点という有利さが、筑紫《つくし》の磐井《いわい》と対立を深める原因になるのであろう。

＊

樟葉は北河内にあり、筒城は南山背にあるとはいえ、男山《おとこやま》丘陵の東麓と西麓との関係にあり、中央に神奈備山《かんなびやま》という聖なる山が聳えている。この山は、のちに平安京が計画されるとき、中軸線を割り出す基点になったともいわれ、最近まで女人禁制の山だった。考えをかんたんに述べれば、樟葉宮、筒城宮、さらに三番めに宮をおく乙訓《おとくに》（長岡京市の乙訓寺付近か）は、それぞれ別個にとらえるのでなく、継体にとってもっとも核となる地域として理解したらよかろう。

そういう意味では、男山丘陵東麓の木津川左岸一帯は、中世には隼人《はやと》荘とよばれたように、近畿地方での隼人の居住地で、とくに大住《おおすみ》隼人の集住地だった。この地での隼人の移住を天《てん》武《む》朝ぐらいに想定する人もいるが、考古学資料では五世紀まではさかのぼる。第16章でふれたように、応神・仁徳王朝の系列にある顕宗《けんぞう》が山代（背）の隼人に属したと思われる猪甘《いかい》集団を弾圧している。これを考えると、山代の隼人集団は、ヲホド王の近畿入りにさいして積極的な支援をしたとぼくはみている。

枚方といえば、聖武《しょうむ》天皇のころ活躍する百済王敬福《くだらおうけいふく》の土地であり、百済寺跡の伽藍をのこしている。だが、この地には伝承とはいえ、百済の学者王仁《わに》の墓があり、さらに『播磨《はりま》国風土記』揖保《いひぼ》郡の枚方の里の項に、この地の人は、河内《かわち》国茨田《まむだ》郡の枚方の里の漢人《あやひと》が移住してきたという伝承をのせていて、百済王敬福以前にも、漢人と表現をされる渡来集団がいたとみられ、ヲホド王はその集団の支援もうけたとみられる。

＊

継体は樟葉から五一一年に山背の筒城に都を移した。この筒城は第13章で述べたように、イワノ媛《ひめ》皇后のいた筒城宮のあった土地で、『記』によれば、筒木の韓人ヌリノミ（奴理能美）の家があったともみられる。『新撰姓氏録《しんせんしょうじろく》』によると、ヌリノミは百済国人の怒（努）理使臣であり、水海連《あまのむらじ》、調曰佐《つきのおさ》、民首《たみのおびと》などの後裔氏族が山城や河内にいたことがわかる。

もう少し詳しくみると、男山丘陵の東麓、京田辺市の北部（元の大住村とその周辺）が隼人の居住地で、百済人ヌリノミのいた筒木は京田辺市でも南部に当たる。河川水運や養蚕などをおこなった集団と推定しているが、ヌリノミの故地、つまり百済人のいたところに継体が二番めの都をおいたということは、百済人の支援もうけたとみてよかろう。

今回は紙数の都合で省くけれども、継体紀は百済関係の記事がすこぶる多い。このような百済との関係はヲホド王時代（あるいはそれ以前）からはじまり、継体の近畿入りにも百済人の支援があり、都を枚方や筒城においた理由も渡来系百済人の支援があったと推定する。だからこそ、五二七年に始まった、古墳時代を通じての最大の戦争である継体・磐井戦争の発端について、『紀』で「新羅が密かに貨賂《まいない》を磐井におくった」と述べているのは、〝継体と百済〟にたいする〝磐井と新羅〟の対立があったからであろう。

＊

朝鮮半島の全羅南道に前方後円墳が点在していてすでに十数基が確認されている。なかには周濠をもち、円筒埴輪や朝顔形（壺形）埴輪の仲間とみてよい土製品を墳丘に立て並べている古墳もある。このような前方後円墳は、五世紀末から六世紀前半のもので、あえて『紀』の年代に直すと継体のころということになる。このように馬韓残存勢力の地域であり、六世紀には百済領となってゆく全羅南道に、前方後円墳が集中することと継体紀での百済関係の記事が多いこととは、どのように結びつくのであろうか。

光州《クアンジュ》市の月桂洞《ウォルゲドン》一号墳は、墳丘の長さ四五メートルの前方後円墳で、先ほど述べたような埴輪や「石見型立物《いわみがたたてもの》」と仮称される木製品も出土していて注目を集めた。ぼくも現地を見学したが、そのさい、これらの埴輪が日本列島のどの地域のものと関係するだろうかに興味をもった。

橿原《かしはら》考古学研究所に小栗明彦《おぐりあきひこ》氏がいる。小栗氏は大学時代から円筒埴輪の製作技術を研究していて、製作のある段階で円筒を倒立、つまり天地を逆にして、さらに製作をつづけて完成させる倒立技法があることをつきとめた。なんと月桂洞一号墳の円筒埴輪のうえに壺をのせた朝顔形埴輪は、この技法で製作されていたのである。

小栗氏はその論文「光州月桂洞1号墳出土埴輪の評価」を『古代学研究』一三七号（一九九七年）に発表し、さらにぼくの希望によって、同年の春日井シンポジウムにも「東海・北陸・韓国の埴輪に見る関係」の論文をレジュメに寄せてもらった。この回の統一テーマは「古代史のなかの女性たち」だったが、前年の統一テーマが「渡来人と渡来文化」であり、その前年分を補強するのにぜひ必要と判断したからである。

小栗氏が、『古代学研究』や春日井シンポジウムのレジュメに寄せられた倒立技法による埴輪の日本列島での分布図は、北陸と東海とを南北につなぐライン上に集中していて、日本海側では石川県小松市の矢田野《やたの》エジリ古墳やそこへ埴輪を供給した同市の二《ふた》ツ梨《なし》殿様池窯址《とのさまいけようし》のものである。ぼくは小松が、日本海によって百済南部と結ぶ海のルートの一拠点とみた。ここでは省くが、小松市の額見町《ぬかみちょう》遺跡にはオンドルを具えた住居址があるなど、かなりの期間にわたって外来文化を強くうけいれた窓口で、すでに述べたようにコマツは高麗津のことか、など夢想を強めるようになった。

『釈日本紀』が継体の項に引用している『上宮記』には、記紀にないヲホド王の系譜が記されていて、継体の母振媛（布利比弥）の母アナニ媛（阿那尓比弥）を余奴臣《よぬのおみ》祖と注記している。この余奴の地が、小松市那《な》谷町《たちょう》金比羅《こんぴら》山《やま》八号窯址出土の七世紀代の須恵器の「与野評」のへラ描き文字の地名と同じとみられ、小松市周辺に求めてよかろう（余奴、与野はのちの郡名の江淳《えぬ》と同じであろう）。つまり百済との海での交流は、継体の母振媛の母方の領域でもおこなわれていたことが知られ、ここでもヲホド王を支持した豪族が浮かびあがる。

継体天皇について書くべきことは多いが、この約二十年間でかなりの問題にわたってふれているので今回は省く。ヲホド王を支持した尾張連草香《おわりのむらじくさか》やその娘目子媛《めのこひめ》のことは、それぞれの候補となる古墳からかなりの輪郭が描けるし、手白香《たしらか》皇后や継体の陵についても考古学ではかなり絞りこめている。

＊

一九九九年秋の春日井シンポジウムは「継体シンポジウム」としておこない、関係する土地の研究者から最新のデータの提出をうけ、ぼくの頭のなかでは一応問題点は出つくした（門脇禎二《かどわきていじ》氏との共編『継体王朝』大巧社、二〇〇〇年）。

一つだけ問題点を書くと、継体の真陵として定説となっている高槻市の今城塚古墳に、石棺の破片が二百ほど出土しており、そのなかに熊本県の宇土《うと》産とみられる阿蘇溶結凝灰岩の破片がある。三棺のうちの一棺である。中世の城郭利用のさい破砕されたのであろうが、どうして継体の古墳に九州の石を使った石棺が使用されていたのだろうか。継体・磐井戦争とそれがどう関係するのか、今後に注目される問題点の一つである。

＊

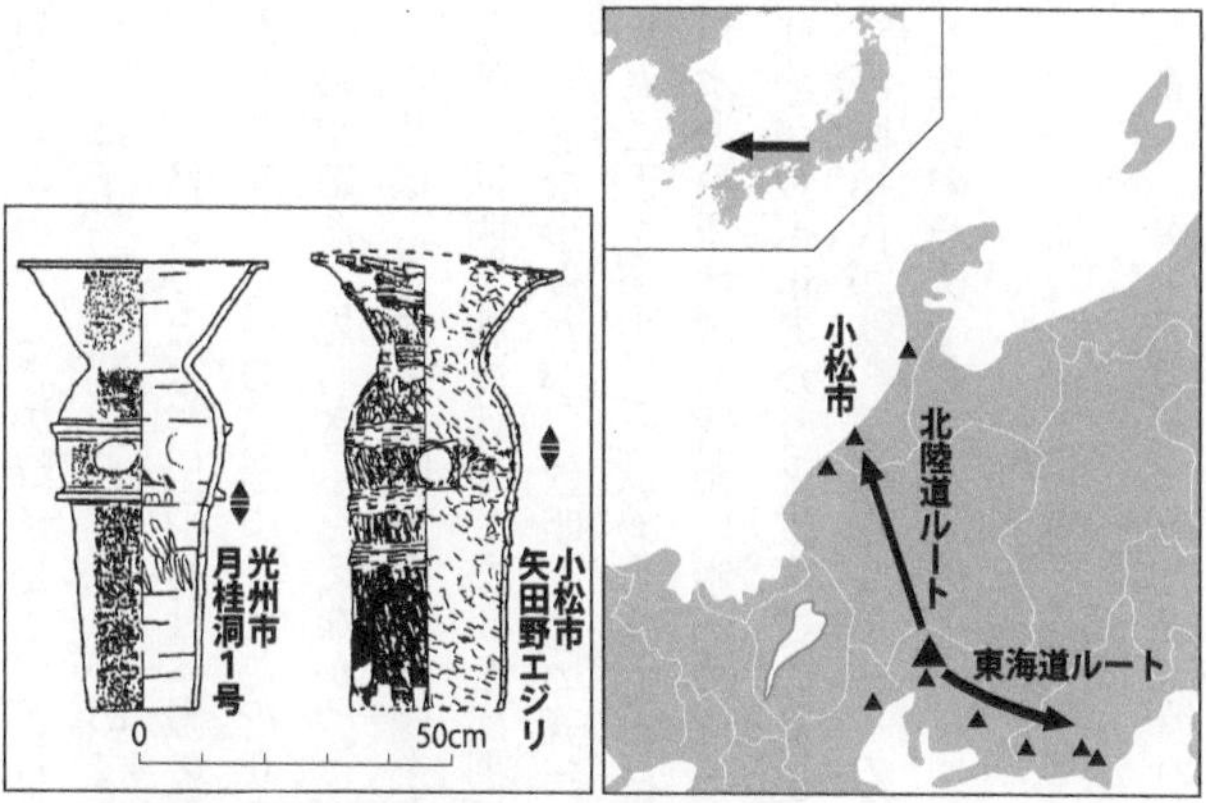

倒立技法で製作された朝顔形埴輪とその伝播ルート
（小栗明彦「光州月桂洞１号墳出土埴輪の評価」より）

狭い意味で継体王朝という場合、ぼくは安閑《あんかん》、宣化《せんか》、欽明《きんめい》（以上は継体の子）、敏達《びたつ》、用明《ようめい》、崇《すし》峻《ゆん》（欽明の子、継体の孫）までにしている。欽明がこの王朝の勢力をさらに高めた点を考慮すると、継体・欽明王朝といってもよい。ぼくのいう継体・欽明王朝の最後は崇峻天皇で、蘇我《そがの》馬子《うまこ》の命をうけた東漢直駒《やまとのあやのあたいこま》によって殺された。崇峻天皇は、『延喜《えんぎ》式《しき》』では「陵地ならびに陵戸なし」という信じがたい扱いをうけている。これについては崇峻の陵としての藤ノ木古墳が、法隆寺《ほうりゅうじ》による供養と管理をうけていたことによるという私見を述べたことがある（『天皇陵古墳』）。

　崇峻の妻は、大伴の小手子《こてこ》であり、蜂子《はちこ》皇子と錦代《にしきて》皇女をもうけた。山形県の出羽《でわ》三山は、山伏の修行する霊山であるが、出羽神社では、難をのがれたときの蜂子皇子の苦行姿が山伏の姿だとする根強い伝説がある。それもそのはず、蜂子皇子を開山としてあがめている。

ぼくはあるとき、出羽神社本殿の西にある蜂子神社にぬかずいた中年の男が、数十分にわたって蜂子皇子の名をまじえた祈りをささげている風景に接したとき、この伝説には奥深いものがあると思わざるをえなかった。出羽はすでに述べたように、元は越の一部、想像をめぐらせば、継体・欽明王朝の地縁をたよっての行動ということはありうるだろう。ぼくは、継体・欽明王朝の残存した姿を出羽三山に見る思いがする。

有名な事件だが、欽明天皇の五年（五四四）に越国が、佐渡《さど》嶋に粛慎《しゆくしん》人がある期間住みついたことを報告している。沿海《えんかい》州付近の海蛮（中尊寺の願文中の言葉）である。この王朝が日本海沿岸地域の情報に鋭かった一例であるし、欽明天皇三十一年（五七〇）には、高句麗《こうくり》使節が金沢市あたりと推定される道君《みちのきみ》と外交関係をもち、それを小松市あたりの豪族の越人江《え》渟臣《ぬのおみ》裙代《もしろ》が欽明に報告しているのも、この王朝と日本海地域との関係が根強くつづいていることの一例である。

＊

継体・欽明王朝は、前方後円墳の造営された最後の時代であるとともに、仏教受容の基礎を作り、この王朝の最後にはすでに四天王寺や法興（飛鳥《あすか》）寺のような本格的な伽藍の建立が始まっている。この王朝が百済とよく通じていたことによってもたらされた成果である。

だが、見落としてならないのはこの王朝の開明さにもよると思うが、すでに予定の紙数はつきた。のこされた多くのことは、いずれ考える機会はあるだろう。でも大切なのは、その日に考えることだ。古歌にちなんだ感慨を一つ。

いにしえも　かくやありけん　今日のとうとさ

あとがき

この本では、漢風諡号《しごう》でいう崇神《すじん》から欽明《きんめい》までの天皇を主として扱った。あえていえば、古墳時代の前期と中期、それと後期はその前半ほどの期間にあたるであろう。

記紀を考古学的に扱うとはいえ、大前提は記紀に述べられている実に多くの物語である。そのすべてを記紀の編者たちの創作とみるのであれば、読むに値しないはずである。

それらの物語から、どういう史実が直接間接に読み取れるかは、検討してみなくてはわからない。従来の文献史学者の研究と少し違うのは、物語の舞台になっている場所については一応の土地勘があるということである。土地勘なんて偉そうに書いたが、交通手段がじゅうぶんでなかった時代なのに、記紀に描かれている多くの土地にたいする知識は舌を巻くほかない。もし「記紀なんて取るに足らない」という人があれば、どこの地域であれ、自分の足で日本列島をろくに歩いていない人だと感じる。

そういう意味で、この本はぼくが無理やりに書いたものでも、依頼されて取り組んだのでもない。ぼくの学問の遍歴のなかで、一度は通過すべき仕事と考えていたからやったのであって、したがって楽しかった。机に座るとそれまでは頭になかったはずのことがぽんぽん書けた。だから前に出した『日本神話の考古学』の続きがこの本であり、前の本が神話の世界を扱うというむずかしさがあったのにくらべ、今回はそれぞれの実在性は別にして神ならぬ人の営みを解析するのだから、その点でも愉快だった。

この本にかぎらず、全体にわたっての構想は、いつものことながら、なしで出発する。ぼくが先に構想をたてるのは、発掘報告書を作るときぐらいである。無責任ないい方をすれば、少しの時間で考えた骨組みにとらわれることが嫌なのだ。その点、焼きあがるとどういう作品を窯が生んでくれるのか、多少運まかせの陶芸作家と似ている。

運まかせに筆を走らせていると、考えが急に変わることがある。いいかえると、今までの考え不足に突如として気付くのである。その一例は古墳の遺跡名であって、箸墓《はしはか》古墳を箸中《はしなか》山《やま》古墳と改めた。しかし『紀』での伝説をいうときは箸墓伝説にした。ぼくも箸中山古墳が『紀』の伝説にある箸墓とは考えているが、箸墓を遺跡名に採用すると、ヤマトトトヒモモソ姫が被葬者であることも採用する必要がある。遺跡名だけは『紀』の記述をとり、被葬者はとらないというのは、文献利用のうえではやはり恣意にすぎる。

もう一つこの本の執筆過程で、おそらくぼくだけのことだが邑の字のルビを「むら」をやめて「まち」にした。その理由は本文中で述べたが、多分に考古学者側の〝たいていの集落遺跡は農村、つまりムラ〟とする見方の影響かと考えた。古代では、郷と里、邑と村の字が使いわけられていて、邑のつくのはたんなる農村や漁村などではなく拠点集落（おおさと）で、まだ言葉はこなれてはいないが、「まち」というほうが実態に近いと強く感じるようになり、ぼくなりのルビ、というより思いで統一した。

中国に洛邑《らくゆう》とか雒邑《らくゆう》の地名がある。東周《とうしゅう》の都のあったマチ、のちの洛陽である。そういう意味では、考古学者の大半、かなりの文献史学者も、大阪府南部須恵器《すえき》窯址《ようし》群に、崇神紀にでている「陶邑」を遺跡名にあてているのは二重の思慮不足である。

陶邑は窯址群（生産がおこなわれていた当時は窯群）全体の地名ではなく、その地帯にあった拠点集落名であり、したがって僕が発音するとなると「すえのまち」のほうが実態に近い。記紀にでている地名を遺跡名に使いながら、その出典を学ぼうとしないようでは、学界の前途は暗い。ぼくにとって、窯址地帯内のどの拠点集落が陶邑の候補になっているのか、今はそのことがおもしろい。

この本を書き終わって、二つのことが今後の課題としてのこりそうである。一つは、『記』と『紀』とで同じ事件なのに記事の違いがある場合と、さほどの違いのない場合があることや、箸墓のように『記』ではまったく記事のない場合が何を意味するのかの追求に、奥の深さがありそうである。さらに、記紀の原史料がどんなものだったかは、ぼくには見当がつかない。このところ、ものすごい数の文字資料が各地の遺跡で発掘されていて、記紀以前の人名や地名の漢字による表記法のバラエティーの一端が解明されつつある。そのためにも、記紀や万葉の地名や人名はできるだけ元の表記で書く必要をおぼえる。

この本の原稿は手書きである。ワープロでは、人名や地名を間違えるおそれがあるので、原稿用紙にではなくて用済みのコピーの裏面に書いた。古代や中世の人が反故紙を盛んに利用しているのと同じである。各章四百字詰めで三十枚として五百四十枚ほどである。資源を惜しむ気持ちと、古代・中世の学者の習慣にしたがったのである。

コピーの裏面のぼくの字は、乱暴でとても難解、それを妻の淑子《としこ》がすばやく清書してくれ、再度点検して朝日新聞社に送った。そこでは古代史通の上野武《うえのたけし》さんが、もう一度細かくチェックしてくれた。誕生までにずいぶん手間はかかったが、ぼくの気に入りの本の一冊になりそうだ。

朝日文庫版あとがき

僕は学問的には早熟だった。十代で考古学の調査ノートを書き始めたが、ほぼ同じ頃に文庫本の『日本書紀』を手にいれて、わかるところから読みだした。そのころのことは、『わが青春の考古学』（新潮文庫）で書いた。

間もなく日本は敗戦をむかえ、急に「科学的な歴史」という言葉が流行しだし、『古事記』や『日本書紀』を口にするだけでも、〝あいつは科学的ではない〟とか〝科学者ではない〟というレッテル貼りがおこなわれるようになった。いつしか、学生や若手層の学界人に『古事記』や『日本書紀』は読まなくてもよいもの、読めば科学者としての資格を喪失するという安易な風潮さえ生まれた。そのピークは昭和三十年代だったと記憶する。

僕はそのような事態をあまり気にしなかった。例えば、鉄鋌《てってい》という貨幣的性格をもった鉄素材が、五世紀前後の日本の古墳や新羅《しらぎ》の古墳で大量に出土する。そのことを解明するためには『日本書紀』の記述が重要だと考え、「古墳出土の鉄鋌について」を『古代学研究』に発表した。一九五九年のことだった。ここでは、考古学資料と文献資料（史料）を総合することの重要さを方法論として述べるのではなく、一つの成果として示した。幸いいくつかの書評も好意的であったし、面と向かって反対する意見もでなかった。

僕の理想は古代学で、考古学と文献学を総合して考えることである。このことは理想というより歴史研究の姿勢というべきである。といって、文献学は我流に勉強しただけではあるが、考古学的な事実を知ったうえで記紀を読んでみると、文献学者の理解と違う点が少なくないこともわかりだした。

この本は、今回文庫本にする機会に何度も読み直したが、今の僕にはとても書けそうもない。大学時代の総決算に書いたこともあって、すこぶるリズムがよい。自分が自分をうらやましくおもったりする。もっとも、何カ所かはさらに考えのふくらんだところもあるが、そのことの一々は追記しなかった。目下、「伝説から歴史（考古学）を読む」ことが面白く、考えはじめている。

二〇〇四年十二月三十一日

森　浩一

解説

前園実知雄《まえぞのみちお》（考古学者・奈良芸術短期大学特任教授）

『古事記』、『日本書紀』（以下『記紀』）ともに天武天皇《てんむ》が編纂《へんさん》を命じたものであるが、完成したのはいずれも天武崩御後の奈良時代に入ってからだった。『記』は上、中、下巻の全三巻、それに対して『紀』は全三十巻と大部の史書である。『記紀』の内容を検討する大前提として、この二種の歴史書の編纂意図を考えておく必要があることは言うまでもない。ともに神話から始まるが『記』は推古《すいこ》天皇の記事で終わり、『紀』は持統《じとう》天皇までの記載がある。

『古事記』つまり「ふることのふみ」は、天皇家を中心にした古代の物語であるのに対して、『日本書紀』は新しい国号をタイトルにした、外に向かっての意図を持った歴史書である。

森浩一先生はさきに『日本神話の考古学』（朝日新聞社、一九九三年）を出版されており、『記紀』に述べられている神話についても、考古学者の目からそこに記された背景を鋭く考察されている。

本書は神武《じんむ》天皇、つまりイワレ彦《ひこ》の妻たちについての考察からはじまる。イワレ彦の正妃であるタタライスズ媛《ひめ》は、大阪府の淀川《よどがわ》右岸の三島《みしま》の玉櫛《たまくし》媛と出雲《いずも》系の大物主《おおものぬし》（『記』）または事代主《ことしろぬし》（『紀』）の間に生まれた姫である。その名前に用いているタタラについて、三島には弥生《やよい》時代の銅鐸《どうたく》や銅戈《どうか》やガラス勾玉《まがたま》の製作地として名高い東奈良《ひがしなら》遺跡、また出雲には神話の背景を思わせるような、多量の銅鐸を出土した加茂《かも》岩倉《いわくら》遺跡などがあり、日向《ひゅうが》から東征し大和《やまと》を平定したイワレ彦が、大和からではなく大阪の三島と出雲の有力者の間に生まれた女性を正妃としたことに注目された。イワレ彦の死後、彼が日向時代にアヒラツ媛との間にもうけたタギシミミ命《のみこと》は、イワレ彦とタタライスズ媛との間に生まれたヌナカワミミ（綏靖《すいぜい》）と対立して殺されている。以後の大和と南九州の関係を示唆しているとも言えよう。

この森先生の見解は、弥生時代から古墳時代にかけて、南九州から近畿《きんき》への権力の移動があったという考えに基づいている。

第2章「タケハニヤス彦とミマキイリ彦の戦い」から、第18章の「越と継体・欽明王朝」まで、考古学から言えば古墳時代前期と後期の前半ほどの期間にあたる。暦年代で言えば三世紀末から六世紀前半頃の出来事である。このすべてについて解説することはできないが、森先生の歴史観の重要な部分を占めていると私が思ういくつかを取りあげたい。それは第2章と第11章「神功皇后をめぐって」、さらに第12章から第16章の応神《おうじん》、仁徳《にんとく》に関する項、最終章の越《こし》と継体《けいたい》・欽明《きんめい》王朝についてである。いずれも政権争いに関わるという共通点を持っている。

注目された第一の点は大和と南山城《みなみやましろ》の関係である。ミマキイリ彦つまり事実上の初代天皇とも考えられている崇神《すじん》が政権を置いたのは三輪山《みわやま》の西麓《せいろく》の磯城《しき》地方であったことは、現時点では古代史研究者の共通の理解点と見て良いだろう。ミマキイリ彦が対外的に行動を起こしたのが四道《しどう》将軍の派遣だった。そのなかで北陸を目指したオオ彦に立ちはだかったのが、南山城のタケハニヤス彦だった。南山城には明治時代まで巨椋池《おぐらのいけ》という巨大な湖が存在していた。淀川に通じるこの地域は水運に恵まれた地でもあった。古墳時代のみではなく、各時代を通じて近畿の北部を考える時この湖の存在は重要である。

同志社《どうししゃ》大学は一九八〇年代に南山城の京田辺《きょうたなべ》市に新しいキャンパスを開いたが、森先生はそこで「南山城の古代」という講座をもうけ、他の研究者とともにこの土地の古代史の研究に力を注がれた。タケハニヤス彦は妻の吾田媛《あたひめ》とともに大和にミマキイリ彦軍と戦うが、この地域の地理を念頭において考えると、『紀』に記された戦況が鮮やかに蘇《よみがえ》ってくるようだ。

森先生の研究の土台は、史上に登場する土地を訪ねて、その地に残る伝承も含めて、歴史を多角的にとらえることである。「考古学は地域に勇気を与える」という名言は、その中から生まれた言葉である。「アーケオロジー（考古学）」をもじって「歩ケオロジー」の重要さを私たちに説いてくれた。一年間講義を免除された研修期間には海外の研修にも行かれたが、最も力を注がれたのは、国内各地の県史、市町村史を読まれることだった。そこで蓄えられた知識をもとに、現地を訪ねられ『記紀』や『風土記』、『万葉集』などに描かれた古代の世界を再現されたのが、本書や『日本神話の考古学』、『万葉集の考古学』（筑摩書房）、『敗者の古代史』（KADOKAWA）といった成果である。

『紀』に記された天皇名は、奈良時代末の歴史学者淡海三船《おうみのみふね》によって付けられたが、彼が重要な転換期と考えた時の名称には神の名が付されている。神武、崇神、応神さらに神功皇后《じんぐう》で、彼の歴史観が現れているが、森先生の見解でも結論はともかくとして、この時期に大きな変化があったことを指摘されている。

そのなかで共通するところは、西方からと近畿の勢力とのせめぎ合いで、最終的に勝利した勢力が権力を握るという構図である。オキナガタラシ姫（神功皇后）、ホムタ別《わけ》（応神天皇）に対するカゴサカ王とオシクマ王との戦いに勝利したホムタ別王が応神となるが、最後の戦いの舞台が山背《やましろ》（山城）の宇治《うじ》（菟道）、とくに宇治川であったことは興味深い。

ホムタ別には皇位の継承者となる皇子が三人いた。オオサザキ（仁徳天皇）と大山守《おおやまもり》、ワニ氏系の菟道稚郎子《うじのわきいらつこ》である。オオサザキが皇位を得るまでには、三兄弟の背後の勢力も加えた熾烈《しれつ》な戦いがあったと思われる。大山守は奈良北部、菟道稚郎子は京都府南部（南山城）、オオサザキは難波《なにわ》を中心とした地を基盤としたことが『記紀』からうかがえる。最終的にはオオサザキが即位し、長期にわたる徳政が記されているが、カヅラキノソツ彦の娘であった皇后のイワノ媛との間の確執が記されている。皇后が移り住んだのが南山背の韓人《からひと》ヌリノミの家で、その後筒城宮《つつきのみや》を造り亡くなるまでオオサザキのもとには帰らなかったと『記紀』ともに記されている。ソツ彦は朝鮮半島で活躍したこととも関係があるだろう。

「倭《わ》の五王」の興《こう》と武《ぶ》についても述べられているが、埼玉県稲荷山《いなりやま》古墳出土の鉄剣銘文、『宋書』倭国伝などから武（雄略《ゆうりゃく》・ワカタケル）については、五世紀後半の実年代が指摘できる。興（安康《あんこう》・アナホ）は『記紀』の記述も少ないため多くを語られないが、森先生は宝来《ほうらい》山《さん》古墳（現・垂仁《すいにん》陵）が安康陵の可能性が強いことを述べられている。

最終章の越と継体・欽明王朝については紙数の関係で詳しく述べることはできない。しかし即位後樟葉《くずは》、筒城、乙訓《おとくに》に長く滞在したあと大和の磐余玉穂宮《いわれのたまほのみや》に入るが、その背景にはヲホド王（継体）の故地である越と百済《くだら》の援助、大和の北の山背、木津川《きづがわ》、淀川水系の勢力の支えがあったことは遺跡、遺物の資料からも充分説明できよう。

森先生は狭い意味で継体王朝という場合、安閑《あんかん》から欽明、さらに崇峻《すしゅん》までとされているが、『記』はその後の推古天皇記で終わり、『紀』はさらに持統紀まで続いている。特に『紀』編纂の目的は、壬申《じんしん》の乱によって政権を樹立したことを正当化することにあったと考えられる。

先生はあとがきで今後の課題として「『記』と『紀』とで同じ事件なのに記事の違いがある場合と、さほどの違いのない場合があることや、箸墓のように『記』ではまったく記事のない場合が何を意味するのかの追求に、奥の深さがありそうである」と述べられている。このことは冒頭で述べたように、『記紀』は同時期に編纂されたが、その目的は『記』は先の王朝の物語を残すことであり、『紀』は今の王朝の正当性を記すことにあると私は考えている。

しかし『記紀』に書かれた世界が立体化され、その様子が私たちの目の前に浮かんで来るような記述は、その土地を訪ね、文献、考古の資料をもとに組み立てられた、先生の長い学問の蓄積によるものであろう。

図表作成　Ｚａｐｐ！

本書は、二〇〇〇年一二月に朝日新聞社より刊行された『記紀の考古学』（二〇〇五年二月、朝日文庫）を新書化したものです。

底本には朝日文庫版初版を使用しました。

新書化にあたり、著作権継承者のご了解を得て、原本の誤記誤植を正し、新たにルビを付しました。また、図表も作り直しました。

本文中の〔　〕は今回の復刊で編集部注を補記したものです。

森　浩一（もり・こういち）
1928年大阪市生まれ。同志社大学名誉教授。日本考古学・日本文化史学専攻。同志社大学大学院修士課程修了、高校教諭、同志社大学講師を経て72年から同大学文学部教授。環日本海学や関東学など、地域を活性化する考古学の役割を確立した。著書に『古代史おさらい帖』『僕が歩いた古代史への道』『天皇陵古墳への招待』『倭人伝を読みなおす』『敗者の古代史』など多数。2012年第22回南方熊楠賞を受賞。13年8月逝去。

記紀《きき》の考古学《こうこがく》

森《もり》　浩一《こういち》

2024年3月10日　初版発行
2024年9月25日　3版発行

発行者　山下直久
発　行　株式会社KADOKAWA
〒102-8177　東京都千代田区富士見2-13-3
電話　0570-002-301（ナビダイヤル）

装 丁 者　緒方修一（ラーフイン・ワークショップ）
ロゴデザイン　good design company
オビデザイン　Zapp!　白金正之
印 刷 所　株式会社KADOKAWA
製 本 所　株式会社KADOKAWA

角川新書
　ISBN978-4-04-082505-2 C0221